三岩的历史和社会文化

马菁林　著

西藏人民出版社

图书在版编目（CIP）数据

三岩的历史和社会文化/马菁林著. --拉萨：西藏人民出版社，2020.9

ISBN 978-7-223-06635-8

Ⅰ.①三… Ⅱ.①马… Ⅲ.①藏族-民族地区-文化史-研究-中国-藏文 Ⅳ.①K281.4

中国版本图书馆CIP数据核字（2020）第163122号

三岩的历史和社会文化

作　　者	马菁林
责任编辑	王剑箫
封面设计	格次
出版发行	西藏人民出版社（拉萨市林廓北路20号）
印　　刷	西藏新华印刷厂
开　　本	787×960　1/16
印　　张	15
字　　数	186千
版　　次	2020年9月第1版
印　　数	2020年9月第1次印刷
印　　数	01-1,000
书　　号	ISBN 978-7-223-06635-8
定　　价	32.00元

目 录

绪论

第一章 地理状况……………………………………(1)

第一节 地理概貌……………………………………(1)

第二节 气候条件……………………………………(5)

第三节 自然灾害……………………………………(5)

第四节 区划状况……………………………………(6)

第二章 历史概貌……………………………………(12)

第一节 族源该说……………………………………(12)

第二节 清代以前三岩地区的政治状况……………(14)

第三节 清王朝对三岩地区的治理…………………(17)

第四节 民国时期三岩地区政治秩序的演变………(28)

第五节 解放后三岩地区的历史演变………………(31)

第三章 帕措与父系社会形态…………………………(34)

第一节 帕措的基本涵义……………………………(34)

第二节 帕措的分布情况……………………………(37)

第三节 帕措的组织结构……………………………(43)

第四节 帕措的内部议事规则………………………(45)

第五节 帕措内部的习惯法…………………………(46)

第六节 帕措间的冲突和解决机制…………………(49)

第七节 血亲复仇:帕措间的冲突和解决机制………(50)

第四章 生产力发展水平与经济形态…………………(54)

第一节 区域经济结构………………………………(54)

第二节 生产力发展水平……………………………………(56)
第三节 社会分工…………………………………………(63)
第五章 宗教信仰…………………………………………(65)
第一节 三岩地区宗教发展历程…………………………(65)
第二节 宗教组织和神职人员……………………………(68)
第三节 三岩百姓的宗教信仰特征………………………(72)
第六章 婚姻家庭…………………………………………(81)
第一节 婚姻形态…………………………………………(81)
第二节 家庭组织形式和成员关系………………………(84)
第三节 缺失的亲戚关系…………………………………(86)
第七章 碉房民居…………………………………………(88)
第一节 村落选址与布局…………………………………(88)
第二节 碉房的功能布局和文化底蕴……………………(90)
第三节 碉房的建筑特色…………………………………(91)
第八章 民俗文化…………………………………………(95)
第一节 饮食文化…………………………………………(95)
第二节 服饰特色…………………………………………(98)
第三节 交往礼仪与禁忌…………………………………(102)
第四节 婚嫁礼仪…………………………………………(103)
第九章 丧葬文化和习俗…………………………………(107)
第一节 多重文化影响下的生死观………………………(107)
第二节 丧葬方式的类型…………………………………(109)
第三节 丧葬礼仪和程序…………………………………(111)
第十章 节庆文化和娱乐活动……………………………(122)
第一节 节庆文化…………………………………………(122)
第二节 娱乐活动…………………………………………(125)

第十一章 格言谚语、神话传说和歌谣……………………(129)
第一节 格言谚语……………………………………………(129)
第二节 神话传说……………………………………………(131)
第三节 歌谣…………………………………………………(134)
附录……………………………………………………………(137)
1. 武城县志略……………………………〔清〕刘赞廷(137)
2. 三岩概况………………………………〔民国〕羊泽(145)
3. 筹办三岩告示及章程十三条…………〔清〕赵尔丰(149)
4. 三岩投诚记……………………………〔清〕傅嵩炑(153)
5. 三岩揭秘…………………………………………刘伟(155)
6. 金沙江两岸——三岩和山岩………………马丽华(208)
后记……………………………………………………………(231)

绪论

三岩，历史文献中有“山暗”、“三暗”、“三崖”、“三艾”和“萨安”等称谓，是藏东康区位于是金沙江上游西藏和四川两省区交界处的一处特殊的地域名称。“三岩”是藏语音译，意为“恶地”。金沙江直贯境内，全境多山，地势险要，民风闭塞，自古被认为是“野番”区域。

无论是从中国960万平方公里的广袤国土，还是从西藏122万平方公里的土地面积来考量，三岩地区都是一方极其狭小之隅。更不用说区区几万人在全国14亿人口之巨的规模之中，几乎是沧海一粟。这么一个弹丸之地之所以在国内外能够引起高度关注，缘于两个方面的原因。一是政府治理层面，从可见的历史记载来看，三岩地区一直是地方治理的难点，虽然地方不大、人口不多，但因特殊的区情民风，“夹坝”四处劫掠，血亲复仇和赔命金习俗肆虐，对周边地区的安定和谐乃至朝廷施政影响巨大，时常惊动中央政府，这样的状况甚至到新中国成立以后依然不能根绝。二是学术研究层面，主要是当地存在的基于男性父系血缘关系构架的宗族组织——帕措、果巴，被学术界特别是人类学、社会学领域冠以“父系社会的活化石”、“男人国”、“父系部落”等名号，吸引了许多严肃的学者或是猎奇的群体进行了多层次的研究，取得了大量研究成果，使得这一区域在一定范围产生了很大的影响。

涉及三岩地区的专著和论文数量颇丰，既有对这一地区特殊社会民风习俗的介绍，也有基于人类学、社会学层面的理论探索。本书所附参考书目已一一列出，不再赘述。

从一定意义上讲，三岩地区能够以相对稳定缓慢的社会进化轨迹，将“父系社会的活化石”这一社会文化形态固化了千百年，必然有着其自身深刻而特殊的规律性成因。许韶明、何国强先生在

《整体稀缺与文化适应：三岩的帕措、红教和民俗》一书中，将三岩地区定义为“整体稀缺的社会”，并将其进一步分解为物质生活资料、社会制度、道德、精神教化、娱乐和游戏五个方面的稀缺[①]，用现代经济学的理论定义，也就是说以上五个方面的供给与需求严重失衡，人们生存的自然和社会环境无法满足最低水平的需求，亦即“一方水土不能养活一方人”。如果以马斯洛需求层次理论分析，结论也大致相近，即各个层次的需求均无法得到满足。实际上，这种以整体稀缺为常态的社会形态，往往存在两个方面的社会供给严重不足，一是自然资源和生产力发展水平低下，产出能力甚至满足不了自给自足的最低需求，生活资料的供给严重不足；二是因生存环境闭塞，交通不便而造就的对外交往机会少，以政治制度为核心的政府治理在公共服务方面的供给严重不足。基此，借助人本主义社会学的理论基点和分析框架，便有了解读三岩地区帕措文化盛行的钥匙。

当代社会是高度发达的文明社会，以父系社会文明为基础和核心的帕措文化已经没有了存在的环境，丛林法则不再是任何社会群体可以坚守的社会法则。但作为一种文化传统，也不可能在一朝一夕间转瞬蒸发。好在现在的三岩已经不再是政府治理难以施及的孤岛，进入习近平新时代中国特色社会主义思想指导下的新型管理与发展制度的优越性，就是无论从政治制度上，还是从经济实力上，都有能力将这一方在人类社会发展历史中曾经落伍的人们融入到共同的历史进程，携手共进，跨越历史发育阶段，走向美好的未来。

但愿从此以后，关于三岩和它曾经的帕措文化，只能从这些故纸文献中找到曾经存在的影子。而保留下来的，是有着浓郁地方色彩而为全世界认可和接受、历久弥新的优秀传统文化。

---

①许韶明、何国强《整体稀缺与文化适应：三岩的帕措、红教和民俗》第69~77页，中山大学出版社2013年出版。

第一章 地理状况

三岩地区是金沙江上游两岸分属四川、西藏两省（区）的一处特殊区域。这里“崇山叠嶂，沟溪环绕，深林绝峪，出入鸟道，形势危险”[1]，历史上是一方相对独立封闭的土地。

第一节 地理概貌

三岩地区位于北纬29°33′14.36″～30°24′5.16″，东经95°51′59.38″～96°32′18″之间，是金沙江上游一段狭窄的峡谷，坐落于几条纵横交错的庞大山脉之间。其西为芒康山（亦称宁静山），东为沙鲁里山脉，东南为横断山脉，三山大体环状分布，往北则是高原台地，为广阔的高原牧场。

今贡觉县人民政府新立三岩原武城县遗址简介碑

①刘赞廷《武城县志略·沿革》，陈家琎主编《西藏地方志资料集成》（三）第121页，中国藏学出版社2001年出版。

三岩境内崇山峻岭，沟壑纵横，海拔2400多米的金沙江峡谷最低处，骤然抬升到近5000米的陡峭山峰，“山道崎岖悉为险要，无所谓关隘也”①。

险峻的金沙江峡谷

由于海拔高度不同，三岩地区受亚热带湿润季风气候（低海拔河谷）、温带半干旱季风气候（高海拔山地）影响，干湿季对比明显，夏季温和湿润，冬季干燥寒冷。三岩地区光照充足，日照时间长，日温差小，年温差大，全年无霜期为80天左右。年降水量400毫米左右，雨季集中在每年5～9月。气候干燥，林木稀少。

三岩地区的土壤类型属红土区。这种红土具有丰富的矿产资源，尤其含有大量的铁锰元素，经过长年累月的氧化作用，渐渐变成暗红色或赤红色的铁锰氧化物，由此形成了所谓的“红土”。在河谷地带，除了红色、淡红色的岩成土以外，主要发育着褐土。褐

①刘赞廷《武城县志略·关隘》，陈家琎主编《西藏地方志资料集成》（三）第122页，中国藏学出版社2001年出版。

土属干性森林土壤，土体干燥多砾，有机物含量低，且碱性反应强烈，适合灌丛植被生存，白刺花、小角柱花、甘青鼠李、麻黄、醉鱼草、苹果树、李树、核桃树、野桃树等最为常见；在海拔3700米以上土地更为贫瘠的地方，生长着小檗属、栒子属、蔷薇属、忍冬属、褐柳属等灌丛植物，且不同的坡向长有不同的植被，如阴坡长有高山柳灌丛，阳坡长有草甸等。海拔3400米以下为山地针阔混交林，主要分布于金沙江东岸的山岩乡河谷地带及西岸的木协、雄松、罗麦等河谷地区，植被主要有铁杉、油松、云南松、槭、桦等；草本植物以早熟禾属、野青茅、刺芒野古草、须芒草、黑穗画眉草等禾本科和其他林间草被组成。海拔3400～4400米之间，是高山针叶林带，针叶林多与亚高山草甸交错分布，主要树种为鳞皮冷杉、紫果云杉、高山栎等。

三岩地区的水果

三岩地区位于“三江流域”腹地，金沙江从北到南流经三岩峡谷110多公里。金沙江以西还分布着三条主要河流，即罗麦沟，流域面积约为96平方公里；敏都沟，流域面积约为141平方公里；斜曲沟，流域面积约为284平方公里。其源头全部是高山融水，最终汇入金沙江。三条河流形成三大流域，把三岩峡谷进行了横向的分割，天然造就了上岩、中岩与下岩的区域分布。

三岩地区的水果

三岩地区东西两岸山高谷深，村落沿江分布在海拔2500~3000米之间的山坡之上。农业经济多以精细化耕作农业为主，以粗放型畜牧业为辅。

秘境三岩

第二节 气候条件

三岩地区由于海拔较低，且受金沙江水系影响，峡谷气候温润。虽然每年都有枯水期，但是山间的河流常年不冻。峡谷内四季变化不明显，大致可分为冬、夏两季。冬季从头年10月至次年3月，极端最低气温可达－29℃；夏季为每年4月至9月，最高气温可达29.9℃。但昼夜温差较大，垂直气温变化更为明显，经常是海拔低处的村庄里生趣盎然，山顶上却白雪皑皑，反差强烈。

三岩地区降水量较少，且降水集中在湿季的6～8月间。依据降水量的分布，三岩地区的季节也可分为旱、雨两季。冬季降水少，为干季；夏季降水集中，为雨季。

第三节 自然灾害

有史以来，三岩各种自然灾害较多，主要有干旱、泥石流、洪水和地震等。

干旱。据载，1954年，“三岩宗的灾情是较为严重的，农田被水冲去不能恢复的有一百二十多亩，受冰雹灾全部损失者有五百五十亩地，坍塌房子有五十三所，未受灾农田平均减产四分之一以上，受灾户数共有四百五十二户……”[①]。“1979年5月，因为严重的干旱气候，三岩片有5600亩的荞麦未能下种，仅雄松区就有1500亩未能下种”[②]。1995年8月，三岩木协、雄松、敏都三乡因干旱发生大面积荞麦虫灾，受灾面积达1200多亩，因灾害减产达六七成以

①《三岩宗1955年第一、二季度工作总结》，资料来源：贡觉县档案馆。

②西藏自治区贡觉县地方志编纂委员会《贡觉县志》第110页，四川出版集团巴蜀书社2010年版。

上。

泥石流。三岩地区每年季节性的降雨集中，导致河谷流量迅速加大，极易引发灾害。“1998年的特大洪灾中全县境内多处发生泥石流，……雄松乡因发生滑坡致使两处180余亩耕地下沉约3米，冲毁公路多处，使县城至各乡公路中断长达两个多月”①。

洪水。三岩地区因山高谷深，陡坡植被稀少，雨季山洪时有发生。2000年，贡觉一带暴发山洪，三岩片6乡亦受到影响，部分乡政府房屋和61户群众住房成为危房；此外，洪水还冲毁公路及骡马驿道137公里，大小桥梁27座②。

地震。三岩地区属于地震高发地带。据当地百姓传说，大概在七八百年以前，三岩曾经发生过一次大地震，致使山崩地裂，当地居民在地震中全部都死了，而现在的三岩地区的居民都是以后陆续迁移过来的。《十三世达赖喇嘛传》中也有关于三岩地震的记载：“阴木兔年（公元1915年——笔者注），在昌都三岩一带发生地震，人和村庄受害”③。

第四节 区划状况

三岩地区涵盖了金沙江两岸西藏、四川5个县的14个乡镇。由于历史和现实的原因，两岸对三岩的理解和认识也不尽相同。西岸的西藏辖区将这一地区称之为“三岩”，而东岸的四川辖区称之为“山岩”。

三岩地区涵盖县、乡情况：

---

①西藏自治区贡觉县地方志编纂委员会《贡觉县志》第115页，四川出版集团巴蜀书社2010年版。

②西藏自治区贡觉县地方志编纂委员会《贡觉县志》第111页，四川出版集团巴蜀书社2010年版。

③《西藏地震史料汇编》（第一卷）第168页，西藏人民出版社1982年版。

分区	省、区	县	乡
上岩	西藏	江达	波罗
		贡觉	克日、罗麦
	四川	白玉	盖玉
中岩	西藏	贡觉	沙东、敏都、雄松
	四川	白玉	山岩、沙马
下岩	西藏	贡觉	木协
		芒康	戈波、宗西、朱巴龙
	四川	巴塘	甲英

西藏之所以将其称为“三岩”，更多地是从地理结构上的概括。沿金沙江以降，按地形将这一区域分为上岩、中岩、下岩，由此贡觉县便设有三岩区。其中，上岩包括江达县的邦拉、生达2个乡，贡觉县的克日、罗麦2个乡；中岩包括贡觉县的沙东、敏度和雄松3个乡；下岩包括贡觉县的木协乡和芒康县的戈波、宗西和朱巴龙3个乡。

1. 江达县所辖波罗乡基本情况：

波罗乡 位于江达县城东南部，乡政府驻地热多村，距县城78公里，位于北纬31°20′，东经98°60′。全乡面积1077平方公里，东与四川白玉县隔江相望，南与娘西乡、贡觉县克日乡相连，西与卡贡乡接壤，西北、北、东北分别与江达镇、同普乡、岗托镇、岩比乡毗邻。波罗乡为农业乡，主要作物为青稞。矿藏有铁、铜、铅、锌等；野生动物有熊、鹿、獐子、岩羊、雪豹、雪鸡、水獭等；野生药材资源有大黄、贝母、知母、秦艽、枸杞、金银花等；土特产有苹果、野核桃、野杏、松茸、獐子菌、猴头菌等。

2. 贡觉县所辖6个乡基本情况：

克日乡 地处贡觉县东南部，“克日”在藏语中意为“渴望胜利”。乡政府驻地距离县城97公里，海拔2890米。克日位于东经98°50′7″，北纬30°51′19″。总面积176平方公里，是贡觉县三岩片区最北部的一个乡。东与四川白玉县盖玉乡隔江相望，西与则巴乡接壤，南与罗麦乡毗连，北靠江达县城西乡。境内地形复杂，怪石奇观尤为独特。董曲河在境内穿过，水利资源丰富。克日属农业乡，气候温和，动植物种类繁多。农作物有青稞、冬小麦、春小麦、元根、扁豆、豌豆和各种蔬菜。植被覆盖较好，主要木材有松、柏、桦等树种，以及野山桃、野山杏、核桃和苹果树等经济林木。林下资源有松茸、木耳、猴头菌物产。野生动物有野猪、山鸡、藏西猴、狗熊等出没于山麓之间。

罗麦乡 藏语中“罗”是“野山柳”之义，“麦”是“下”的意思，“罗麦”即位于野山柳下面的村寨。罗麦位于东经98°52分32″，北纬30°42分4″，海拔3380米，距县城116公里。地处克日乡南部，东与四川白玉县盖玉乡隔江相望，西与则巴乡相邻，南接沙东乡，北靠克日乡，总面积133平方公里。罗麦乡属山区农业乡，以种植青稞、小麦为主。境内森林资源丰富，有金、铜等多种矿藏。

沙东乡 藏语中“沙东”指有黄金的地方。沙东位于东经98°54′31″，北纬30°36′17″，海拔3620米，距离县城142公里。地处罗麦乡南部，东与四川白玉县山岩乡隔江相望，西与阿旺乡接壤，南与敏都乡相连，总面积138平方公里。境内山高水深，气候温和，动植物种类繁多。沙东乡以农业为主，主要种植青稞、大麦和荞麦，果树资源丰富，盛产冬虫夏草。

敏都乡 藏语中“敏都”系指水果成熟的汉河口。敏都位于东经98°54′34″，北纬30°34′3″，海拔2940米，距县城145公里。地处沙东乡南部，东与四川白玉县山岩乡隔江相望，西与阿旺乡相邻，南接雄松乡，北靠沙东乡，总面积133平方公里。境内地形复杂，全年阳光充足，雨水充沛，水资源丰富，植被覆盖好，有大片森林和灌木林，有杉、白桦等树种和大黄、秦椒等药材；野生水果丰富，有毛桃、苹果、核桃、草莓和杨梅等。农作物可实现一年两熟，以种植青稞、大麦和荞麦为主。

雄松乡 藏语中“雄松”为“三个北面”之意。雄松位于东经98°54′54″,北纬30°29′50″,海拔3740米,距县城128公里。地处贡觉县东南部,敏都乡南部,东与四川白玉县山岩乡隔江相望,西、南与木协乡接壤,面积125平方公里,是三岩片区6乡中面积最小的一个。历史上曾是武城县、三岩宗政府所在地。雄松境内气候温和,年平均降雨322毫米,年平均气温8.6℃,无霜期120天。动植物种类繁多,森林、水利资源丰富。雄松属于农业乡,以种植青稞、大麦、荞麦为主,也有土豆、胡豆、萝卜等蔬菜种植。

木协乡 传说木协之地生长有万种植物,木协也因此得名。位于东经98°53′16″,北纬30°24′19″,海拔3000米,距县城112公里。木协是贡觉县三岩片区最南面的一个乡,北接雄松、敏都,南邻芒康县戈波乡,东边隔江与四川白玉县山岩乡相望,西边毗邻阿旺和拉妥两乡,面积384平方公里。木协境内斜曲和莫曲两条河流横贯全乡,气候温暖,植物生长茂盛,适合种植各种经济作物。木协属半农半牧乡,以种植青稞、大麦、小麦为主。

3. 芒康县所辖3个乡基本情况:

戈波乡 位于芒康县城东北100公里,驻地戈波村,海拔3600米,位于北纬30°19′,东经98°86′。东与四川巴塘县拉哇乡隔江相望,南与朱巴龙乡相连,西与宗西乡相邻,北与贡觉县木协乡接壤。全乡面积578平方公里。属半农半牧区,主要特产有松茸、贝母、知母、虫草、羊肚菌等。

宗西乡 位于芒康县城以北65公里,驻地宗西村,海拔3680米,位于北纬29°97′,东经98°72′。东与戈波乡接壤,南与朱巴龙乡毗邻,西与洛尼乡相接,北与昂多乡相连。全乡面积1026平方公里。属半农半牧区,主要特产有松茸、木耳、虫草等。

朱巴龙乡 位于芒康县城东南71公里的金沙江畔,驻地岳巴村,海拔2680米,位于北纬29°77′,东经99°01′。东与四川巴塘县竹巴龙乡、拉哇乡隔江相望，南与莽岭乡接壤，西与宗西乡相接，西南与帮达乡相连，北与戈波乡毗邻。全乡面积930平方公里。属半农半牧区，主要特产有虫草、贝母、松茸、核桃、苹果、人参果、木耳等。境内有二道班温泉。

四川属于三岩地区的乡镇包括白玉县的盖玉乡，属于上岩；山岩、沙马2乡，属于中岩；巴塘县的甲英乡，属于下岩。之所以称为“山岩”，则更强调藏语“险恶之地”之意。此地雪峰耸立，峭壁阻隔，地势险要，道路崎岖，在以往交通条件落后的情况下，冬季大雪封山，几与外界隔绝，因之得名。

4. 白玉县所辖3个乡基本情况：

盖玉乡 在白玉县城以南约80公里，驻地在德来村，海拔3060米，位于北纬30°47′，东经99°03′，北邻章都乡，东连麻绒乡，南接山岩乡，西与西藏贡觉县隔江相望。全乡面积915平方公里。境内珍稀动物繁多，出产虫草、松茸等山珍，地热资源丰富。

山岩乡 在白玉县城西南约150公里，驻地在八学村，海拔3600米，位于北纬30°38′，东经98°59′，北连盖玉乡，东邻沙马乡，南接巴塘县甲英乡，西与西藏贡觉县隔江相望。全乡总面积466平方公里，属农业乡，境内气候温暖，农作物可一年两熟，主要经济作物为青稞、小麦、洋芋、豌豆和胡豆，主要牲畜有黄牛、牦牛、犏牛、马、山羊和绵羊等。森林资源众多，出产虫草、贝母等名贵药材，有獐子、豹、鹿、狗熊等野生动物。

沙马乡 系藏语音译，即“红色岩石”之意。原名扎马，以境内有历史悠久的扎马寺而得名。位于白玉县东南面，乡政府驻地德托村，海拔3480米，距县城110公里，地处北纬30°59′，东经99°19′。东与麻绒乡交界，南与巴塘接壤，西邻山岩乡，北连盖玉乡。全乡面积812平方公里。沙马为元代所置万户府治所，史称“萨马王朝”或“萨马政权”，也是第一代德格土司博它扎西生根父亲的出生地。为半农半牧区,农业主产青稞、小麦,主要畜种为牛、羊、马。境内野生动物繁多,盛产虫草、贝母等名贵药材。

5. 巴塘县所辖甲英乡基本情况:

甲英乡 系藏语音译,即“偏远的地方”之意。位于巴塘县北部,驻地亚达村,海拔3500米,距县城100公里。地处东经99°02′,北纬30°16′。东与莫多乡连界,南与拉哇乡相连,西与西藏贡觉县和芒康县隔金沙江相望,北与白玉县接壤。清代为巴塘土司辖地。

第二章 历史概貌

也许是地处偏远，属化外之地，但更多的是受长期的封闭与社会发育程度的影响，三岩地区的历史，更多的是传说或者书面一点的表达是口传历史，而见诸文字的东西故纸堆里所载甚少。只是到了清代，随着中央王朝对西藏地区控制力的加强，三岩由于地处川藏大道要冲，其影响力因特殊的区情而日渐显现，可考据的历史资料也不断丰富。

第一节 族源概说

关于三岩地区居民的族源，主要有三种说法：

土著先民说 藏东高原也是藏族文明的发祥地之一。青藏高原东部地区原始部落群活动的历史悠久，他们与氐羌人有渊源关系，属于藏系先民的一支。在三岩地区，当地居民的族源缺乏书面记载，完全靠一代又一代口口相传的传说，甚至一些是源自于神话传说。三岩两大帕措之一的拉入欧谷布帕措自称是吐蕃松赞干布的大相禄东赞的后代，他们在吐蕃动荡时代逃到白玉县山岩乡劣巴村境内。而在雄松和敏都一带的传说中，三岩原是格萨尔王的叔父晁东的属地，其下属贺廓被晁东委派管理三岩。当时三岩有三个著名亲兄弟——加嘎邦登、杰久玛和卡协。加嘎邦登居住在雄松一带，杰久玛居住在木协一带，卡协居住在罗麦一带，他们的后人在三岩最初发展形成了十八个村落，称为“热克十八”。“热克”一词有两层意思，一指“阴险狡猾”，这点是晁东性格的形象描述；另一个说法则是指“常胜将军”，指三岩地区长期混战，胜者为王之意。雄松当地人还有另外一种传说，认为他们的祖先来自德格。大约在六七百年前，为了躲避自然灾害，他们的祖先从四川的德格沿着金沙江来到三岩定居下来，已传十七八代。相传当时人们大都住在石洞里，主要以牧业为主，后来从巴塘人那里学会了种植青稞、加工糌粑，从察雅人那里学会了捻毛线、编织毛布和缝制帐篷。他们勇敢好斗，曾联合一个山沟的人把当地的黑牙哥原始部落的二三十名男子全部杀掉，把对方女子掠来做妻。雄松巴洛帕措的创始人巴洛刚从巴塘来到雄松村时，本村只有18户，但没有帕措组织，后来巴洛帕措的子孙繁衍，形成了一个很大的帕措。现在巴洛帕措在雄松村有48户，岗托村有12户。其他村落也有类似的传说，其族源除了来自德格以外，还有白玉、巴塘以及芒康、察雅县等。木协乡的拉古帕措宣称，当年有位白玉喇嘛来到此地，娶妻并生下了九个儿子，进而发展成为一个部落并称其为“帕措”。而木协村中一些帕措认为他们的祖先来自理塘的沙鲁里山一带，几百年前受一场战争的牵连才迁徙到这里。在山岩乡勒巴一带，则流传着另外一个故事。很久以前，一个叫发巴的男子携妻子流落到这里，发现这里土地肥沃，就定居下来，垦荒播种。后来又相继迁来杜果、拉却两兄弟和木勒一家，逐渐形成7户。在神话传说方面，沙玛乡流传着一个关于天神下凡的传说。在很久以前，有一位天神云游四方时，发现这里水土丰美，忍不住动了凡念，落下云头与当地的一位姑娘结成亲，生下三个儿子。三兄弟长大后，各据一方繁衍后代。老大建立了安忙帕措；老二建立了切西帕措，老三建立了扪戈帕措，经过长期发展，逐渐形成沙玛乡的众多帕措。

阿里来源说 三岩另外一个主要的帕措——欧恩怕一帕措，自称其族源来自阿里，是古格王朝的后代。按照世代相传的历史，他们来自西藏阿里,那里有金山宝塔,国王是董王子。后来,阿里五兄弟分家,这一支没有得到地盘,遂一路辗转东下,直到金沙江边才停下脚步,在此定居下来。而另外的说法,则是在古格王朝末年,最后一任古格国王觉达布与拉达克首领森格南加发生战争。森格南加最终攻陷古格王宫,杀死觉达布。逃过劫难的觉达布的后人带着族人和觉达布的头颅,历经磨难逃到地偏人稀、山势险要的三岩地区并定居下来。据传觉达布的头骨由其族长世代保存,直到20世纪50年代民主改革前夕才丢失。

青海和蒙古来源说 这两种说法均源自于学术界的推断,目前尚无进一步的考证。青海来源说认为,三岩人来自青海地区的果洛部落,当地人同样以剽悍、好斗、善战、抢劫闻名,因此三岩人继承了这种秉性和生活方式。蒙古后裔说则认为,元朝在西藏地区建制,所设置三个宣慰使司都元帅府之一的吐蕃等路宣慰司都元帅府就在贡觉一带。至明末清初,蒙古和硕特部固始汗进军康区,翦灭当地土司顿月多吉,对当地实行统治,许多蒙古人迁居于此,逐渐本土化,成为当地的先民。

第二节 清代以前三岩地区的政治状况

尽管三岩地区被称为"化外野番",当地人也自诩"热克奔没,秤没龙巴"(意即"既没有头领,也没有王法"),但"历史上三岩地区一直处于封建王朝或地方割据势力的管辖之内,即使没有接受直接的统治与管理,至少也受到其政治势力的辐射作用"①,甚至曾出现过区域性政权。只不过,涉及三岩的历史记载是零星而模糊的。也许是这一地区在历代中国广袤的国土上过于狭小,也许是此前

①许韶明、何国强《整体稀缺与文化适应:三岩的帕措、红教和民俗》第196页,中山大学出版社2013年出版。

这一带的百姓确实没有过影响整个国家政治的壮举,以致于史籍中关于三岩的些许提及,都难以找到确凿的佐证。有史以来三岩地区的国家治理形态,多数只能依靠对其周边地区的政治形态的考究中推论大概。

从国家治理层面而言,许韶明、何国强先生对历代对三岩地区的治理概括为"自西汉时期起,三岩属旄、羌之地,西晋时期受马尔敢管辖,隋代为附国,唐代由吐蕃、吐谷浑等地方政权接管,元代设宣政院辖地,明代替换为朵甘思宣慰司,清代中后期起在三岩设置营官、土千户,清末赵尔丰在康区和贡觉等地'改土归流',在三岩设县,并设委员一人管理当地政务,1912年成立武城县,民国初期隶属川边特别区、西康省等"①,虽不完全准确,倒也理清了大致的脉络。

关于三岩地区最早的政权建制记载,见于四川白玉县盖玉乡康翁寺所藏的藏文资料《康翁寺基本史料》。据载,藏王松赞干布的后裔得道者嘛呢仁青告知噶钦阿里多吉,要去康区金沙江沿途寻找有鞍子形的河湾和天地像青稞粒状的法相,并让他在此守地。噶钦阿里多吉按照上师的教导,不远万里从今天的阿里地区噶尔县来到金沙江畔的今天盖玉乡的大一西村时,发现此地非常符合上师所言法相:鞍子形的河湾和像青稞粒似的天地法相,地面上还有乳白色的金刚马和多闻天子八骏马财神之一的俱吠罗、青色灭敌等地相标记。于是他就在打章顶修建了宫殿,统治了今天盖玉乡所辖的叶巴、洛加、沙托、大一西等15村,以及白玉县的绒盖乡、贡觉县的克日乡等所辖村落,以此建立起木察噶政权②。这是三岩地区可考的第一个政权形式,可以认作是部落时代的地方政权形

①许韶明、何国强《整体稀缺与文化适应:三岩的帕措、红教和民俗》第196页,中山大学出版社2013年出版。

②康翁寺藏《康翁寺基本史料》(藏文版),转引自岳小国《生命观视阈中的藏族丧葬文化研究:对金沙江上游三岩地区峡谷的田野调查》第36页,中国出版集团世界图书出版公司2014年出版。

态。至于它是否从属于更高层级的地方政权或与中央王朝之间是否发生过联系，已是无从溯及。甚至这个木察噶政权的存续年代，也无从确定。

元代的三岩地区，尚无法考证其地方政治建制状况。只能从当时元中央王朝在这一地区的施政情况，推论其大致情况。元代西藏是宣政院的管辖范围，在青藏高原设有吐蕃三道宣慰司，其中吐蕃等路宣慰司都元帅府辖区即在康区一带。1263年(元中统四年)，元世祖忽必烈封赐德格家族第二十九代祖索郎仁青为"多麦东本"，设立亦思马儿甘军民万户府，隶属吐蕃等路宣慰司都元帅府，治地在吐蕃时期划分的"多康六岗"①之一的"绷波岗"，即今白玉、巴塘、理塘一带。德格家族遂以今白玉县萨马乡萨马村为中心，建立起政权体现，史称"萨玛政权"。可以推论，元代的三岩地区，应已纳入国家治理体系，隶属宣政院下吐蕃等路宣慰司都元帅府所属万户府，具体是在"萨玛政权"的统治之下。

明代在康区设羁縻卫所，为朵甘都指挥使司辖区，贡觉一带为护教法王管辖，但其政迹不详。而现有史料关于三岩地区的记载有两条，一是明正德年间，丽江木氏土司攻占康区，在三岩地区设"三岩学松"，至于"学松"到底是一个怎样的行政机构，现有的资料尚无法考证清楚。一是明崇祯年间，白利土司据三岩，并于上三岩罗麦设"那达本"。同样，关于"那达本"在三岩地区的具体统治，也缺乏更加明晰的记载。

1640年，蒙古和硕特部固始汗攻占康区，三岩地区一同纳入和

①"多康六岗"又称"四水六岗"。"四水"指金沙江、雅砻江、怒江、澜沧江。"六岗"指的是四条大江之间的六条山系，具体为色莫岗、擦瓦岗、马康岗、绷波岗、玛扎岗和木雅热岗。六岗的具体方位是，1、色莫岗：在金沙江和雅砻江上游之中间地带，在现在甘孜州的白玉、德格、石渠县境内；2、擦瓦岗：在怒江和澜沧江中间地带，在西藏自治区八宿、左贡县境内；3、马康岗：在澜沧江、金沙江两河上游中间，今西藏自治区之昌都、察雅、芒康等县境内。4、绷波岗：在金沙江和雅砻江中下部地带，在现在的甘孜南部和云南西部一带。5、麻扎岗：青海黄河以南至雅砻江上游东部地带，今四川甘孜州乾宁县以北至青海境内。6、木雅热岗：在雅砻江中游东部地带，今四川甘孜州乾宁以东康定等县境内。

硕特汗廷的统治之下，但汗廷是否曾直接设官统治，似乎并不确定。据传，当固始汗由青海挥师南下进击白利土司之际，战败的白利土司顿月多吉曾到三岩地区躲避，随后到了贡觉才被蒙古人擒获杀死。可见当时的三岩地区还是未被征服之地。

第三节 清王朝对三岩地区的治理

清代以降，涉及三岩地区政事的记述渐增。但一直到清末改土归流之前，关于三岩地区治理体制的记载并不十分直接和清晰，只能从只言片语中辨识大概。

1. 1740年(乾隆五年)以前，清政府在三岩曾设立营官治理。

清代关于三岩地区营官的最早记载，见于《清实录》乾隆五年十月丁未（1740年11月28日），擦瓦龙头人桑阿报到说："三艾（三岩——笔者注）营官欲点三路士兵，往攻怒子（指怒族，今居云南境内）"，时任云南总督公庆"派拨官兵五百名，带同土练人添防沿边内地紧要卡隘，分别堵御"[①]。这表明至迟在1740年之前清政府已在三岩地区设立"营官"（地方军政长官）了。

其后的150年里，有关三岩地区政事也多有记载，但无法判定地方治理体系的形态与特点。只能认为依然为营官治理，或是营官治理体系已从三岩地区撤出了。

《清实录》关于三岩地区夹坝[②]的最早记载 乾隆三十五年（1770年），"萨安（三岩——笔者注）贼匪屡放夹坝，竟于驻藏大臣常在住宿之地劫掠巴塘副土司特玛骡马"[③]，此事引起时任四川总

①《清实录·高宗实录》卷128，顾祖成等《清实录藏族史料》(一)第412页，西藏人民出版社1982年出版。

②夹坝，藏语音译，意即"土匪"、"强盗"。

③《清实录·高宗实录》卷856，顾祖成等《清实录藏族史料》(三)第1378页，西藏人民出版社1982年出版。

督阿尔泰等人的重视。乾隆四十一年(1776),阿尔泰拣派川藏线上营汛四员分驻硕板多、石板沟、巴塘、里塘,藉以防范。

乾隆四十四～四十五年(1779～1780)"进剿三岩" 事件发生在乾隆四十四年(1779),三岩夹坝劫抢了"大皇帝赏给怙主达赖喇嘛的茶包",引起乾隆皇帝震怒。次年,清廷派成都将军特成额、公班第达等率领的大批满汉官兵及巴塘、里塘、昌都、察雅、德格等地土司武装抵达察木多(今昌都),进剿平定三岩。事后,乾隆帝下令"派绿营兵驻三暗巴就近要隘,将彼处番民严加约束。至伊等每岁应交达赖喇嘛备赏之项,即交在彼驻扎官员收存转送,再令德尔格忒土司派一能事头目协助弹压"①,"如现在金川等处安设流官之例"②。

周蔼联《西藏纪游》有关三岩的记载 乾隆五十六年(1791),跟随四川总督孙士毅督饷康区的幕僚周蔼联,曾两次出入康区。戎马倥偬之际,著有《西藏纪游》。其卷三有关于三岩的记载道:"三暗巴(三岩——作者注)部落,与江卡、察木多相近,牛羊为业,水草为生,帏幕无定所,向不设土司,时有夹坝(夹坝,劫盗也,犹西域之称'玛哈沁')。其地由江卡百里至春棚,递进宗海,以达拉支巴为界,昭拉乃其巢穴也。凡五日程,皆崭崖丛树,人伏马背行,与虎狼相逼,必持矢刃枪石为御"③。

乾隆五十八年(1793)末三岩番人抢劫峨眉县知县王赞武事件 四川峨眉县知县王赞武率丁役解送饷银从昌都返程途中,行至阿

①《清实录·高宗实录》卷1108,顾祖成等《清实录藏族史料》(六)第2973页,西藏人民出版社1982年出版。

②《清实录·高宗实录》卷1109,顾祖成等《清实录藏族史料》(六)第2974页,西藏人民出版社1982年出版。

③周蔼联《西藏纪游·三暗巴》,载《西藏学汉文文献丛刻》第一辑第42页,西藏社科院1991年12月编辑出版

足山、石板沟地方,“突遇夹坝,抢去骡头、行李并峨眉县印一颗”①。阿足山属乍丫,石板沟属江卡,地险难行,“一处通三暗巴(即三岩——作者注),向为夹坝出没处所”②。乾隆帝接到报告后谕令:三岩“夹坝尚未敛迹,而川省地方亦甚紧要,必须福康安与和琳二人在彼,实力整饬,督率筹办,方可绥靖地方,纾朕远廑”③。班经过驻藏大臣和琳、入藏反击廓尔喀入侵的清军主帅福康安二人的整顿,三岩地区又暂告平静。

道光三年(1823)三岩与芒康纠纷案 纠纷发生后,西藏地方政府派噶伦谢扎瓦前来进行调解。

道光二十四年(1844年)三岩拉学帕措与白玉县夏哥帕措械斗案 当时四川白玉县夏哥帕措为扩大势力,与上三岩拉学帕措发生械斗,双方集结上百人,深挖战壕,相互攻击,长达数月。上三岩帕措获胜,把夏哥帕措的民众赶到白玉县盖玉地区。

同治八年(1869)驻藏大臣恩麟筹办三岩野番 同治初期,“三岩野番屡次出巢抢劫,大道几至不通”,而驻藏大臣景纹“仅以纸上空言搪塞属吏”,不采取实际措施。同治八年(1869),新任驻藏大臣恩麟乃“奏筹办三岩野番”,同治帝谕准:“恩麟既知景纹之谬,派员剿捕,即著实力筹办,以期绥靖边疆”④。次年(1870年)春,恩麟奏称:“三岩野番历年出巢滋扰,久为台站之患。上年六月以来,经恩麟等派员驰赴乍丫地方,督饬仓储巴江卡弁兵,将著名首逆次第

①《清实录·高宗实录》卷1448,顾祖成等《清实录藏族史料》(七)第3589页,西藏人民出版社1982年出版。

②《清实录·高宗实录》卷1448,顾祖成等《清实录藏族史料》(七)第3589页,西藏人民出版社1982年出版。

③《清实录·高宗实录》卷11450,顾祖成等《清实录藏族史料》(七)第3592页,西藏人民出版社1982年出版。

④《清实录·穆宗实录》卷261,顾祖成等《清实录藏族史料》(九)第4380页,西藏人民出版社1982年出版。

歼除，其余匪众均已缴械投诚，现在大道一律肃清”[①]。四月，以“西藏乍丫剿办野番完竣”，同治帝奖赏都司马开昌、“四品番官仔本足美多吉”等有功人员，或“加衔”，或“升叙有差”[②]。

光绪六年(1880)“大石包案” 当年十一月庚午(1879年12月13日)，光绪帝“赏成都副都统维庆副都统衔，为驻藏帮办大臣”，著令由川入藏。次年，维庆由川藏线入藏，途径三岩大石包地方，被三岩“野番”数十人拦路劫抢，“杀毙引马人夫，迨该地方官带领头目查拏，仍敢施放枪炮，肆行抗拒，实属藐法已极”。光绪帝谕令成都将军恒训、四川总督丁宝桢、驻藏大臣色楞额、帮办大臣维庆“即饬该地方文武认真捕缉，从严惩办”，“以儆凶顽”[③]，有关方面即派人着手调查。但此案尚未调查清楚，第二年(1881年)又发生了“核桃园”案。

光绪七年(1881年)“核桃园”案 核桃园距大石包二十里，也在三岩地区。光绪七年(1881)闰七月，“巴塘教堂司驿、法籍天主教父梅玉林前往盐井，并未知会地方官照料，行抵核桃园，所雇用人员被三岩人抢劫杀毙，劫去骡马、箱只、茶包”。当晚，梅玉林及所雇教民向兴顺等人在核桃园蛮塘驻营，准备过夜，闻讯赶来的“藏兵四郎洛布”反复劝诫梅玉林勿在此处留宿，但梅玉林不从。当天深夜，被几十名劫匪杀死，劫去驮骡13匹、马2匹、箱2只、茶包1只以及其他物品。此案事关中外关系，清政府高度重视。光绪帝令丁宝祯、成都将军托克湍等人派员会同巴塘粮员、土司“赶紧缉捕”，“务将滋事首伙各凶番克日拿获，追赃给款，尽法惩办，不准稍

①张其勤原稿，吴丰培增辑《清代藏事辑要》第545页，西藏人民出版社1983年10月出版。

②《清实录·穆宗实录》卷281，顾祖成等《清实录藏族史料》(九)第4383页，西藏人民出版社1982年出版。

③《清实录·德宗实录》卷124，顾祖成等《清实录藏族史料》(九)第4442页，西藏人民出版社1982年出版。

涉迟延，致洋人有所藉口，别生枝节”[1]。次年正月，丁宝祯、托克湍奏称：夹坝工布曲批、策珠二人已被拿获，参与此事的巴塘丁林寺喇嘛降巴纳小、淆热根堆亦被捉拿归案，并起获原赃骡马等件。经向兴顺辨认，确系当夜行凶罪犯。于是，将工布曲批、淆热根堆二人正法，将策珠、降巴纳小二人收监，并赔款白银一千九百三十五两七钱一分。对于这一处理结果，法籍天主教教士、巴塘教堂“教主毕天祥……心极悦服，毫无异议，当经领银出具洋字图记了案切结”[2]。“核桃园”案后，光绪帝下令，“维庆前在巴塘被劫一案，著丁宝祯、色楞格仍遵前旨饬属查办”[3]。半年后，丁宝祯奏“三岩野番经剿办后畏罪就抚，川藏大道肃清”[4]。其后，丁宝祯又建议为“防范三岩野番出巢抢夺”，在巴塘、里塘驻兵数千[5]，但未能付诸实施。

2. 1897年（光绪二十三年），清政府在三岩地区实施土司制度，封下三岩察拉寺喇嘛土千户。

三岩人就这样在川藏大道附近折腾了近150年，期间清廷虽然屡次用兵清剿，但并未取得决定性的改变，三岩“野番”、“夹坝”为患一方依旧。直到19世纪末的1897年（光绪二十三年），纳钦折匣被抢案发生后，清廷终于决定改变三岩地区的治理体制，推行土司制度以靖地方。只是因为吏治昏聩，才把一件攸关地方政治的大事办成了一锅夹生饭。

1897（光绪二十三年），在“大石包”、“核桃园”二案告破平息，三岩地区维持了10余年的平静以后，风波又起。四川总督鹿传霖

①《清实录·德宗实录》卷136，顾祖成等《清实录藏族史料》（九）第4449页，西藏人民出版社1982年出版。

②吴丰培《清代藏事辑要续编》第16页，西藏人民出版社1984年3月版。

③《清实录·德宗实录》卷142，顾祖成等《清实录藏族史料》（九）第4452页，西藏人民出版社1982年出版。

④《清实录·德宗实录》卷149，顾祖成等《清实录藏族史料》（九）第4455页，西藏人民出版社1982年出版。

⑤《清实录·德宗实录》卷225，顾祖成等《清实录藏族史料》（九）第4476页，西藏人民出版社1982年出版。

奏报:“三岩鸡打洼野番”在“巴塘所属喜竹桥地方”,“抢去钠钦折匣(装有奏折之匣)”。朝廷闻悉后非常震怒,光绪皇帝于八月(1897年9月)诏令:“三岩野番向不归化,近复肆行抢劫,此次业经该督派员查办,果能擒献匪首,自足以昭炯戒。如其负隅抗拒,即应审度地势,剿抚兼施。”同月,光绪皇帝再次谕示:“三岩之抢案、桑披之命案均应办理得宜,迅速了结,毋使朝廷久廑西顾之忧”①。

鹿传霖奉禀朝廷旨意,饬令署提督夏毓秀察看地形,并派已革知府嵇志文、记名提督韩国秀驰往筹办。但是此次征讨并不成功,夏毓秀、韩国秀、稽志文率兵前往三岩地区,困于日吉桑多之地,被迫与“三岩野番”妥协,所谓“因以人强山险,未能深入,只招得下三岩宗巴五家、擦纳一寺。名曰投诚,既不纳粮,复不当差。该提督(指夏毓秀——作者注)且割巴塘之白降工一村与该寺,并每年由兵饷内提银四百两与之;又割喜松工之地,每年青稞一百四十克与宗巴五家,名曰保路钱,饬该僧俗等保大道不出劫案”②。

对此,驻藏大臣文海奏曰,“三岩野番抢夺折差之案,进剿又未得手,凡此办法,奴才皆不以为然”,认为鹿、稽、夏、韩等“文武意见未必能合,办理亦未必得当”③。光绪帝指责鹿传霖“办理失当”,对“三岩之抢案、桑披之命案”处理不力,下令免去鹿氏川督之职,以恭寿兼署,继续办理“巴塘、三岩两案”④。

恭寿接手此案,在认可稽、韩、夏等人妥协的前提下,并将“拟设立土千户以图经久”之策上报朝廷,决定授以三岩擦拉寺的喇嘛以土千户之职,责令其保护川藏大道,不出劫案,管理地方,得到批

①《清实录·德宗实录》卷409,顾祖成等《清实录藏族史料》(九)第4593~4594页,西藏人民出版社1982年出版。

②四川省民族研究所编《清末川滇边务档案史料》(下)第791页,中华书局1989年5月版。

③四川省民族研究所编《清末川滇边务档案史料》(上)第26~27页,中华书局1989年5月版。

④《清实录·德宗实录》卷410,顾祖成等《清实录藏族史料》(九)第4598页,西藏人民出版社1982年出版。

准。1900年(光绪二十六年),四川总督奎俊奏称,“巴塘、三岩等处新设土千户、土把总各职衔,管辖各寨番众,所有大石包至宁静山一带碉房,均责成该番弁弹压巡抚,不得滋事”[①],三岩地区土司制度得以实施。这在1906年(光绪三十二年)春季的江卡塘汛额设官弁兵丁马匹饷额名单记述中可以得到佐证,“三岩土千户三员,每名年支十六两;土把总四名,年支十二两,每年实共支俸薪银九十六两,遇闰无增,大小建亦不计算”[②]。由此可见,至少在1900~1906年间,三岩地区土司制度是存在的。

三岩地区虽经镇抚并施,并在形式上已经纳入土司体制,但“保护川藏大道、不出劫案”实未取得任何成效。对此,驻藏大臣兼边务大臣赵尔丰于宣统二年(1910年)末致电清廷,称恭寿完结三岩劫案,“嗣后不惟劫案叠出,而该寺(指擦拉寺)与宗巴即为行劫之人,蛮民言及此事(指恭寿办案),无不以为笑谈,而巴塘人尤深恨割其地与夹坝也。然以前关外无官无兵,任其猖獗,汉蛮无可告诉,亦惟隐忍而已”[③]。可见实行土司制度,改革地方管理体制,也并未使得三岩人有任何收敛,依然劫案迭出。

3. 1910年(宣统二年)赵尔丰剿平三岩,实行改土归流,设治置武城县

清末新政之际,清廷决心改革藏政,经营川边,以挽救“藏危边乱”。光绪三十二年(1906年),赵尔丰被任命为川滇边务大臣兼署驻藏大臣,在川边地区实行改土归流。在这一过程中,三岩地区自然也难逃赵尔丰的军事行动征剿。

赵尔丰师出三岩,起因有二:一是三岩人撕毁文告,侮慢大臣。赵尔丰“莅边,周历德格、察木多、乍丫、贡觉、江卡,各该处百姓纷

①《清实录·德宗实录》卷458,顾祖成等《清实录藏族史料》(九)第4618~4619页,西藏人民出版社1982年出版。

②四川省民族研究所《清末川滇边务档案史料》(下)第831页,中华书局1989年出版。

③四川省民族研究所《清末川滇边务档案史料》(下)第791页,中华书局1989年出版。

纷控告(三岩人抢劫),总计不下千余起。竟有素裕之家,抢劫一空,立成贫穷者。至于杀掳勒赎。尤属常事。言者皆痛哭流涕,实堪矜悯。臣惟以好言抚慰,一面札谕三岩,毋得再行抢劫,致干剿办去后。该匪不惟不遵,并将札文告示撕毁,即于背面书写侮慢之辞”[①]。对此,赵尔丰虽面上表示“犹以野蛮视之,不与深较”[②],但内心的愤懑可想而知。二是三岩土番“捆我兵弃”,残害边军。他在向清廷奏称:“该匪竟敢大股出巢,于臣所驻三十里外,肆行抢掳,并将递送驻藏大臣公文台兵劫去痛笞,将公文撕毁,声称杀尽汉官、汉人等语。臣于德格与三岩接界隘口,派兵防守,免其出巢劫掠。什勇丁占奎出棚望哨,竟为该匪劫去,三日始归,遍体血污。据称,该什勇巡哨仍在德格界内,查看各山形势,不意岩匪伏于隘口之内,突出十余骑,将其掳去,入一深林,先缚于大树,剥脱净尽,后将两足倒缚马尾。该匪等即鞭马疾驰上山,山石嶙峋,周身皮肉尽脱。该勇抱一树根,尽力挣脱,随亦昏晕,大约该匪等见其已死,舍之而去,半夜苏醒,始得匍匐回营”[③]。当时,赵尔丰虽然愤于“岩匪”猖獗,但由于边军分驻察木多等地,难于调遣至三岩,便准备“藏事既定,自应将边军调回,次第剿办,以靖余孽,而安边圉”[④]。

更为甚者,宣统二年(1910年)九月,三岩部落竟然投书索战,迫使赵尔丰下定决心剿平三岩。实际上,赵尔丰此前已做好了进攻三岩的准备。当年五月,赵尔丰率边军由察木多移驻乍丫后,即“便中侦查三岩地势”[⑤],准备“如其投诚,即行设治。倘以顽梗阻扰,势必清剿,以清边务”。因此,赵尔丰在做好了充分准备的情况下,督兵进剿三岩。

十月,赵尔丰命令江卡守备“选募熟悉三岩路径、年力精壮之

①四川省民族研究所《清末川滇边务档案史料》(下)第791页,中华书局1989年5月版。
②四川省民族研究所《清末川滇边务档案史料》(下)第791页,中华书局1989年5月版。
③四川省民族研究所《清末川滇边务档案史料》(下)第791页,中华书局1989年5月版。
④四川省民族研究所《清末川滇边务档案史料》(中)第612页,中华书局1989年5月版。
⑤四川省民族研究所《清末川滇边务档案史料》(中)第665页,中华书局1989年5月版。

土民四十名”为向导，“分省补用知府傅嵩炑率带各营，五路进剿”[①]。五路人马都以三岩的中心雄松为占领目标，第一路由巴塘渡河经察纳寺沿金沙江西岸溯江而上，第二路由贡觉孔撒、林达出发，第三路由贡觉经先米沿贡觉下村进发，第四路由同普出发，第五路由巴塘七村沟渡河进发，五路呈合围之势，并进三岩。参与讨伐的除了边军、江卡向导外，还有“贡觉属下贫苦百姓”、德格土官“花翎二品顶戴世袭都司多吉僧格”及其率领的部众八十名。

战斗开始后，“三岩野番”“于各隘口分途迎拒，凭高下击”，边军不能取胜，“苦战三昼夜，夺其要隘十数处”，但是“该匪……仍敢退守阻抗，不肯投诚，意在死拒”。此时恰逢新军统领凤山率部前来，“闻三岩战事未毕，立即请战”。傅、凤二军“尽力合攻，匪势不支，同时溃逃，追至三百余里，匪皆窜入深山密林之中”，后经招抚，“纷纷来投，全岩一律肃清”[②]。

三岩收复后，赵尔丰参照巴塘等地改土归流之例，在三岩地区设置流官管理。设“三岩勘定蛮民投诚委员”[③]一人，以樊润（号郎廷）充任，管理当地政务。其后，赵尔丰亲自拟定章程十二条（详见附录），“示谕三岩百姓”，“仰一体遵行”。并留不足一营的兵力驻守三岩，营房设在金沙江东岸半山之上。

次年（1911），三岩正式立县，定名武城县，撤委员改设县长，樊润为首任县长，负责管理三岩的政务。县域“踞沙鲁里山与宁静山脉之间，中跨金沙江，形势长方，全县面积共二万八千七百八十八平方里。其疆域：北至玛隆，与同普县界；东北以巴坝山顶东北与白玉县界；东与巴安县界，东以宗巴南至日吉桑乡以东属巴安，以

①四川省民族研究所《清末川滇边务档案史料》（下）第791页，中华书局1989年5月版。
②吴丰培《赵尔丰川边奏牍》第213~214页，民族出版社1984年出版。
③许韶明、何国强《整体稀缺与文化适应：三岩的帕措、红教和民俗》第12页，中山大学出版社2013年出版。

西属武城;南以支巴小水沟与宁静县界;西以吉池领与贡县界”[1]。县治驻地雄松乡雄松村,设知事(县长)、科员、帮办等工作人员数名,管理刑讼案件、催收粮税等项。

武城县设治后,樊润指派三岩各地比较有资望的人为保正。设三岩总保正一名,由雄松村阿聪充任,“阿聪是一个才二十多岁的年轻人,对于汉人颇有好感,向来主张应与汉家相安无事,惟各村习于各自为政,无人重视他的意见,以致惹出了这样一场大祸,现在被汉官重用,很快就成为众望所归了”[2]。总保正以下设置五路保正,共管50村,4752户,男9974人,女12122人,喇嘛400余人[3]。五路保正之下,每处地方以村为基本建制,80家为小村,100家以上为大村。各村公举一人为村长,小村则由数村公举一村长。村长的责任类似于代理人,负责征收赋税以及准备乌拉差役等事务。遇有涉及本村的刑事或民事案件,也需由该村村长负责传唤被告。

县治的重要内容之一,即征取税收。为此,专门制定了《征收粮税章程》,内容与邻近的贡觉县一致。

征收粮税章程

——每处地方应分为村总须足八十家为小村,一百家以上为大村,各村在本村中令百姓公举一老成人为村长,小村则令数村公举一村长,专管百姓上粮及催备乌拉,遇有该村案件,汉官即令该村村长传唤被告等事。

①刘赞廷《武城县志略》,载陈家琎主编《西藏地方志资料集成》(第三集)第121页,中国藏学出版社2001年出版。

②刘鼎彝《赵尔丰经边闻见忆述》,载四川省省志编辑委员会编《四川文史资料选辑》(第六辑)。

③刘赞廷《武城县志略》,载陈家琎主编《西藏地方志资料集成》(三)第121页,中国藏学出版社2001年出版。

——每年售粮须按土地肥硗为定，分作三等，上等地下种一斗，在收粮一斗二，中等地收粮一斗，下等地八升，永远不准增减，如遇水旱之年，或减或免，或酌量赈济，查看情形办理。

——收粮之斗须与百姓所有之斗，照官斗大小一律制定，不准私用大斗，违者治罪。

——民间所养马牛羊一律收税，每家牛十头，马二匹，羊十只均不纳税，此外有有多养牛羊马匹者，每牛一头收税银一咀，马一匹收银一咀，羊十只收银一咀。

——马牛羊不及二岁者免税。

——每家所养马一匹合牛一头，羊十只合牛一头，无论马牛羊总共合计只有牛十三头者，亦准免税，以恤贫民。

——每户所有马牛羊，如有出卖倒毙者免税。

——无地者不纳粮，无马牛羊者不纳税。

三岩改土归流之后，与其他地方采取的新政措施一样，也积极发展教育。“设治之初，学务局派劝学委员周极涵来此勘查，以雄松、(仔)他、党河溪、萨(东)四处各设官话小学堂一所。由县署督催百姓建筑学舍，工竣招生开学”①。但是三岩人的传统是子弟在家学习或者送到寺庙学习，所学内容也都是经文；由于经济原因，很多三岩人甚至无力延师。所以，三岩人把送孩子去学校学习视为“当差”而不愿就学。以致周极涵在沙东所设学堂校舍建成后，却没有人送学生念书。于是，周极涵强迫头人按户清查，要求凡年龄在6岁至15岁的适龄儿童一律入学。沙东百姓纷纷将自己家的孩子隐藏起来，躲避官府的调查，有的在官府调查时关门闭户，拒不接待。周极涵一怒之下打了头人洛登，因为出手过重造成其眼珠暴裂。事后，洛登去县政府鸣冤，周极涵担心上司责怪，便提前

①刘赞廷《武城县志略略》，载陈家琎主编《西藏地方志资料集成》(第三集)第124页，中国藏学出版社2001年5月出版。

密函报告赵尔丰,称"头人洛登串同百姓复叛,现已拒抗开学"[①]。赵尔丰立刻派遣2000余名官兵前来讨伐,大军一到,见沙东人并无反叛、一切如常,才知道是周极涵瞒报推罪。大军压境之下,沙东百姓惊恐异常,很快便组织了400余学童入学。事发之后,周极涵也被革职关押。这是三岩历史上有记载的第一次政府办学举措。但从此办学并不成功,仅仅一年之后,到1911年,整个三岩仅剩下一所学校,学生也只剩下20余人。

此外,改土归流以后,赵尔丰还针对康区百姓罹患痘症甚多的情况,专门委派痘医钟孔章到白玉、三岩、同普一带为百姓接种牛痘疫苗,这也是历史上现代医学首次进入三岩地区。

第四节 民国时期三岩地区政治秩序的演变

从辛亥革命取得胜利,到和平解放的近40年间,三岩地区的政治格局几经嬗变,但以西藏噶厦地方政府设宗统治为主。

1. *武城县存续时期*

辛亥革命以后,虽然川边地区的改土归流随着赵尔丰的被杀而流产,甚至许多已改土司又行复辟,但武城县治却依然行使权力很长一段时间,一直到1918年西藏噶厦地方政府攻入三岩为止。

樊润之后,先后又有单镜、周瑾章、黑得魁三人任职武城县长。单镜、周瑾章事迹无从可考,而黑得魁任职三岩时的一些作为尚可循迹。一是黑得魁在任期间,修建了县署和驻军营房百余间,将县政府从寄住的雄松白日寺搬进县署。二是重新划分全县保正辖区,将整个三岩划分为上中下三个区和一个"半区",每区设保正一人,学松泽从为总保正。各保正均有一定的薪酬,由本村百姓摊派付给。三是高压管制地方,对出外抢劫者,通过杀一儆百,以资震

①刘赞廷《武城县志略略》,载陈家琎主编《西藏地方志资料集成》(第三集)第124页,中国藏学出版社2001年5月出版。

慑。严格地方管理，凡三岩百姓外出，必须有政府发给路条方可。四是设置了外出马站，规定了马夫脚价，以杜绝官吏头人滥用乌拉。

武城县一干官吏，在时局动荡的年代，一直固守了5年之久，直到藏军攻占昌都。据说他们与当地百姓相处甚好，最后城破之时，还是当地头人将县长等人护送至巴塘返回内地的。可见，当时的武城县政，不仅县域治理卓有成效，而且也得到了当地百姓的拥戴。

2. 1918年西藏噶厦地方政府设置三岩宗

辛亥革命以后，随着中央政府的式微，对边疆地区的控制力大为减弱，对西藏的管理更是如同虚无。加之十三世达赖喇嘛在英国势力的唆使下，策动“反汉”暴动，宣称“自示以后，凡我营官头目人等，务宜发愤有为，苟其地居有汉人，固当驱除净尽，即其地未居汉人，亦必严为防守，总期西藏全境汉人绝迹，是为至要”①，并分别于1912年、1917年两次挑起康藏纠纷②。在第二次康藏纠纷中，边军统领彭日升在孤立无援的情况下，失守昌都，藏军乘胜东下，一直推进到雅砻江边，与边军形成对峙。

正是第二次康藏纠纷过程中，藏军于1918年进据三岩。噶厦政府在军事占领后即设立三岩宗，隶属朵麦基巧(昌都总管府)。

1930年6月，四川甘孜发生“大白事件”③，诱发了长达10年的

①牙含章《达赖喇嘛传》第240页，人民出版社1984年出版。

②第一次康藏纠纷为十三世达赖喇嘛投靠英帝国主义，谋求西藏独立。但在与边军的争夺中并未占据绝对优势，边军依然部署在清末赵尔丰改土归流收复各县。第二次康藏纠纷的导火索是驻防类乌齐的边军连长逮捕了两名越界割草的藏军，后被边军统领彭日升枭首示众，从而引起藏军大举进攻。不仅昌都失守，藏军还占领了金沙江以东部分地方，直抵甘孜，才被边防军阻于雅砻江西岸。

③1930年6月18日，因和白利亚拉寺发生庙产纠纷，大金寺攻占了白利村。经地方当局和地方头人调解无效，驻地边军遂于9月1日大举进攻，收复白利，进围大金寺。与此同时，藏军也介入纠纷，帮助大金寺与边军对抗。由此，本为两寺争夺财产的纠纷，逐渐升级，演变为边军与藏军间的战争，是为“第三次康藏纠纷”。

第三次康藏纠纷。此时康区的边军力量，已非辛亥革命时可比，国民政府通过近20年的努力施政，对康藏边区的控制力显著增强，加之康区一大批爱国志士如格桑泽仁等的支持，边军在第三次康藏纠纷逐渐占据优势。1931年4月，国民政府决议成立西康省，更加推动纠纷朝着有利于边军的方向发展。1932年3月，边防军与藏军之间战事再起，结果4个月的战斗，藏军全面溃败，边防军顺利占领金沙江以东德格、邓科、石渠、白玉、巴塘等县。双方和谈，停止战事，并签署了《岗托条约》。按照条约规定，边军与藏军以金沙江为界，各自设防。从此，金沙江两岸的三岩地区不再是隶属于同一个地方行政区域，分别受四川、西藏管辖。其中，金沙江以东的山岩划归白玉县；金沙江以西依然维持三岩宗设置不变。这样的格局一直影响和延续至今。

三岩宗政府设宗本一人，下有仲译（文书）、捏巴（管理账目）等工作人员2、3人。全宗分为7个区，各区派洪扎2人，负责催办各区粮草、差役，通知宗政府需办各类事项，调解民事纠纷，追究抢劫案件等事务。

藏军在三岩部署兵力100人，最多时曾达500人，由一名茹本负责管带。涉及地方事务，宗本和茹本共同商讨处置办法，最后由宗本定夺。

三岩宗前后共历宗本9任[①]：

第一任索布该根，在任时间为1918~1920年。时驻藏军500人，番号扎协马噶。索布该根在三岩期间选任在当地有威信之人做头人协助宗本工作；鼓励百姓崇信佛教，到寺庙充当扎巴，并对白日根寺每年补助青稞400斗以示支持；订立征粮和差役制度；在三岩全境打击抢劫、开展剿匪活动。

第二任折玉色，在任时间为1921~1923年。住任2年后由其管

①西藏自治区贡觉县地方志编纂委员会《贡觉县志》第263、934页，四川出版集团巴蜀书社2010年版。

家占堆代理其职。时驻藏军400人，番号与上同。折玉色继续支持百姓崇信宗教，修建尼中寺，并每年给予尼中寺350斗青稞作为补助。在任期间，曾收缴全宗枪支以靖地方。

第三任锡色代本，在任时间为1924~1926年。时驻藏军100多人，番号与上同。在任3年。

第四任木夏代本，在任时间为1927~1929年。时驻藏军200人。在任3年。

第五任打然色，在任时间为1930~1931年。时驻藏军100多人。在任2年，死后由然查代本代理。

第六任德山色，在任时间为1932~1933年。时驻藏军100多人。在任2年，死后由其管家额竹翁布、则多二人代理。

第七任德山色，在任时间1934年。时驻藏军100多人。在任1年。

第八任墨必色，在任时间为1935~1937年。时驻藏军100多人。在任3年。

第九任得墨色（与第七任德山色是亲戚），在任时间为1938~1951年。住任4个月后由其子代理1年，仲译代理1年，管家尼江代理3年，管家洛真代理至和平解放为止。

金沙江以东三岩地区的地方建制，民国期间随着形势的发展也屡经变化。1932年（民国二十一年），《岗托条约》签订后，金沙江以东划归白玉县治下，将色巴、烈巴、巴巴统为一村，称作三岩村。至1947年（民国三十六年），建政为三岩乡，直至解放前夕。

第五节 解放后三岩地区的历史演变

1950的昌都战役，藏军主力被一举歼灭。昌都解放后，三岩也随之解放。从此，三岩地区的发展进入了一个全新的历史阶段。

三岩解放后，昌都解放委员会遂即成立了昌都解放委员会三岩分会，同时保留了宗建制。

1951年5月23日，《中央人民政府和西藏地方政府关于和平解放西藏办法的协议》(即《十七条协议》)签订，随后，便于次月设立了三岩宗军事代表处。10月，成立三岩解放委员会。

军事代表处的职责是宣传贯彻《十七条协议》和党的民族宗教政策，做好上层人士的统战和影响群众工作，培养当地少数民族干部，搞好生产建设和支前运输，支援部队进驻边防，打通公路，巩固西南边防，确保进藏部队和地方工作人员站稳脚跟，维护祖国统一。

解放委员会带有一定的统战性质，属于过渡性政权组织。其主要职能是开展统一战线工作，团结上层人士，广泛宣传，扩大影响，发动群众，配合军事代表处做好各方面工作。

1955年2月9日，国务院全体会议第七次会议通过《国务院关于成立西藏自治区筹备委员会的决定》(以下简称《决定》)，宣布成立西藏自治区筹备委员会。1956年4月22日，西藏自治区筹备委员会举行成立大会。9月15日，根据昌都地区解放委员会的决定，三岩宗解放委员会行使西藏自治区筹备委员会宗级办事处的职责。

1959年3月，西藏地方上层反动分子发动武装叛乱，人民解放军奉命进驻三岩地区平息叛乱。4月，根据国务院命令，撤销三岩宗解放委员会，同时成立宗军事管制委员会。7月，西藏自治区筹备委员会在调整行政区划过程中，决定将三岩与原贡觉宗合并为贡觉县。同年10月成立贡觉县人民政府，三岩地区被划分为贡觉县所属罗麦、雄松两个区。自此，三岩作为县一级行政区划成为历史。

其后，贡觉县辖下的三岩地区区划几经调整。1962年，原有两区划分为罗麦、雄松、木协三区。1988年，撤区设乡，三岩分为1区

(罗麦区)6乡。1997年,设三岩办事处,辖克日、罗麦、沙东、敏都、雄松、木协6乡,统称为三岩片区。

金沙江以东的山岩区划,解放后也历经几次调整。其大致脉络为:

1951年8月,为白玉县三区所辖三岩村。

1958年8月,建立三岩乡人民委员会。

1967年1月,更名为红岩乡人民委员会。

1968年11月,成立红岩乡革命委员会。

1974年5月,建立红岩公社革命委员会。

1979年,恢复山岩名称,改称山岩公社革命委员会。

1981年2月,改为三岩公社管理委员会。

1984年1月,设立山岩乡人民政府。

第三章 帕措与父系社会形态

三岩帕措从社会学意义上是这一地区最突出的特点。在相对封闭的地域环境影响下,缺乏与外部的交流和融通,社会发展进程相对缓慢甚至停滞不前,以致在这一狭小的区域范围内将帕措这一游离于社会正式制度之外的组织体系保留下来,成为父系社会在当今世界的“活化石”。

第一节 帕措的基本涵义

在藏语中“帕”指父亲一方,“措”指聚落之意。“帕措”即为“一个以父系血缘为纽带组成的部落群体”,意即传统观念中的骨系。但在三岩地区,帕措不仅具有氏族的特征,还因其严密的组织结构和民主议会等规则,具有鲜明的氏族部落特征。

三岩帕措的构成,以父系血缘群体为基本的划分界限。构成父系血缘群体的基本因素是个体的人,但从父系血缘个体到帕措群体之间,还存在着不同层级和规模的血缘群体单位,他们是帕措的组织基础。这些不同层级的血缘群体单位包括“学”、“仓(冲)”、“布”、“帕措”及“果巴”。

学 意指生活在一个房子里相互之间有血缘关系的一群人,意即一个家庭,是最基本的社会单位。学基本上以一代人的夫妻关系为核心,其上可能有男方的父母,其下则是儿女。以一栋房子为标志，生活在房子里的人即为一个学。学类似于汉族的主干家庭，所不同的是三岩地区的婚姻制度不仅有一夫一妻制，还存在一妻多夫、一夫多妻等婚姻形式。

仓(冲) 是由若干个学构成的群体单位。构成一个仓(冲)的各学之间通常会有血缘关系，但是血缘关系不一定非常接近，有可能已是相隔若干代了。仓(冲)在现实生活中的明显标志是同一个仓(冲)的家庭形成一簇彼此连接的房子。普遍的情况是3～5个学共居一处。

同一帕措家庭集聚而居

布 同样是由若干个学构成的群体单位。但与仓(冲)相比，既可以包括仓(冲)里的各个学，也可以包括那些虽然不在同一个仓(冲)，居住的位置上彼此相距较远，但仍然具有血缘联系的不同的学。因此，布更强调群体成员之间的血缘关系，这与汉族地区的同姓宗族类似。

帕措 是指同一个父亲及其后代子孙组成的父系血缘共同体，

一般由若干个数量不等的仓(冲)构成。当然,其最基本的构成元素还是学。帕措与学、仓(冲)乃至布相比较,主要的特点或区别就是具备了建立在血缘系统基础上的社会性组织体系,并由此派生出相应的旨在调整组织内部成员之间关系的各类制度和规则。事实上,帕措在一定意义上已经具备了地方政治团体的诸多特征,是三岩地区一种原生性的社会治理组织。

果巴 或音译为"戈巴",从组织层级上与帕措基本一致。关于果巴的含义,有两种不同的解释。一种解释认为,"果"就是"圈",与藏语"廓"的意思相近;而"巴"就是"人",果巴就是几户人或一群人围成的圈圈。另一种解释则认为,果巴应该称叫"果帕",本质上还是帕措,只是组成形式不同而已。在成员组成或组织形态上,果巴与帕措的区别在于他不仅包含同一父系血缘的成员,还可以包含果巴内男女全部亲戚。也就是说,帕措强调的是父系宗族体系,而果巴则在宗族体系的基础上,将父母双系的血缘群体也纳入其中,因此组成形态更加宽泛。

三岩地区的帕措或戈巴都有自己的名字,如乃达帕措、阿宗帕措、那革帕措等,类似于汉族地区的姓氏,相应地三岩男子往往根据帕措名称之为"盖果布"、"田果布"、"由珠布"、"噶多布"等,如同汉族老李、老王、老孙等称呼。帕措名一般源于早期迁入三岩地区的祖先的名字,标志着一个帕措父系关系的传承。

与此并行的,三岩地区每户人家通常都还有一个"杜喀",即家族房名,如"盖果"、"田果"、"由珠"、"噶多"等,往往是以房屋的建造者命名,由此三岩男子也常根据家族房名被称之为"盖果布"、"田果布"、"由珠布"、"噶多布"等,与冠以帕措名称的称谓作用相同。一般而言,房名和帕措组织密切相关,使用一个房名者为同一帕措。当然,也有一个帕措拥有两个以上房名的,基本上都是属于帕措不断壮大以后,发展出来新的支系,或者说是大帕措衍生出来的子帕措,又独立出新的房名。

第二节 帕措的分布情况

帕措是三岩声沸天下的最主要特征。没有帕措,也就没有三岩地区父系原始社会形态的孑遗。因此,在三岩地区,帕措的存在渗透到每一个村庄的每一个角落。

三岩地区帕措的情况,由于缺乏田野调查的第一手资料,只能从现有的资料里了解到一些大致的情况。1985年刘伟先生在三岩调查时,记录了47个帕措的具体名称。他们是:

木协区18个:

跌尔帕族、雍宗帕族、安批帕族、那哥帕族、雄沙哥帕族、达穷帕族、阿苏帕族、甲曲帕族、布伦帕族、松朱帕族、折爹帕族、剑卓里帕族、朗哥帕族、姜固帕族、壤杰帕族、党松帕族、卓松帕族、阿俄帕族。

雄松区17个:

马洛帕族、夏牙帕族、嘎哥帕族、夏龙帕族、希麻帕族、多吉帕族、扎鲁帕族、聂热帕族、地左帕族、卓麦帕族、哥巴帕族、卓那尼帕族、热学帕族、麻惹帕族、阿多帕族、佘巴帕族、夏鲁帕族。

罗麦区12个:

乃达帕族、阿宗帕族、那革帕族、赞布帕族、土巴帕族、觉给帕族、沙罗帕族、觉盖帕族、天廓帕族、阿维帕族、贡青哥帕族、觉间则帕族。

三岩47个帕族中,乃达、跌尔、雍宗是三岩的三大帕族。

1991年,贡觉县曾经对帕措情况进行过调查,得出的结论是当时三岩六乡共有帕措61个。从历史渊源看,其中的51个隶属原三岩宗,康泊、郭莫两村的4个帕措隶属芒康县,克日乡的6个帕措隶属德格土司。

2006年8月，在扶贫搬迁过程中，贡觉县政府又做了一次摸底调查，统计结果为，三岩区六乡共有帕措55个，1196户，8600人。

相对而言，钱均华先生2005年对白玉县山岩乡的戈巴的调查要细致很多。不仅详细记录了金沙江东岸的戈巴名称，而且还基本弄清楚每一个戈巴的内部结构。具体情况如下①：

1. 格锅戈巴

分布村落：色麦村，八学村。

户数人口：40余户，300余人。

首领：泽仁亲批，53岁。

元老团：泽仁邓珠，60岁；则仁彭措，70岁；多吉康珠，55岁；阿登，50岁；角登，65岁；白玛，45岁。

勇士团：根波，40岁；阿扎，23岁；车珠，21岁；则仁绕登，20岁；白玛青批，18岁。

2. 内伊戈巴

分布村落：色德村，劣巴村。

户数人口：20余户，70余人。

首领：布桑，58岁。

元老团：日松，75岁；吉珠，67岁；仁亲康珠，80岁；江崩，65岁。

勇士团：则仁彭措，28岁；通业，28岁；安珠，24岁；扎松，21岁；阿工，22岁；由派则仁，23岁；佳多，21岁；仁亲，20岁。

3. 夏锅戈巴

分布村落：八学村。

户数人口：50余户，350余人。

首领：多吉翁堆，64岁。

元老团：琼仁扎西，55岁；车肖，54岁；仁真，48岁；琼珠，45岁；狼加，66岁；琼坤久美，62岁。

勇士团：杜嘎，26岁；俄热双珠，22岁；艾再，25岁；罗珠，20岁；

①钱均华《男人国：川藏边境原始部落漫记》第227页，上海人民出版社2006年出版。

扎西双珠,25岁;夏拉,22岁;冉张,22岁。

4. 下锅戈巴

分布村落:八学村,色麦村。

户数人口:40余户,350余人。

首领:日洛,57岁;真戈,60岁。

元老团:车翁忠,50岁;车仁邓珠,40岁;扎西绕登,46岁;根部翁秀,62岁;阿桑,51岁。

勇士团:多吉车登,30岁;阿突巴登,37岁;之玛车仁,28岁;车仁亲批,24岁。

5. 锅巴戈巴

分布村落:色麦村。

户数人口:30余户,200余人。

首领:车翁仁真,40岁。

元老团:车仁彭珠,53岁;车仁扎西,60岁;车翁多吉,54岁。

勇士团:白玛伦珠,30岁;扎西,27岁;扎多,38岁;拉玛次仁,45岁。

6. 培果戈巴

分布村落:西巴村。

户数人口:30余户,160余人。

首领:吹仁,50岁。

元老团:阿称,52岁;德比,67岁;都嘎根部,69岁;索朗,69岁;阿忍,62岁。

勇士团:仁金车忍,24岁;阿西,27岁;仁亲泽仁,31岁;多吉车仁,18岁;阿西牛美,19岁;四郎泽仁,25岁。

7. 仁果戈巴

分布村落:西巴村。

户数人口:30余户,200余人。

首领:白玛,58岁。

元老团:称勒,60岁;车仁大吉,61岁;阿嘎,65岁;阿迪,50岁。

勇士团:多吉次翁,25岁;仁真,23岁;阿忍,30岁;阿拉,28岁;益西多吉,27岁。

8. 如嘎戈巴

分布村落:西巴村。

户数人口:10余户,50余人。

首领:罗诸达,58岁。

元老团:康珠,68岁;扎西,65岁;恩珠,62岁。

勇士团:则玛泽仁,25岁;扎西则仁,23岁;夏多,21岁;亲明则仁,30岁;巴松康珠,27岁。

9. 当巴戈巴

分布村落:当托村。

户数人口:4户,20余人。

首领:雄多绕登,51岁。

勇士团:雄起,20岁;昂白罗直,25岁。

10. 加锅戈巴

分布村落:当托村。

户数人口:10户,40余人。

首领:阿巴,27岁。

勇士团:阿朗,32岁;祥吉,21岁;多吉,27岁;车忍,38岁。

11. 普巴戈巴

分布村落:当托村。

户数人口:10户,40余人。

首领:贡扎,30岁。

元老团:扎西则仁,52岁。

勇士团:嘎奔,18岁;多吉,21岁;班九,26岁;阿七,27岁;阿多,28岁。

12. 拉较戈巴

分布村落:劣巴村。

户数人口:20户,80余人。

首领:扎西,52岁。

元老团:布卓,54岁;澳背,43岁;布勇,47岁。扎西次仁,47岁。

勇士团:阿真,30岁;康珠,34岁;阿罗,24岁;琪美,25岁。

13. 班窘戈巴

分布村落:劣巴村。

户数人口:20户,100余人。

首领:扎西双珠,62岁。

元老团:阿扎,35岁;休奇,39岁;车仁双珠,47岁;之玛次仁,38岁。

勇士团:奇美,24岁;阿多,23岁;狼帅,20岁。

14. 松锅戈巴

分布村落:劣巴村。

户数人口:30户,150余人。

首领:瓦多,45岁。

元老团:苏恩,45岁;扎西双珠,60岁;不教,43岁;夏多,45岁。

勇士团:卓松,24岁;丁青,24岁;本青,26岁;瓦北,24岁。

15. 先巴戈巴

分布村落:劣巴村。

户数人口:20户,80余人。

首领:波罗,49岁。

元老团:甲得,65岁;久麦,64岁;由来,66岁。

勇士团:不琼,38岁;索朗称批,29岁;安青,25岁;次仁绕登,24岁;益西多吉,28岁。

16. 来者戈巴

分布村落:劣巴村。

户数人口:20户,80余人。

首领:甲勒,45岁。

元老团:芝多,70岁;奇波,47岁;拉玛扎西,39岁。

勇士团:加苏,25岁;奇美,26岁;加仁,25岁;不卓,35岁。

17. 锅嘎降勇戈巴

分布村落:劣巴村。

户数人口:5户,20余人。

首领:锅嘎降勇

元老团:阿朗,48岁。

勇士团:阿扎,18岁。

此外,金沙江以东的盖玉、沙马2个乡的戈巴分布情况为:

盖玉乡有戈巴8个[①],分别是:

1. 夏果戈巴

分布村落:德沙孔、德来村、协巴村。

户数:12户。

人口:73人。

2. 寡果戈巴

分布村落:协巴村、德来村

户数:14户。

人口:84人。

3. 甲拉戈巴

分布村落:热树村、达西村

户数:19户。

人口:89人。

4. 土揭戈巴

分布村落:协巴村

户数:22户。

①廖建新《三岩"帕措"研究》(博士论文)第146页。

人口:99人。

5. 拉多戈巴

分布村落:德沙孔村、帮果村、绒盖村

户数:27户。

人口:105人。

6. 松果、瑞古戈巴

分布村落:协巴村

户数:23户。

人口:102人。

7. 阿帮古戈巴

分布村落:洞中村

户数:16户。

人口:96人。

沙马乡有戈巴3个,即苗朋曲松、欧主冈松、扎炯登松。

第三节 帕措的组织结构

一般而言,三岩地区的帕措组织以村落为势力范围。帕措内部以头人为核心,形成由帕措首领、勇士团和长老团、平民三个层次构成的金字塔型内部结构。

帕措首领 也称帕措头人,处于帕措组织的顶端。每个帕措都有一个头人,规模大一点的帕措还有大头人和小头人之分。在帕措内部,头人一般要反戴羊皮帽,以示与一般成员的区别。帕措头人由帕措内部公平竞选产生,所有帕措成员均有竞选资格。帕措头人不实行终身制,不称职者可随时更换,到了一定的年纪也要让位于年轻人。

担任帕措头人,一般要具备这样一些条件。一是具有较好的出身,家庭在帕措中比较有影响力。二是具有一定的组织能力,口才好,能言善辩。三是年轻力强,处事果断且骁勇善战,在与外族的冲突中表现突出,具有一定的指挥才能。四是个人品行良好,诚实可靠,处事公道,深受帕措成员拥戴。

帕措头人的选举实行帕措成员一人一票制,需获得半数以上成员拥护才可当选。如果有两人以上的候选人,还要进行竞选演讲。每个候选人要讲述帕措的家族史和对外征战史,展示自己的才能。一般而言,平时能言善辩,好斗善战者会得到帕措成员的拥戴。帕措头人当选后,还要举行任职仪式。前任头人会将象征本帕措权力的圣物(如家谱、经书、佛像、飞镖等)交给新任头人保管,直到其卸任交给后任继承者。

帕措头人的职责主要包括管理本帕措内部事务,代表帕措处理对外关系。如根据具体情况确定每户应承担的各类摊派,按照血亲远近和家庭财产状况确定每户应承担的"赔命金"①数量;在帕措成员遭遇天灾人祸时,动员帕措成员捐款捐物,互助济困;组织策划对外复仇、械斗;代表本帕措对外协商"赔命金"等。头人在帕措内部地位与其他成员之间平等,并无任何特权可言,也不会因为担任头人带来任何实质性的利益,在履行帕措内部成员义务如"赔命金"等方面也和大家公平分担。即是如此,帕措头人也都基于对本帕措的责任感和强烈的荣誉感,尽心尽责地履行帕措首领职责。

勇士团和长老团 勇士团由成年和青壮年男性帕措成员组成,负责内部防御和出外械斗、抢劫、盗窃等,一般帕措成员年满15岁即可加入;长老团则由曾担任帕措头人及部分威望较高的年长者组成,主要为帕措内部的重大决策提供咨询意见,对帕措头人和勇

①赔命金,在西藏民主改革前的封建法典中被称为"赔命价"或"命价",它是西藏民主改革前旧法律中处罚刑事犯罪的重要手段,在民主改革后被废除。西藏的"命价"制度早在吐蕃时期就已产生,《吐蕃基础三十六制》确立了人等制度和命价制度。人等制度是命价制度的前提,命价即故意杀伤人者应给死伤者家属的赔偿金,其命价的多少依人等的高低而论。

士团的行为进行监督。勇士团和长老团是每个帕措的中坚力量，其作用的发挥往往决定了一个帕措在当地的地位和影响，乃至整个帕措的兴衰。

一般平民 包括帕措内部行动不便的老人、妇女、未出嫁而成为住家觉姆（尼姑）的女儿、未成年（15岁以下）的男童等。这部分人不能参加帕措对外械斗、抢劫、盗窃等活动。

第四节 帕措的内部议事规则

三岩地区的帕措，一般通过内部集会议形式议定内部事务。其形式与英雄时代的原始民主或军事民主颇为相似，几乎是古罗马库利亚大会的现实再现。从其外在特征上看，他们都是以血缘关系所形成的胞族为主干，以民主制度为准则，因此从一定意义上“它们应该同属一个历史文化层面，同属一个国家雏形”[①]，这也是学界之所以将整个三岩的社会发育形态定格于父系社会活化石上的主要依据。

不同帕措间的议事规程不尽一致，但基本上大同小异。主要包括：

参加议事人员的资格 涉及重大事项，参加议事的必须是帕措中每户的男性家长。有些会议，则是14岁以上的措巴均可参加。一般女性没有参会资格，只有在没有男性措巴时，女性才可参加。

帕措会议研究的内容 原始民主制的特征，决定了帕措会议所涉及的内容几乎涵盖了整个帕措生活的方方面面，既有内部事务的调节，也有对外事务的应对。譬如包括为被其他帕措成员杀害的本帕措成员复仇办法，明确分工方案，如谁去杀人，谁去抢财产，谁去抢牲畜，谁去烧房子等。对本帕措成员在械斗复仇中的英雄

①钱均华《男人国：川藏边境原始部落漫记》第55页，上海人民出版社2006年出版。

和懦失进行褒贬，参与械斗打死人者被尊为英雄豪杰而受到表扬；在械斗中缩头缩脑或被他人欺侮、唯唯诺诺者则受人讥笑。在遇有天灾人祸时，商量发动全帕措力量共同救济的办法。

表决方式 全体措巴均可在帕措会议上发表意见，共同商定，有分歧时采取少数服从多数的原则确定最终解决方案。帕措首领与大家一样一人一票，无独断专行的权力。而参加会议的女性则没有表决权。

第五节 帕措内部的习惯法

三岩地区的所有帕措，都有一套用于约束内部成员，调节相互关系的习惯法。尽管这些习惯法并没有规范的书面文字记载，仅靠帕措成员之间言传身教，但其内容都相对稳定。其主导思想是维护以父权制为核心的宗族利益，"是戈巴治家之本，奉为神圣"，"根深蒂固地移植在整个戈巴部落成员及其妇女们的头脑中(女人们虽不是戈巴成员，但道德规则是她们必须学习知晓的东西)"[①]。不同帕措的习惯法各有特点，但调节的内容大同小异。主要包括：

帕措成员 帕措成员只计算男性。凡男子自出生之日起便是帕措成员，称为"措巴"至年满14便可参加帕措内部会议，但要到满15岁才有投票权，并正式参与讨论帕措内部事务，包括对外的谈判与械斗，商讨战利品及抢劫物资的分配、对无男性家庭财产的继承、解决帕措内外的纠纷等。

帕措内部女性的地位 女性是男子的附属品，称为"纳加"(藏语"手上的东西"，即附属品)。女性既无婚姻自主权也无财产继承权。女性不能参加帕措会议，也无议事权。到了一定年龄，由帕措会议商讨其婚事，成为帕措间联系或结成同盟的纽带。婚后的地

①范河川《父系原始文化的活化石：山岩戈巴》第34页，四川大学出版社2000年出版。

位由生男生女决定，如不能生男孩或孩子，可以由帕措安排其夫再娶。女子丧偶，由帕措安排某男去接管她和全部家产，女若私奔而生有男孩，帕措有权要回儿子并负责赔偿一定损失作为了结，有时还可能由此引发械斗。

帕措成员聚集居住 同一帕措内成员建房要聚集在一起，不允许私自脱离本帕措。

生产资料所有制及分配原则 帕措的土地、牧场、农具等生产资料一律归集体所有。以往一些帕措以抢劫、偷窃为主要生计，谁偷抢越多就越受到尊敬，但在分配所有收获品时一律平等。同样，在狩猎中所获得的猎物也一律要平均分配。如帕措间逮获偷盗者，被逮方的帕措要按所盗物品的3~9倍赔偿。在帕措间发生械斗或纠纷需要赔偿对方损失时，一切费用由全部成员共同分摊；若得到赔偿，除受害者家中留下1/3外，其余也由全体成员平均分配。

保密规则 每个帕措成员必须全力维护本帕措利益，严守秘密，不得向外泄露内情，否则将被视为反叛行为，驱逐出帕措或施以挖眼、割鼻、割唇、割肉、断手、砍足等酷刑。

内部纠纷处理 帕措内部纠纷由帕措会议解决，内部发生械斗则处以罚金，由无理一方支付给有理一方。

帕措的婚姻制度 帕措采取严格的外婚制，内部成员禁止通婚，与有“血仇”的帕措不准联姻。最基本的联姻为女嫁男娶，女子婚前不得随意发生两性关系，婚后严禁通奸行为，如有违反，处予逐出家门或断腿之刑。

帕措的道德规范 帕措内部有严密的道德规范。鼓励盗抢和睚眦必报的复仇行为，有“男人不抢窃，不如守灶门”和“哪家有人被杀不复仇，就砍哪家男人头”等说法。帕措成员倘有不遵守者，则可视情节轻重处予相应的惩罚。帕措成员不准偷盗和抢劫本帕措内的财产。此外，主张有福同享、有难同当，同一帕措内的人相互视为兄弟姊妹，走到哪里都要互相支援，患难与共。全体成员都有爱护养育子女、赡养老人的义务。逢年过节必须在有山神的地方集会，熏烟祀神，头领讲经，喝酒盟誓。

土生土长的山岩学者范河川将金沙江以东山岩戈巴的习惯法称之为道德法规，总结出11条①，与上述习惯法大同小异。

1. 每个戈巴成员必须忠(诚于)戈巴的集体利益，不得泄露戈巴内部的重要情况及一切秘密，否则视情节轻重，处以驱逐出戈巴，挖眼、割鼻子、割唇、割肉、断手、断足直至死刑。

2. 每年发誓言一次。全戈巴成员发誓忠于同族，效忠戈巴，并进行本戈巴的传统教育，由长者给大家讲述戈巴源流史、征战史。

3. 以能抢窃、凶悍、善斗为荣，常以抢劫多少确定其在戈巴内的地位，故有"男子不抢窃，只有守灶门"之说，其意就是不抢窃的男人只能在家跟女人一起烧火煮饭。

4. 同族戈巴男女不能相互通婚，违者驱逐出戈巴或撵往异地。

5. 戈巴械斗中，如本戈巴需赔偿其他戈巴的损失费，则由戈巴按各自能力大小交出所需物资。

6. 女人无权继承戈巴内的产业，若夫死则由戈巴派男人接管此和家业。

7. 有福共享，有难同担。主张"天下戈巴是一家"、"一个戈巴一只手"，同族戈巴内的人相互视为兄弟姊妹，走到哪儿都相互支援，共享富贵，共渡难关。

8. 戈巴内建房要在一起，不脱离本戈巴。

9. 女若私通，赶出家门或处断腿之刑。

10. 内部械斗处以罚金，重者受责。

①范河川《父系原始文化的活化石：山岩戈巴》第34～35页，四川大学出版社2000年出版。

11. 不杀女人，杀害女人是戈巴的耻辱，会被其他戈巴嘲笑。

第六节 帕措之间的结盟

三岩地区的帕措，虽然看起来像似一个个的独立王国，但是毕竟同一片土地上，相互之间的交往是不可避免的。帕措之间的相互关系，除了一般意义上的家长里短，就是走向两个方面的极端，一是合作与结盟，一是纠纷与冲突。

基于恶劣的自然环境和险恶的社会竞争，任何帕措都不能确保依靠独自的力量，在地域范围内的始终保持绝对优势。因此，帕措之间的合作与结盟也就成为帕措生存与发展的必然。

帕措之间的结盟一般有三种方式：

血缘寻根 这种方式的结盟在帕措间最为普遍，它是基于父系血缘而建立起来的合作关系，最能够得到结盟双方的认可。由于人口的世代繁衍和支脉的不断分化，同一祖源的后代可能形成了若干不同的帕措。为了壮大自己的实力，在帕措竞争中占据优势，几个规模较小的帕措往往依据血缘关系联合起来，或是势力小的帕措攀附势力较大的帕措，通过亲戚关系结成联盟。由于三岩地区缺乏文献资料的传承，这种以血缘关系为纽带的结盟往往求之于口口相传的历史。比如根据传说，两个帕措在几百年前，往上追溯几十代爷爷的爷爷的爷爷是亲兄弟，大家便是同一祖先的不同分支，所以要联合起来，形成生死攸关的利益共同体。

和亲联姻 一些实力弱小的帕措，为了能够得到强势帕措的庇护，通过联姻的方式主动与之结盟。通常是弱小帕措选择本帕措内的女子，以一定数量的牦牛、饰品作为陪嫁，嫁给强势帕措的家庭为妻。这与古代的和亲制度颇为相似，所不同的是古代的和亲，往往是发生在帝王之家，是以帝王之女或帝室宗亲之女进行和亲。

而帕措之间的和亲，只要是本帕措的女子即可，无论出身。相同的是在这一过程中，承担和亲使命的女子是没有任何自主权的，其命运全由帝王或帕措首领决定。而且这种基于和亲联姻的结盟也是最不稳固的，无论是古代，还是三岩帕措，联姻之后均无法避免和制止冲突的发生。在以父系血缘为纽带的社会里，母系血缘关系是不被社会认可的。“嫁出去的姑娘泼出去的水”在三岩尤为强烈，只要姑娘嫁出去了，也就从此与娘家没有了瓜葛。由此所带来的是甥舅之间血缘阻隔影响至深，在帕措利益至上的前提下，甥舅之间刀兵相向，相互仇杀实为平常。

结拜盟誓 基于血亲之外，三岩帕措之间也有通过结拜的方式进行结盟的，其形式类似于古代的异姓兄弟结拜，犹若桃园三结义一般，或结为干亲，或结为盟兄弟。这其中既有两个或若干个弱小帕措抱团取暖以壮大实力的情况，也有小帕措主动攀附大帕措以求庇护的情况。这类结盟，一般要有一定的仪式，就是通过盟誓来宣示联盟关系的缔结，或面对神山，或面对寺庙的菩萨，有时还要有当地寺庙活佛的见证。

从帕措之间的结盟这个侧面，可以看出社会文化发展与进化在三岩地区的凝滞。部落时代的遗存，在这里似乎没有理会任何外界的干扰，自顾自地历尽沧桑，循环往复，将一个父系社会孑遗至今。

第七节 血亲复仇：帕措间的冲突和解决机制

纠纷与冲突，是帕措之间关系的另一个方面，它与合作与结盟同等重要，影响力更大。

长久以来，三岩地区最为知名的或者说最令外界特别是历代政府关注的核心问题，就是三岩百姓间的纠纷解决机制。在三岩，同一帕措成员之间的纠纷，可以在帕措首领的主持下调解。不同帕措的百姓之间发生纠纷和冲突，则是帕措间的重大事件，几乎绝大多数是通过械斗来解决。并由此导致了血亲复仇形式的广泛流行。

帕措之间的械斗几乎是三岩地区日常生活中不可或缺的一部分。帕措之间的械斗一般缘于三个方面的原因：一是帕措间历史上延续下来的旧恩怨所引发的以血亲复仇为目的的械斗，称为“普卡”；二是帕措间发生了有损本帕措声誉的两性关系等事情引发的械斗，称为“姆卡”；三是因日常生活中偶发的琐事，如酒后失言、斗殴称强等引发的纠纷，称为“则莫果”。其中，血亲复仇在三岩地区的械斗中是主要形式，而后两者往往是引发血亲复仇的主要诱因。

血亲复仇也称之为“血族复仇”，源于原始社会中“以血还血”、“以命抵命”的习惯。即受欺凌的氏族的全体成员，共同对欺凌所属氏族的成员实行同等报复的行为。血亲复仇的主体限于同族人，复仇的对象却不限于侵害者本人，时间上是在受到侵害之后，目的也不是制止侵害，实质上是对侵害行为带有补偿损害性质的惩罚。

中外历史上，均曾经历过从任意复仇、限制复仇，到国家统一行使刑罚权的漫长过程。血亲复仇就是任意复仇的典型形态，在很长的历史时期内都曾受到统治阶级的认可，乃至成为道德规范鼓励的行为范式。古代著名经典儒家的经典《礼记·曲礼》即有“父之仇弗与共戴天，兄弟之仇不反兵，交游之仇不同国”的记载，意思是“对于杀父仇人，儿子们不能和这仇人生活在同一蓝天下，无论仇人身处何处，儿子们非得找到并亲手杀死仇人；自己兄弟被人杀了，要时刻随身带着兵器，见了仇人就杀；自己的好朋友被人杀了，不能和仇人生活在一个国家里，要么杀死仇人，要么追杀得仇人逃往国外”。这似乎成了血亲复仇必须遵循的“三条原则”。而更有甚者，儒家的另一部经典《春秋公羊传》中，还补充提出了复仇的第四个原则，“父不受诛，子复仇可也。”意思是“如果父亲是被冤枉处死的，儿子可以向法官甚至君主复仇”。世界其他一些地方的古代法律也有类似鼓励复仇的内容。《圣经•旧约》中就记载古希伯莱法律中的“以命还命，以眼还眼，以牙还牙，以手还手，以脚还脚，以烙还烙，以伤还伤，以打还打”规定。

在三岩地区，帕措间的每次械斗活动都有一套完整的仪式。当某人或某家被其他帕措的人欺侮或者遭到抢劫时，他便请本帕措的男女老幼集会喝酒，乘着酒兴详细陈述被害情形，请求本帕措的人帮他复仇。一般情况下，年长者多主张调解，少壮派则多力争械斗。最后，由头领根据少数服从多数的原则决定行动。

每次实施复仇前都要商量具体的行动方案，明确每一个参与者的责任分工，以各尽其责。械斗复仇的预谋和准备都是秘密进行的，复仇行动要在对方毫无防备的情况下，出其不意，攻其不备，力求一击致胜。若首次复仇没有成功，还有再次复仇的可能，但这时就容易陷入被动。因为害怕对方报复，帕措成员往往要集体居住在一起，不敢单个行动，以防不测。在这种情况下，还可请人在中间调解，实行缓兵之计，待对方毫无戒备时，再次突击行动。

当然，帕措间的纠纷也不一定必须付诸械斗，有时也可通过和平方式处置。由此，便产生了另外一种纠纷和冲突的解决机制，即赔偿金或赔命金制度。

以赔偿金或赔命金解决纠纷和冲突，或是通过邀请第三方帕措头人（或寺院活佛等）出面调解；或是发生冲突的双方中一方主动求和，由理亏或战败方按照好、中、差共三套每套9件来计算，赔偿给获胜方总数多达27件的物品，如果胜方接受这些物品，意味着矛盾和纠纷暂时得到了解决。然而，这样的解决方式总是不彻底的，短暂和平中往往潜藏着新的危机。失败的一方总是重新积蓄着力量，并将战死者的血衣等物收藏起来教育后代，提醒他们长大以后早日复仇，从而燃起新一轮的械斗之火。

赔偿金是三岩地区处理械斗善后的一项重要的制度安排。每次械斗之后，协调赔偿金问题都是一件十分烦琐的事情。多年来的械斗使得当地就受伤和死亡都有一个大致的赔偿价格，但具体的赔偿金数额要由双方协商。一般情况下，双方共同邀请一名彼此都能信任的中间人出面斡旋和监督，通过举行数天乃至数周的会议，双方帕措头人就赔偿金问题采取用石头投票的方式（一块石头代表一定的物品数量），以决定一个能让双方都感到满意的数额。如果其中一方就金额的问题迟迟未能表态，中间人有权前往（或派人到）这方家人中做思想工作。在此期间，中间人甚至要与其同吃同住，对方也有义务负担中间人的伙食，直到这家人最后同意为止。

赔偿金谈判中也会存在“以大欺小”的情况，即大帕措能够获得较多的赔偿，小帕措获得的赔偿则要少许多。

赔偿金制度的存在，许韶明先生将其归之为三岩地区的“整体稀缺”，源于当地社会在物质、精神、制度上均存在供给不足，无法满足居民的现实需求①。

赔偿金制度作为一种与现代法制社会无法相融的制度安排，任其在民间通行，对三岩地区社会危害深重。因此，政府一直高度重视，致力于通过各种有效的方式，力求将民间纠纷的解决规范到法制框架内。2002年7月，西藏自治区第七届人民代表大会常务委员会还专门通过了《西藏自治区人大常委会关于严厉打击赔命金违法犯罪行为的决定》，其中特别指出了帕措这种“封建宗族势力”操纵赔命金的恶行，要求坚决打击。从执行情况看，虽然起到了非常积极的作用，但要从根本上将其清除干净，尚任重道远。

①许韶明、何国强《整体稀缺与文化适应：三岩的帕措、红教和民俗》第145~146页，中山大学出版社2013年出版。

第四章 生产力发展水平与经济形态

三岩地区诸多社会问题的存在，有着自身的现实逻辑和发生机制。恶劣的自然环境与低下的生产力发展水平，是解开三岩诸多谜团的钥匙。

第一节 区域经济结构

基于相对封闭的自然地理环境和严重不足的土地资源限制，三岩人在适应环境的过程中，逐渐形成了以农业与牧业两种生产方式为主，辅之以采集业为补充，多元并存的经济结构方式。多种生产方式随季节彼此交替，共同维系着自给自足尚有缺欠的生存状态。

1. 农业 从气候、水源等客观条件看，三岩有发展农业的有利条件，其最大的限制当属土地资源短缺。民国时期曾有资料记载，烈巴（亦作“劣巴”）、色巴、巴巴三村“全境多为石山，熟地颇少，总计不过千分之七八而已。……巴巴在两山夹峙之间，石峰高耸，矗立参天，熟地颇少，倾斜亦急，居民共七十余家，俱在山之两腋，……惟土少人多，供不应求，所谓‘食之者众，生之者寡’。而可垦荒地亦属廖廖”[①]。因此，三岩的农业多为小规模的家庭耕种。

气候条件 三岩地区每年12月至次年3月，天气晴朗干燥，北风时有发生，降水稀少，昼夜温差大，是冬春干旱的时期。4~9月气候温暖，降水量集中，水热同季，利于农作物生长，是全年最好的季节。9月中旬气候开始变差，降水量下降，气温也同时下降，霜雪天增多。多数植物生长发育停止，直至次年4月开始萌发。

耕作周期 和其他藏区一样，三岩地区的农事耕作安排以藏历为准。一月下旬，即藏历新年过后不久，便开始为播种做准备。主要是砍柴、积“卢肥”、耕地等。二月份，主要是松土、继续积卢肥。卢肥是将青杠树的枝叶剁碎垫在牛圈里，平时牛的粪便排泄其上，一同发酵形成有效的肥料，至耕作时施入庄稼地中。三月份，开始播种青棵、小麦、豌豆、胡豆等种子，并引水灌溉耕地。四月份，开始播种土豆，继续灌溉，并把卢肥施入庄稼地。五月份，主要是田间管理，包括锄草、间苗、松土等。六月份，上山采挖虫草，并把牦牛要赶到高山牧场。七月份，田间管理，主要是拔草。雨季来临，采集各类食用菌类以增加收入。八月份，收割燕麦作为牲畜的草料。九月份，秋收，收割青稞和土豆，土地秋翻。十月份，开始进入农闲时期，赶牦牛下山，在村子周围的庄稼地里放养。十一月份，上山砍青杠枝叶作卢肥，这是一年中的第二次积肥活动。十二月份，农闲放松时期，人们开始“耍坝子”。年轻人去拉萨、德格寺庙朝拜。年龄大点的，经常去附近的寺庙转经。迎接新年到来。

2. 畜牧业 由于三岩地区土地匮乏，耕作技术原始，农作物产量较低，每家生产的粮食远远无法满足家庭消费的需要，农业生产仅能部分地解决家庭对生活的需求。加之当地气候条件适宜，畜牧业也就成为当地重要的经济收入来源之一。畜牧业主要满足人们对牛羊肉、酥油的日常需求。当地饲养的家畜主要是牦牛、犏牛、

①〔民国〕羊泽《三岩概况》，载赵心愚、秦和平《康区藏族社会历史调查资料辑要》第402~403页，四川出版集团四川民族出版社2004年出版。

黄牛、马及山羊等。犏牛、黄牛和马主要用于耕作和运输等，牦牛和山羊提供肉类食品和奶制品。三岩地区的一般家庭都有十多头牲畜，人们随着季节的更替，“逐水草”而选择适当的放牧场地。不过三岩地区的牧场与居住地之间距离一般不远。它们和纯牧区不同之处在于一年之中，总有一段时间将牛羊赶回家中饲养，或是在村庄周围放养。

3. 采集业 由于山高谷深，森林覆盖率高，植被资源丰富，三岩地区的采集业也是很多家庭重要的经济来源。采集业主要以林下资源为主，包括虫草、贝母等药材及松茸、青冈菌等菌类。采集活动一般在8、9月份降雨集中的时节。

第二节 生产力发展水平

马克思主义认为，生产力发展的主要标志，是生产工具的发展和变革。生产力的发展水平如何，是衡量社会进步的根本标准，而衡量社会生产力水平发展的主要标志是生产工具。因此，对三岩地区社会发展阶段的认识和理解，从生产工具的具体形态即可窥见一斑。

三岩地区作为晚期父系社会形态的遗存，在生产工具方面体现的非常充分。可以发现的原始工具类型，主要是木器、石器及铁器等的广泛使用。

木器 民主改革以前，木器是三岩地区最基本的生产工具之一，这与三岩地区森林资源丰富，制作工具的材料易于取得有很大关系。常用的木器工具包括：

木锄 至今三岩人仍然在使用一种比较简单实用的生产工具——长柄木锄，主要用于松土与碎土。这种木质工具以手工操作，采用当地青冈木的树枝与连体的一部分杈口为主要材料，在杈口处通过磨制与削切使其变得尖锐。也有的木锄由木柄和木尖片两部分组成，是将木尖片用牛皮绳捆绑在木柄上制成。青冈木质坚硬，用于耕作耐磨实用。

木犁 三岩地区耕地采取二牛抬杆的传统方式，所使用的犁多为以青冈木制作而成的木犁。一张犁包括犁铧、犁床、犁壁、犁托、犁柄、犁柱等部件，配上一个略呈弧度的长形犁轩，即组成一具“长轩犁”。犁铧也叫“犁头”，耕地是需要插入地面以下，因此需要一定的硬度，为青冈木头削尖、打磨而成。

三岩木犁

木链枷 与内地和藏区许多地方一样，三岩地区使用木链枷对谷物进行脱粒。木链枷由木柄和敲杆组成，一般选用质地坚韧的青冈树、花椒树、毛桃树的树枝做柄，柄头处钻一小孔，横穿长约20厘米的小木轴，木轴上再安装一组平排的小木条作为敲杆。打谷时上下挥动木柄，使敲杆绕轴转动，不停地敲打青稞或大麦使其谷粒与谷壳分离脱落。

木耙 三岩地区的木耙为无齿耙，主要用来聚散谷物。木耙由木柄和梯面两部分组成，木柄利用自然树枝制作，长度在150~160厘米之间，梯面选用树桩截成梯形平面，在短边一侧中间处凿一方孔，接上木柄即可。木耙多用于晾晒谷物，三岩人把楼房的三、四层作为为晒场，一般把木耙也就放在附近以方便使用。此外，木耙在耕作时也用于打碎土块，耥平泥土。

木制农具

木制织机 三岩地区的织机全部采用木料构造，与内地和西藏地区的织机构造大致相同。一般织机由支架、线板、踏板、梭轮等部件构成。织布时由纵挂纺轮放线，通过串线板洞与织物卷轴相连而成纬线，脚踩织机使纬线叉开，叉开处由梭子穿过经线，如此反复,织线成布。编织图案时,需用双梭或多梭,不同颜色的线按一定规则串联、结套形成图案。也可纬线和经线同时加线运作,在纬线上加彩线形成宽幅的漂亮织物。但三岩地区织布与藏区其他地方不同的是,这项工作多数由男人完成,由此三岩地区也被外界冠以“男织女耕”的说法。

木制织机

木陀螺和木纺锤 与其他藏区一样,三岩地区织布所需纺线,也取材于羊毛(绒)和牛毛(绒)。纺线使用一种木制的陀螺搭配木碗,通过手工捻制而成。捻羊毛线时,先用刷子把毛线聚拢一团,将线团的一端放入木碗中,用手旋转木陀螺,拇指和食指同时围拢成圆形,维持木陀螺快速旋转,从而把线团一点一点捻成羊毛线,并结成线团。捻牛毛线则采用木陲陀,用两根木块捆绑成十字架状,中间打一小孔,再用一根小树枝嵌人孔中作为中心支架。使用木纺锤捻线时,用绳子在中心支架上打结固定,用力摔动纺锤使其做旋转运动,同时不断地输送牛毛纤维,使牛毛丝均匀地相互缠绕在一起,一点一点地捻成牛毛线团。牛毛绒线一般编制牛毛绳或牛毛帐篷。

木制酥油茶桶 与其他藏区一样,酥油茶桶是三岩地区每一个家庭的必备器具。酥油茶桶能较好地把酥油、茶汤和盐溶合,以打制酥油茶。优质的茶桶选用上等柏木,做成内窄外宽的梯形木条,拼成圆桶形。桶身用四道铜条箍紧,有的还用黄铜装饰。茶桶中还有一根长1.2米左右、粗3厘米左右的圆木棍,前端装一个圆形木板,直径略小于茶桶口,有十字对称半圆口四个,方便茶水通过,起到搅拌的作用。好的酥油茶桶还要有盖,平时不用时盖上,防止尘土和脏物落入桶中,起到保洁作用。

木杵臼 是三岩地区舂米用的工具,既可用来捣去各种谷壳,也可用来捣碎食物或加工药物。木杵臼分为木臼和木杵两部分,木臼以青冈树干制成,截取一段青冈树干,中间挖空,外部用牛皮绳或铁丝箍紧,即制成木臼;木杵则选用青冈树杈做成锤子状。舂谷时以手握柄,用力把锤头锤向木臼的底部,如此反复即可去除谷物外壳,或捣碎谷物、药材等。

除了生产工具外,三岩地区与百姓生活息息相关的木器还有木碗、木盘、木鞍等生活器具,木器使用非常广泛。

石器 石器的使用是人类文明的发端,石器的运用在我国影响深远,碾子、石磨等一直到现代生活中依然可见踪迹。三岩地区也是如此,迄今仍然保留了一些极具特色的石制品,有石灶、石磨、石盘、石杵臼等。

石灶 在三岩地区,各家的灶塘均设在碉房的二层,底部用石板平铺,再用黏土覆盖后裱糊成一个凹形的坑洞。灶塘内使用一种三岩地区特有的石料,经雕琢后呈“工”字形,上横短,用于支架锅、壶;下横长,成等腰三角形埋于土里,起很好的稳定作用。当地人称这种石头其为“协坡”,意为“坚硬的石头”耐高温,久烧不裂,可用20~30年。灶塘四周用石板砌成正方形,石板外镶嵌宽10~

15厘米见方的木材做成小平台，用以放置茶碗、茶壶。一家人用餐取暖时，面对灶塘按男左女右的秩序围坐四周，俗称“三块石头一个灶”。有的家里还在土台临灶塘的一面镶嵌两块小石头，与灶塘里的三块大石头中的一块又可组成一个小灶塘，称为“五个石头两个灶”。此灶的特点是省柴，便于取暖，因此一直沿用至今。

三岩土石灶

石磨 主要用来磨制青稞粉。石磨的形制有大有小，大的直径1米，重达数百斤，一般放置在专门的水磨房中，利用水力来转动。水磨分为上扇和下扇两层，将下扇磨盘固定起来，中心凿一圆孔，贯穿长木，下连车轮，嵌入上扇磨盘中，使上扇磨盘转动以磨制面粉。小石磨的直径只有10～30厘米，用手轻易就可转动，一般放在家中使用。据说石磨是赵尔丰进入三岩后才带来开始普遍使用的。

石盘 实际上石盘是石磨进入三岩地区前用来加工粮食的主要工具。石盘分为母板和子板，底下搁置一个方形木盘用来盛装加工后的米粉。母板、子板均呈长方形，母板体形较大，子板体形则小许多。母板上面并排刻有一条条的凹槽,先把青稞或小麦搁置在这些凹坑内,然后用双手把握子板,用力在母板上下搓动,里面的青稞或小麦便可一点一点地被磨制成粉。

三岩妇女用石盘磨糌粑

石杵臼 是用来捣碎食物的石器,由石臼和石杵组成。三岩地区的石臼采用圆形石块,在石头中间凿出一个盆状的窟窿,里面用来盛装加工物品。石杵则是一条形石块,用手把握,使用时用它用力锤打石臼内的食材,以捣碎食物。

陶器

三岩地区使用的陶器包括罐、钵、壶等器皿,多为土陶或黑陶,一些陶器上还有纹饰和图案,显示三岩人独特的审美观。

三岩制作陶器的方法较为原始,有两种常用的方法。一种是将泥坯放在实心坚硬的泥模上,用旋轮加工成型。加工过程手脚并用,用脚转动旋轮,用手随简易的木制工具随形捏制,成型后晾干放入土窑中烧制;另一种是采当地的红土,筛细后掺水和泥,然后用木版反复拍制成泥坯,当泥坯达到要求后放平成一片,先制作陶底部所需,再用木片像切面一样匀称划开,做成细条状,然后将细条一圈圈地从底部往上砌,达到一定的高度后,用一个瓢形木制工具蘸水不停地将其涂平并使其光滑平整,成型后晾干,最后用松树皮包围烘烤。

皮革器具

三岩地区属于半农半牧区,家畜的饲养提供了丰富的皮革来源,当地人利用皮革制作成日用品。

皮袋 以羊皮、牦牛皮制作而成,用来盛装粮食、水和其他物品等。一般是用羊皮、牦牛皮为原料,用牛毛绒线缝制成条形,底部可用涂料画上一些饰纹,以实现美观的内在需要。

皮囊 也叫作“风囊”,是与灶具配套使用的鼓风工具。用羊皮或牛皮缝制成上宽下窄的三角形,下窄处镶一长约30厘米的铁管,宽处缝上两根木棍,一边木棍上缝一绳扣。鼓风时,一手提压风囊,风通过风管吹出,用以吹旺炉火。

皮筏 是过去三岩人比较常用的渡河交通工具。三岩的皮筏呈椭圆形,以藤条编织为框架,外包以牦牛皮,长约为160厘米左右,宽约155厘米左右,高约15厘米左右,可承载4～5人或2头牦牛渡江。

第三节 社会分工

由于特殊的以父系血缘为主体的社会结构,使得三岩地区的社会分工也颇具特殊性。

家庭分工 主要体现在男女之间的分工协作方面。一般而言,在一个家庭内部,男子主要负责耕地、建房、砍柴、采挖虫草、皮革加工等重体力劳动。最为特殊的，当属三岩地区的纺织、针线活路等也由男子负责。而女子要负责一日三餐的准备、农田耕作、背水、放牧、挤奶、打酥油等项劳作。如遇帕措间的械斗，女人要承担起家中几乎全部的劳作。比起男人，三岩地区的女人劳动强度要大很多。

帕措内部分工 建立在家庭之上，帕措组织内部也有社会分工。前述头人、勇士团、长老团及普通措巴身份的存在，既是一种帕措内部的组织体系，也是帕措内部的分工形态。帕措组织通过民主决策，集体讨论安排防守、侦查、外出抢劫、偷盗、集体围猎、对外交往等事项。帕措成员一般量才使用，以其个人能力、特长，分工明确。枪法、箭法好者，在集体围猎或械斗中往往发挥主力军的作用，作为勇士团的骨干冲锋陷阵，奋勇当先。口才好者，则会在对外交往时负责对唱对讲，以帮助帕措占取优势。正是通过这样的分工协作，保证了整个帕措的生存和发展。

第五章 宗教信仰

一如西藏多数地方，三岩百姓普遍信仰藏传佛教。所不同的是盛行于西藏其他地方的格鲁派在这一地区信众寥寥，当地居民普遍信奉的是俗称“红教”的宁玛派。而且，即使是宁玛派在三岩地区也已经适应当地的土著文化根基，吸收了很多本土宗教苯教的元素，成为一种颇具地方特色的宗教形态。

第一节 三岩地区宗教发展的历程

三岩地区的宗教源流，目前尚缺乏系统的文字记述。但透过当地流传的“阿妈石”的传说[①]，可从故事的主角仁真泽翁喇嘛擅长施咒揣测，从前三岩地方应该盛行苯教。而且仁真泽翁喇嘛与格鲁派达赖喇嘛之间并无宗教从属关系，甚至是不同教派间的对手，所以才有互相斗法之说，并且是仁真泽翁取得胜利，以彰显其佛法水平远远高于达赖喇嘛。这类神话传说实际上也从一个侧面反映出，苯教的主导地位，使得达赖喇嘛在三岩百姓心目中并没有像其他藏区那样至高无上的崇高地位，甚至是宗教的敌对派别。

苯教传入三岩地区的具体时间，目前尚无据可考。有关三岩地区苯教的文字记载，最早可见的是清末刘赞廷的《武城县志略》，“渴清寺，在萨东村，黑教，喇嘛七十余人；热热寺，在色巴村，黑教，

①关于“阿妈石”传说见本书第十一章。

喇嘛四十余人”[①]，而且其中还有关于苯教法事用品方面的记载，“而售出之货物，向为世界所无者数种，略以记之：以人皮、人心、人手、人之天灵盖、人之大腿骨为之特品。……喇嘛用之，密中作法，能以驱祟招鬼，凡黑教皆用之”[②]。可见，清末三岩地区依然盛行苯教，并有一定数量的苯教寺院存在。只是清末以降，宁玛派逐渐壮大，苯教寺庙基本上都已改宗为宁玛派。

宁玛派在三岩地区的传播历史久远。史载，“噶阿业当巴于1236年在打一西茂巴村创建了第一座寺庙——康翁寺，弘扬显密佛教，来自各地的弟子、僧侣达几十万人，噶阿业当巴成了金沙江东西两岸的根本大师”[③]，其时正为南宋与蒙古在中原大地对峙，争夺天下之际，也是宁玛派作为藏传佛教的一个流派，自11世纪创立以来的成长爬坡期，因此其发展历程也并非一帆风顺。据载，噶阿业当巴之后的100多年，由于受到了苯教的干扰，康翁寺的发展并不顺利，以致各代上师的情况均无详细记载，直到1336年噶竹巴切雄降措将康翁寺迁移到现在的地方，才有了对后代上师的记载。从现有文献情况可以判定，宁玛派在三岩这样的弹丸之地真正取得绝对优势，也是在西藏噶厦地方政府统治式微之后的事情。

与西藏其他地区一样，三岩地区宗教组织的发展，也始终离不开统治者的支持。

中央王朝对三岩地区宗教势力的扶植，有据可查的是光绪二十三年（1897年）纳钦折匣被抢案发生后，光绪帝敕谕“审度地势，剿抚兼施”进行查办。在事件平息后，清廷谕准四川总督鹿传霖所

①〔清〕刘赞廷《武城县志略·寺院》。黑教，即苯教。陈家琎主编《西藏地方志资料集成》（三）第124页，中国藏学出版社2001年出版。

②〔清〕刘赞廷《武城县志略·商情》，陈家琎主编《西藏地方志资料集成》（三）第125页，中国藏学出版社2001年出版。

③康翁寺藏《康翁寺基本史料》（藏文版），转引自岳小国《生命观视阈中的藏族丧葬文化研究：对金沙江上游三岩地区峡谷的田野调查》第36页，中国出版集团世界图书出版公司2014年出版。

请，将三岩地区纳入统治体系，实行土司体制，并封下三岩察拉寺喇嘛为土千户。由是察拉寺在三岩地区的地位隆起，成为沟通三岩地区内外关系的主体。这在刘赞廷的《武城县志略》中也有记载，“本县土产，系售于察拉寺，再由该寺喇嘛输至巴安出售，调换茶糖杂货运回，销于地方。因本地土人向为盗匪，不敢出境为商，而汉商亦不敢入境贸易”[①]。可见，最起码在清末时期，三岩地区的宗教势力是得到了清政府的认可和支持，才得以具备如此的影响力的。

西藏噶厦地方政府统治三岩时期，也曾大力扶植宗教势力，当然其扶植的是藏传佛教格鲁派。辛亥革命以后，川边地区成为政治真空，许多已经改土归流的土司纷纷复辟，尹昌衡率军征西也并未有效恢复赵尔丰时期对康区的治理。1918年，西藏噶厦地方政府进入三岩地区，设宗本以施行政管理。据说首任宗本索布该根是一位蒙古教官，他带兵进入三岩后，针对当地百姓剽悍勇武、为匪抢劫、好斗仇杀的习性，便力图通过宗教教化来移风易俗。他利用行政权力，强令全宗各村派人到位于宗政府所在地的白日根寺充当扎巴，并每年为寺庙提供400斗青稞作为补助。在他的支持下，白日根寺获得空前的发展，寺院规模从清末刘赞廷所载的只有喇嘛一人，迅速扩大到经常有40多人念经。这也是西藏噶厦地方政府首次在三岩地区利用宗教势力实施地方治理的尝试。

索布该根离任后，继任的第二任宗本折玉色继续推行利用宗教治理地方的策略。折玉色作为一名来自拉萨的官员，认为三岩百姓之所以纠缠于无休止的仇恨和械斗，原因就是由于缺乏虔诚的宗教信仰。为了改变这一状况，折玉色从德格的竹庆寺请来宁玛派高僧到三岩传教，并自己负责提供必要的人力、物力，兴建了一座新的寺庙——尼中寺。为了支持尼中寺的发展，他还动员全

①〔清〕刘赞廷《武城县志略·商情》，陈家琎主编《西藏地方志资料集成》（三）第125页，中国藏学出版社2001年出版。

三岩的百姓子弟到寺院充当扎巴，并安排宗政府每年提供350斗青稞作为僧尼口粮补助。在他的努力支持下，尼中寺迅速兴盛起来，成为当时在三岩地区仅次于察拉寺和白日寺的颇具影响力的第三大寺院。

第二节 宗教组织和神职人员

经过长期的发展和演化，三岩地区的苯教和藏传佛教其他流派日渐式微，宗教组织基本上由宁玛派一统天下。

一、寺庙概况

依据清末刘赞廷《武城县志略》的记载，当时三岩地区既有本土苯教寺院，也有宁玛派和格鲁派寺院，且各教派数量相当。其中，苯教寺院2座：渴清寺，在萨东村，黑教喇嘛七十余人；热热寺，在色巴村，黑教喇嘛四十余人。宁玛派寺院2座：南格寺，在南格村，红教喇嘛五十余人；色热寺，在宗巴村，红教喇嘛六十余人。格鲁派寺院3座：白日根寺，在本城，黄教喇嘛一人；察拉寺，距城东南二百里，黄教喇嘛四百余人；俄热寺，在亚巴村，黄教喇嘛二十余人。另有尼姑寺1座，名为郭觉卓贝寺，在堆达村，女尼五十余人，教派不详①。

然而，经过一个世纪的发展变化，宁玛派在三岩地区渐成主流，其他宗派绝大多数改宗。据统计，目前三岩地区共有29座寺庙，只有雄松乡缺所村一座噶举派寺庙，其余均为宁玛派寺庙。其中，金沙江以西属西藏贡觉县几个乡的寺庙情况为：

克日乡有寺庙5座：吉德寺，位于登巴村；卡洪寺，位于克日村；多卡寺，位于西西村；莫扎寺，位于莫扎村；牛塘寺，位于冲罗村。上述寺庙规模都不是很大，僧人一般在2~4人不等。

①〔清〕刘赞廷《武城县志略·寺院》，陈家琎主编《西藏地方志资料集成》(三)第124页，中国藏学出版社2001年出版。

罗麦乡有寺庙5座：达松寺，位于隆瓦村；亚吉寺，位于从昌村；罗根寺，位于罗麦村；列根寺，位于列底村；果根寺，位于果巴村。罗麦乡的寺庙规模要略大于克日乡的寺庙，像达松寺、亚吉寺、罗根寺的僧人都在10人以上。

沙东乡有寺庙4座：拉多寺，位于格果村；贡嘎寺，位于拉依村；朗措寺，位于崩堆村；任青顶寺，位于根果村。其中，除任青顶寺规模超过10人外，其他寺庙规模亦小。

敏都乡有寺庙3座：根沙寺，位于阿多卡巴村；扎马寺，位于敏都村；台西寺，位于阿尼村。也许是由于敏都乡位于金沙江以西三岩地区较为中心地带的缘故，寺庙规模都比较大，像根沙寺、台西寺的僧人都多达40~50人，即使是较小的扎马寺也有僧人10余名。

雄松乡有寺庙3座：白日寺，位于加卡村；那日寺，位于岗托村；噶举寺，位于缺所村。上述寺庙的规模都比较小。其中，噶举寺是三岩地区唯一一座噶举派寺庙。

木协乡有寺庙4座：麻贡西寺，位于洛娘村；日朗寺，位于木协村；江村寺，位于拉巴村；曲持寺，位于上洛娘村。上述寺庙规模都不大，僧人均在10人以下。

康翁寺

金沙江以东四川白玉县山岩的寺庙情况为：

盖玉乡有寺庙3座：康翁寺，位于大一西村；德青寺，位于德萨孔村。其中康翁寺规模较大，有10余僧人；其他两座规模较小。

三岩乡有寺庙2座：尼更寺，位于八学村；沙玛扎马寺，位于萨玛村。两座寺庙规模都不大。

二、神职人员

由于受帕措势力和宁玛派教义的双重影响，三岩地区的神职人员与西藏其他地区略有不同。“在宗教内部的组织与管理上，三岩人始终无法轻易跨越血缘的界限。因此，供养关系虽在，但每个三岩人依然独立于寺庙的经济体系之外；即便属于某一寺庙的觉姆与扎巴，也仅仅意味着他（她）们以该寺作为自己的修行场所。此外，三岩人多数信奉宁玛派，该派尤其注重个人的修行，忽视来自戒律方面的严格要求，这就决定了僧人与寺庙始终处于一种松散的关系”[①]。表现在神职人员群体的构成上，就是三岩地区除了住寺修行的专职僧人以外，还有大量在家修行的亦僧亦俗人员。

住寺修行的专职僧人包括扎巴（普通僧人）、喇嘛（上师）和朱古（活佛）三个层次，这与藏传佛教其他教派没有什么区别。世俗之人入寺为僧即称之为扎巴，为普通的出家僧人。扎巴入寺为僧后，日常生活的主题就是学经、诵经，间有寺庙的杂务需要承担。要成为一名喇嘛，普通扎巴自入寺开始系统学习佛家经典，做到遍识显、密宗知识，至少需要15年左右的时间。如果一名喇嘛学识达到一定的层次，还可能成为一名堪布，宗教地位便仅次于活佛。

三岩地区的寺庙由于绝大多数是宁玛派寺庙，其活佛制度也与其他地方的宁玛派寺庙一样，受世俗生活影响很大。主要表现在两个方面，一是活佛可以娶妻生子，二是转世过程受当地世俗势力左右程度较深。宁玛派一般不允许扎巴、喇嘛娶妻生子，但活佛

①许韶明、何国强《整体稀缺与文化适应：三岩的帕措、红教和民俗》第237页，中山大学出版社2013年出版。

却不受限制。而且三岩百姓认为,活佛的妻子如同“空行母”一样,也是神仙的化身。如果活佛娶到一位善良、美丽、心向佛法的妻子,不仅对活佛本身的修行裨益良多,而且还会福泽周围的百姓和生灵。三岩地区寺庙活佛的转世,在很长一个时期内都受到帕措、戈巴家族势力的控制,家族式的传承非常普遍。一些寺庙的活佛在强势家族内部的父子、叔侄之间传承,以确保一个家族长期把控寺庙。

除了专职僧人外,三岩地区还存在着另外一个神职人员群体,即亦僧亦俗人员。其中男性被称之为“安确”、“阿舍”,女性则为“觉姆”。他们是一个既掌握或通晓一定的宗教知识,且经常性地以神职人员角色参加宗教活动,却又未曾剃度出家,常年在家中过着世俗生活的特殊群体。

安确 当地人将弄些对宗教知识有一定的粗浅了解,时常参加一些诵经之类活动的人称为“安确”。这一类亦僧亦俗人员对宗教知识的了解要高于普通百姓,而且具有较高的宗教热情。他们虽然能够诵读或流利地背诵一部分经文,但对宗教知识的理解不深,给人以“有口无心”的感觉。他们经常参加当地百姓家庭或村民集体的法事活动,也经常在闲暇之余到寺庙念经,属于亦僧亦俗群体中的普罗大众。

阿舍 与安确相比,阿舍的宗教修养要高出很多,在当地一些法事活动中扮演的角色也就重要得多。一方面,在没有喇嘛参加的法事活动中,阿舍承担着组织者和念经领诵人的职责,而不像安确只会念经,所以阿舍也被称为安确们的头头。另一方面,阿舍被认为是具有一定的法力之人,在法事活动中可以使用金刚杵、钹等法器,这些法器都是降妖除魔的利器,在宗教领域里,如果没有一定的修为和法力,是不敢使用的。另外,法事活动中必不可少的“朵玛”也基本上出自阿舍之手,所以当地百姓称其为“会捏糌粑坨坨”[①]的人。当然,如果有喇嘛参加的法事活动,阿舍便不能再唱主角,只能以助手的角色做些诸如煨桑之类的事情。因此,从一定意义上讲,阿舍是介于喇嘛和安确之间的亦僧亦俗神职人员。

觉姆 三岩地方称尼姑为“觉姆”,又分为“勒觉姆”和“阿舍觉姆”。阿舍觉姆即女阿舍,其性质与男性阿舍相同,宗教水平和社会地位高于勒觉姆。勒觉姆即为住家觉姆,“勒”为劳动的意思。勒觉姆在家修行的同时,一如平常人家妇女需承担放牛、挤奶、割草、做饭等家务劳动。勒觉姆的社会地位比较特殊,既不同于普通百姓,不能结婚生子;也不是剃度僧侣,没有资格参与念经等法事活动,甚至不能进入护法神殿。她们虽为神职人员,却无任何宗教特权,只能和普通百姓一样参加法事活动。在宗教节日期间,她们会特意净身洗面,换上干净衣装到寺庙转经祈祷。

第三节 三岩百姓的宗教信仰特征

由于三岩地区受到苯教、藏传佛教宁玛派,乃至曾经兴盛过的格鲁派的多重教义影响,特别是佛、苯文化通过不断磨合而相互采借、交融,加之宁玛派“大量吸收了苯教的神祇与仪轨,形成一套神灵和相关的宗教理论和实践体系”[②],使得三岩百姓的宗教信仰在以佛教为主体的同时,也兼备苯教色彩乃至原始巫术元素的多样性特征。

1. 原始崇拜

在三岩地区,各种原始崇拜是生活中不可或缺的一部分。它包括图腾、万物有神、日常祭祀等方方面面。

图腾 三岩社会中几乎每个帕措都有自己的图腾,且图腾种类繁多,包括猴子、虎、豹、熊、雕等。如欧恩怕一帕措的图腾是猴子,

①“糌粑坨坨”,即法事活动用的“朵玛”,是用糌粑做成人、兽、神、妖的现状,做祭祀之用,一般只有具备一定宗教修养的人才有资格制作。

②孙林《藏传佛教的本地化及其早期特点》,载《西藏大学学报》2008年第一期。

认为自己的祖先是由灵猴变来的。而与雕为图腾的帕措较大多，相互之间多有血缘关系。如霍帕措就认为自己的祖先是雕。一些三岩人至今仍在自己的家门上悬挂鹿头或鹿角以祈求消灾免难，认为鹿角具有再生的能力，能使该家庭人丁兴旺，这也是图腾崇拜的一种遗存。

生殖崇拜 三岩人把生育的意义看得非常重要，因此生殖崇拜自然而然地成为三岩人原始崇拜的重要内容。他们将自然界中的一些山峰、石柱、山洞分别象征男女生殖器加以膜拜。如在雄松乡的勒宗山、勒久山和扎岩山的河谷中央，耸立着一座小山丘，形如男性阳具；扎岩山的正面有两个洞口，上下排列，上洞形如妇女肚脐，下洞形如妇女的生殖器。这在当地人的心目中一直是生殖崇拜的圣地，如果夫妻不能生育子女，或家里想要生下男嗣，就要相约在这里转上一圈，据说往往能够心想事成。

年(山)神崇拜 三岩地区有一整套完善的年(山)神的概念。年神是一种在山岭峡谷中游荡，在石缝、森林中安家的神，所附的多是人世间的死物，它既保护着百姓，也能给触犯它的人带来灾害。年神又可分为白、黑年神。白年神居于天空，于是便有了日、月、星、云、虹等白年神；黑年神居于地下，因此也有山、崖、石、海、水等黑年神。三岩地区的每个村子都有自己的神山，里面居住着年神。因此神山里的一草一木都十分神圣，不能有丝毫的损伤，否则会触犯年神，给自己或家人带来灾难。在三岩地区，路人每过一个山头，都要虔诚地念其咒语。每逢藏历初五和十五，便是煨桑和转神山的好日子。此外，生活当中还有诸多禁忌，以尽量避免触犯年神。如经过神山时严禁大声喧哗，神山的一草一木未经许可不得随意砍伐，神山的水源不可随意污染等等。

土地神崇拜 在三岩地区，百姓认为土地神是土地的主人，它掌管地上一切植物和生物，包括花、草、果树和各种生物等。在春耕前夕，耕牛未下地之前，三岩一些村子的百姓会选择一个吉祥的日子到地里用柏树枝熏烟，并向四周洒一点青稞，象征性地用锄头在地里挖上几下，表示春耕就要开始了，希望土地神能够保佑。在修建新的楼房时，也要认真做好祭祀仪式，准备好贡品，事先征得土地神的同意。在搬运尸体的时候，尸体严禁触及土地，否则会触犯土地神，给牲畜和庄稼带来祸害。

家神、灶神崇拜 三岩地区普遍存在着家神、灶神的崇拜。家神是保护帕措成员自身家庭的神，它护佑家庭人丁兴旺、防止厄运发生，有时还可充当战神和财神的角色。灶神也是一种家神，和家神同设在楼房的二层，居于家宅的中心，象征着圣洁、神圣和光明，庇佑一个家庭诸事如意、幸福安康。

除了上述神祇崇拜以外，三岩地区还有舟神、门神、战神、水神、树神等，都有一定的仪式，时时奉祀崇拜。

2. 巫术、占卜和盟誓

由于原始崇拜和鬼神观念的长期影响，在三岩百姓的心目中，一切事物无论是否具备生命特征，都具有某种巫术的力量。日常生活中，他们往往将所遇见的一些不易理解的现象——如厄运、成功、死亡、疾病、雪灾、冰雹、泥石流、地震等，都归因于事物本身所具有的魔力。此外，他们还认为当遇到“神魔”时，只能出现吉凶两种预兆，这是由每个人的业力造成的。如果出现吉兆，自然需要感谢自己获得了神灵的眷顾和恩赐；如果出现凶兆，就要好好地反思自己的行为是否存在过失。因此，三岩地区的巫术和占卜活动比较流行，形式也多种多样。

巫术 为了趋吉避凶，三岩人既针对自然、也针对人实施巫术。针对自然的巫术多与获取食物相关，旨在通过一定的仪式，祈求自然的力量如太阳、雷电、雨水等，赐予充足的食物来源。像三岩地区的祈雨仪式一般在靠近村子的湖边举行，他们认为湖边是鲁

(龙)神居住的地方。如,罗麦村附近就有一个经常进行祈雨的场所,名为纳日措。一旦出现气候干旱、庄稼青黄不接的时候,帕措头人和长老就要在此摆好奶汁、糌粑、茶叶等各式供品,竖起风马旗,敬奉哈达,请巫师或喇嘛做巫师,举行祈雨仪式。巫师施法时要念颂专门的符咒或经文,请鲁(龙)神开恩降雨,还要熏酥油焦烟及松柏香枝镇风,消除下雨之五障,促成下雨。此外,三岩当地还有一种祈福的做法,将荞麦、麦子、青稞杆与松柏枝、蛇皮、黑沙棘捆绑在一起,内放用泥土做成的吉祥物,悬挂在靠近家中火塘上方的立柱旁,以祈求家庭殷实、吉祥安康。他们认为,荞麦、麦子、青稞杆是人的日常食物,点燃松柏枝煨桑是对神灵的祭祀,蛇皮、黑沙棘则被认为具有镇压妖魔鬼怪的功效,内置泥土做成的吉祥物意为承载万物的大地,从而达到天、地、人、神、鬼的联合与统一,最终达到和谐美满的状态。

针对人的巫术往往是消极的。由于三岩地区长期存在帕措之间的争斗,由此引发的涉及人身攻击的巫术也就非常盛行,如广为流传的阿妈石的故事[①],就是人身巫术的典型案例。在三岩人的日常生活中,很多细节都可能与人身巫术有关。如一个人的唾液、头发、指甲,以至于衣服碎片、所用武器的零件等,都可视作其主人的灵魂或精神的一部分,对这些东西诅咒可以使主人遭殃。因此,必须谨慎处理,不可随意乱放,特别是不可落入敌对帕措成员的手中。又如一个新生婴儿的胎衣,必须带到一个外人不知道的地方偷偷埋放。给孩子取个有"法力"的名字也是一种惯常的做法。三岩人认为,请寺院的活佛来给孩子取个寓意吉意或与佛教有关的名字,可使其"法力"有效地防止敌人利用巫术对其攻击,保证他们今后能够健康快乐地成长。因此,三岩人的名字便经常出现一些与宗教密切相关的名字,如丹增(主宰圣教、执掌佛教的人)、丹巴(佛教、圣教)、群培(兴法、兴教)、土登(佛法)、次成(持戒)、贡秋

①参见本书第十一部分《阿妈石的传说》。

（三宝）、金巴（布施）、卓嘎（白度姆）、多杰（金刚）、泽仁（长寿）、卓玛（度母）、央金（妙音）、拉姆（仙女）、达吉（佛法昌盛）、平措（圆满）、扎西（吉祥）、德吉（幸福）、索南（福德）等等。当孩子长大以后，无论男女都要在胸间佩挂一个护身法物“呷乌”，内装经活佛加持过的佛像、经文、藏草药和护身符录等。当地人认为，佩戴呷乌可驱邪护身，符咒不能侵、枪刀不能伤。

占卜 占卜是指以自然的、机械的或人为的工具和方式，向神询问将要发生的事件结果的一种方法。如前所述，三岩人认为遇到神魔时会出现吉凶两种预兆，如果能预先获知这种征兆，就可以设法趋吉避祸。在此种思想的主导下，在三岩地区占卜术也非常盛行。三岩地区流行的占卜术多种多样，有鸟卜、梦卜、线卜、箭卜、骰子卜、青稞籽卜、念珠卜、骨卜、石卜等。

鸟卜 就是以鸟的叫声判定吉凶。如乌鸦“啊、啊”叫意谓有运气、吉祥，“口卓口卓”声意谓有财运，“塔呷”叫意谓着死人和办丧事，“咂、咂”叫声表示事情紧急有危险事，“依呜、依呜”叫意谓灾难降临。布谷鸟在开春鸣叫，如第一次听到是在刚吃饱饭休息、玩耍时，预示一年会十分顺利、吉祥；如第一次听到是睡在床上，预示一年中会得病；如第一次听到是饿肚子时，预示一年经济收入差，家境不会太好；如第一次听到时在厕所，预示一年中会有灾。猫头鹰叫最不利，半夜猫头鹰跑到房顶叫预示灾难即将发生。

梦卜 就是依据梦境判定吉凶。如梦见射箭或放枪，预示家中人外出顺利；梦见自己拾到了银子和银制品，预示要发生纠纷；梦见屎尿或梦见被屎尿弄脏身体或者衣物，预示将获得财官；梦见骑马向南方走、在火中爬行、被穿黑色衣服的人用鞭子或铁棒追赶、红花等都是死兆；梦见骑白马上山是运气亨通，骑白马下山则运气欠佳；梦见金子（包括金制品）或拾得金子及金制品，是有所成就的征兆，如遇械斗或征战，此梦为上上之兆，出师定会获胜；梦见松耳石或拾得松耳石，是长寿的征兆；梦见帐篷、房屋、墙垣倒塌，梦见牙齿脱落，是要死人的征兆；梦见拾到各种刀或其他能伤人的利器，则将有口舌之争；梦见自己或别人在点酥油灯，点燃了是增福、发蘼之兆，若灯没有点燃则将一无所得；梦见洗澡，穿白色衣服，飞上了天，是能得到欢乐的预兆，或有贵人相助。

线卜 是用五股从公山羊右肩胛上剪下的羊毛捻成的粗毛拧在一起，口中念念有词，再将毛线松开，用手指捏住一端甩到背后猛劲一下掷到地面，以毛线落地后的曲线结节推断吉凶。无结节，运气不好。一个结节，运气不错；两个结节，运气较好；三个结节，万事顺利；四个结节，运气较差。

箭卜 是在帕措将要进行械斗和征战时使用，一般情况下不用，也不外传。占卜时设一供台，上铺白色的毡毯，把十三支金色尾翼箭用绸绫包裹起来，放在供台右边，将鹫鸟羽毛插在羊腿上，放在供台左边。中间放铜境和五十种宝物(金银制品、九眼珠、珊瑚珠、松耳石等)，点燃柏枝和香草，占卜者口念占卜辞："嗦！居在上方古祥的色喀坛，世间占卜运气主，贝赛、土尔赛、达尔赛等三位，卜筮世代系世间战神大胜利，玛桑宁主贡恩大胜利！世间遍知唐巴大胜利！今天请占卜者作指引。烟羿迷漫是占卜的遮盖，隐晦紊乱是占卜的障碍，把不知不明的盖障都扫开。扫去上方如阴云一样的遮障，扫去下方如黑暗一样的昏蒙，扫去中间如尘一样的弥漫。扫除了就比明亮的水晶还要洁白，磨砺了就比'竹噶松石'还光亮，今天所要占卜的事，是……"。完毕后，取出放在供案上的箭，离开供台三步，一支支向供台抛去，然后根据箭头的方向，查阅卦书，得出占卜结果。

骰子卜 是用糌粑、面粉或泥制成简易骰子，骰子点用青稞或小木棍作成，六面分别对应"嗡、嘛、呢、叭、机、咪、哞"六字真言，扔出骰子，对应"嗡、嘛、呢、叭、机、咪、哞"解释吉凶祸福。

青稞籽卜 是用20粒白颜色的青稞和1粒黑颜色的青稞，口念度母经以祈度母保佑，把21粒青稞籽全部拿起，捏在掌心边祈祷边轻轻松手，一粒一粒放出青稞籽，根据黑色青稞出来的顺序，翻卦书推断吉凶祸福。

念珠卜 是将念珠合拢在手上来回搓，祈祷所有菩萨、神灵保佑，然后随便取一节，反复推拿13次，以最后所剩珠粒卜卦。剩1粒珠为“卡色”，运气好；剩2粒珠为“康拿”，运气很差；剩3粒为“西得”，运气较差；剩4粒为“么打”，运气一般。

骨卜 就是将骨头在火上炙烧，依其裂纹痕迹判定吉凶。

石卜则是用7粒、13粒或21粒小石头作卜具进行占卜。

盟誓 即“赌誓发咒”，表面上是一种以口头形式实现民间仲裁、解决纠纷的契约形式，本质上则是自然神灵崇拜为根基的原始信仰的另类表现形式。盟誓以因果报应、神灵护佑和惩罚为前提，调节人与人、帕措与帕措之间的关系，在三岩人的日常生活中发挥者重要作用。

盟誓一般有三种情况，一是接纳非本帕措血缘的男性加入，如一个外来人或雇工经过一段时间的考验后要加入本帕措，就要在帕措会议上当众盟誓效忠本帕措，遵守帕措内部章程，然后大家相互敬酒，从而成为本帕措合法成员；二是评断是非曲直，以是否敢发誓为界，若都敢发誓，曲直就不了了之；三是两位分属不同帕措的人发生了争执，但后来得到和平解决，就要相约来到当地的神山或圣泉前下跪，发誓以往的事情无论孰是孰非就此了断，此后都不可再提此事，否则天地难容。

3. 藏传佛教宁玛派的影响

如果说上述两类融入三岩百姓日常生活的信仰形式，更多地表现为苯教或原始巫术特性的话，那么以寺庙为核心的藏传佛教宁玛派，则以其占据着社会文化的高地所形成的优势，更加注重通过宗教仪轨和形式影响和介入到三岩百姓的生活中。

三岩百姓对藏传佛教的信仰，主要表现在三个方面，一是送子弟入寺为僧，二是参加寺庙举办的各类法事活动，三是对活佛及宗教仪式的拥戴和信服。

一如藏传佛教盛行的其他地区，三岩地区由于社会发育程度的影响，百姓识字率极低，世俗的民间教育匮乏，寺庙僧侣自然成为所有文化的垄断者。普通百姓想要识字学习文化，只有进入寺庙从师僧侣这样唯一的选择。而且在三岩百姓的宗教信仰认知世界里，子弟入寺为僧，除了可以学习掌握文化，实现个人的修行目标外，他们在寺院奉佛念经，也是对家人的护佑，会给全家带来好的业报。

参加寺院组织的各类法事活动，是三岩百姓表达宗教信仰的最主要形式。三岩地区的寺院为了扩大自身的影响，每年都举行多少不等的若干场法事活动。如察拉寺每年要念大经3次，分别是藏历十二月二十四日开始的冬经，历时23天，祈祷来年庄稼丰收、人畜兴旺；藏历五月三日开始的夏经，历时17天，祈祷当年庄稼顺利生长，免遭各类自然灾害的侵扰；藏历七月中旬开始的秋经，历时49天，祈祷庄稼取得丰收。瓦底寺每年也有3次大的宗教活动，藏历五月间的渡云节（雅勒），念经一个月；藏历十月间的超生节（措钦推巴），念经7~15天；藏历十二月二十九日的送鬼节（各多），念经7天。而台西寺的法事活动最为频繁，几乎每月都有，如藏历的每月初八，都有举行药师佛、绿度母的法会。其规模和影响较大的则是的“莲花生大师盛会”和“极乐法会”，莲花生大师盛会在每年藏历七月初五，为期5天，据说是为了驱鬼辟邪；极乐法会在藏历年期间举行，主要是宣讲获得真实解脱，往生极乐世界的方法。如此等等，几乎三岩地区的所有寺院都有自己独特的形形色色的法事活动。

三岩地区宁玛派的法事活动一般都非常贴近百姓的日常生活，或现世或来生，与普通百姓的所思所期紧密相关，也就非常具有吸引力和影响力，法事活动往往成为当地社会的重大节庆盛事。遇有法事活动，三岩百姓参与热情高涨，参与度非常高。影响大的法事活动，如台西寺的莲花生大师盛会，会吸引三岩地区各村的百姓参加，大家在寺院周围搭起帐篷，带着酥油、糌粑、青稞酒聚集在一起，围着寺院转经祈祷，欣赏跳神表演，其乐融融，如同过节一般。客观上讲，此类法事活动讲经传法的同时，也为当地百姓相互间交往交流提供了机会。

活佛即“活着的佛”，在三岩地区拥有非常崇高的社会地位。活佛的存在，贯穿了三岩百姓从出生到死亡的全过程，出生时要找活佛取名，生病时要找活佛医治或念经祈祷，去世后要有活佛、喇嘛超度。更何况在过去教育极为落后，百姓普遍不通文字的三岩地区，活佛、喇嘛是有知识、有教养，通晓天文地理、伦理纲常的群体，普通百姓只有仰视尊崇，从不敢有所轻视怠慢。

活佛在三岩地区还有一个重要的作用，就是充当调停人和仲裁者的角色。在“热克奔没，秤没龙巴”的年代，帕措之间互补统属，遇有纠纷和冲突，活佛便经常成为帕措间首选的中间人。除了少数寺庙因被势力大的帕措控制而以佛的名义为本帕措代言以外，大多数的活佛群体因其超出三界之外，被众帕措视为公正和正义的化身，加之宗教的影响，使其言行在一定意义上成为神的旨意，所以活佛就成为凌驾于帕措之上的“法官”。特别是在冲突发展到极端，帕措间的械斗发生后，双方约定停止冲突，以赔偿金或赔命金的形式化干戈为玉帛时，活佛便居间调和，尽量是当事双方心服口服，以息事宁人。而最后的裁决，则是一言九鼎，双方帕措都必须服从和遵守。从一定意义上讲，这种对活佛的尊崇，也已经融为三岩百姓宗教信仰的重要组成部分。

第六章 婚姻家庭

家庭是社会最为基础的细胞，而婚姻是家庭存在的前提条件。婚姻作为男女两性结合的外在形式，不仅是男女双方你情我愿即可决定的，而且要受到社会风俗、伦理道德和法律制度等方面的广泛制约。

婚姻是自然法则，婚姻的形式取决于生产力发展的水平和社会发育阶段和发展水平。三岩地区的婚姻家庭形态，从外在形式上与康区乃至藏区多数地方相仿。世界上常见的三种婚姻形态——一妻多夫制、一夫一妻制和一夫多妻制，在三岩地区均有不同程度的存在。但受帕措制度的影响，又有着强烈的地方特色，如多夫多妻家庭案例的存在，就是很好的例证。而从家庭的构成和规模上讲，也是适应当地生产力水平相对落后和帕措文化的广泛影响，以人口数量相对较多的大家庭为主。

第一节 婚姻形态

三岩地区的婚姻形态颇具多样性。这既取决于当地生产力发展水平，也受制于当地社会发育水平。其中，在影响婚姻缔结形态的诸多社会因素中，帕措的影响最为直接。

概而言之，三岩地区的婚姻形态有如下四种：

一妻多夫制 指两个或多个丈夫共娶一妻，他（她）们共同生活，抚育子女。这种看似落后甚至是乱伦的婚姻家庭形态，实际上在世界各地都曾存在。目前，世界上尚存一妻多夫婚制的有三个地区。一是“北美与爱斯基摩区”，位于北极圈内（北纬60°以北）的亚、欧和美洲大陆濒海的广袤土地上，以及北美中部、东南部的少部分地区，主要是零星分布的爱斯基摩人和一些印第安族群如肖肖尼人、特林吉特人、阿留申人和派尤特人，以及阿拉斯加沿岸分布的卡尼亚格缪人等；二是“喜马拉雅与青藏高原区”，位于北纬27°~43°和东经75°~95°之间，主要是喜马拉雅山系南坡的印度、不丹、尼泊尔以及拉达克地区的菩提亚人、巴哈里人、雷布查人、拉达克人、宁巴人和夏尔巴人，青藏高原的藏族、门巴族、珞巴族及部分纳西族。三是“南亚次大陆区”，位于北纬7°~21°和东经78°~82°之间，主要是生活在这一区域东南部的托达人、纳尔亚人、斯里兰卡人和僧伽罗人等[①]。

诚然，即使是礼仪之邦著称的中国内地，解放前也曾有过一妻多夫制婚姻形式的存在。在华北北部及东北地区普遍存在的所谓“拉帮套”，即是一种被社会认可和接受的一妻多夫婚姻形态。导演张夷非就曾拍摄过一部以“拉帮套”为主题的电影《三个人的冬天》，于2006年上映。由郭林导演，李幼斌、周丽华主演，曾一度收视率极高的电视连续剧《情债》，反映的主题也是东北农村“拉帮套”的故事。

关于一夫多妻制的起源、结构、动因和功能，人类学家有着许多的猜测和争论。进化论、功能论、意识形态决定论、多重博弈论等理论模型[②]，从不同的理论基点和分析路径给出诸多不同的见解。但在西藏，人们普遍更加愿意接受这样的观点，一是兄弟共妻

①坚赞才旦、许韶明《青藏高原的婚姻和土地：引入兄弟共妻制的分析》第3页，中山大学出版社2013年出版。

②坚赞才旦、许韶明《青藏高原的婚姻和土地：引入兄弟共妻制的分析》第3~10页，中山大学出版社2013年出版。

可以维持家庭财产的完整，防止因各自娶妻造成财产分割，使得各个小家庭陷入贫困，在西藏有句谚语，“一家分开，乞丐一堆”，就是生动的写照；二是可以控制人口的增长，减轻对有限资源压力；三是鉴于当地农、牧、商业并存的情况，兄弟不分家可以让一个家庭储备足够的劳力以应对这三种不同的生计方式。

在三岩地区，兄弟共妻制是受到社会推崇的家庭组织形式。一个家庭若有数位兄弟，按照当地习俗他们必须共娶一妻。这样的婚姻家庭形式具有相当强功利性，一是兄弟不分家，家庭财产不被分割，无须消耗大量财力和物力另外修建一座碉房，可以保持家庭雄厚的经济实力；二是在本家族中声望高、门风好，外人称颂其兄弟团结，兄弟参与农、牧、商等多种行业，经济收入高，妻子贤惠，家庭和睦，无形中提高了家庭的社会威望；三是家庭人口多、势力大，在社会上处于优势的地位，在与其他家庭（帕措）发生矛盾或处于敌对状态时，对方在力量对比上会仔细斟酌、谨慎对待。

当然，实行兄弟共妻制的前提条件是家庭中至少生育两个或以上的男孩。当这些男孩长大成人后，他们才能共娶一妻，进而组建一个兄弟共妻的家庭。这样的传统一直延续至今。

一夫一妻制 在以一妻多夫制婚姻为当然和主流形式的三岩地区，一夫一妻制也普遍存在。一般而言，如果一个家庭只有一个男子，当然也就只能是一夫一妻了。也有一个家庭兄弟几人各自娶妻，分家生活的情况，但不是主流。

对于实行一夫一妻制婚姻，几兄弟各娶其妻的家庭而言，一方面可以使得帕措内部人口繁衍旺盛，人丁兴旺的好处是家族势力雄厚，在与其他帕措发生矛盾纠纷时实力强，威慑力大。而另一方面，则可能因为分家析产，导致各自的生活质量下降，有些甚至陷入贫困境地。因此，也有不少实行一夫一妻的家庭，因为无力修筑自己的碉房而不能独立门户，只能是几兄弟共居一个屋檐下，却各自安灶起炊的情况。

一夫多妻制 在三岩地区,除一妻多夫和一夫一妻制家庭外,也少量存在着一夫多妻制婚姻形式。一夫多妻制家庭的产生,一方面是由于主流的一妻多夫制婚姻造成了大量的女性剩余,限于当地道德规范对婚外情的严格禁忌,她们的出路要么是终身不嫁,出家或在家充当觉姆;要么就与她人共夫,形成一夫多妻制的婚姻形态。

但三岩地区一夫多妻制婚姻的形成,多数由于特殊的社会因素。包括基于家庭财产以父系血缘为主干的继承法则和帕措社会法则的影响。按照当地的习惯法,一个家庭如果没有男性成员,其家产要被同一帕措的其他男性成员接管,对此本家庭成员不能持有异议。因此,一个家庭能否生育男性后代成员,便意义非凡。一个男人如果没有生下一个儿子,就不能算作真正的父亲,也不算作真正的男人,不仅自己自怨晦气,在帕措和村落社会里便颜面无光。在此规则下,一个男人的妻子如果无法生育或没有生下男孩,便可再娶第二个妻子。如若第二任妻子仍然没有生下儿子,甚至还可以娶第三个、第四个妻子,直至有了男孩为止,对此首任妻子娘家的帕措不能反对。由此,便形成了一夫多妻的婚姻形态。

多夫多妻制 这是三岩地区存在的最为更加奇特的婚姻形式。它一般基于一妻多夫制形成,属于非常罕见的特例。最先,这样的家庭是兄弟共妻的一妻多夫家庭,但由于妻子无法生育或没能生下男婴,不得不另娶一妻甚至第三、第四个妻子,从而形成两个或数个兄弟两个或数个妻子的事实。在一个家庭里,由于不同的妻子容易产生各自的利益中心,因此迎娶第二个妻子时又以首妻的姊妹为最佳人选。

第二节 家庭组成形式和成员关系

三岩地区的家庭形式,与藏区大多数地方,特别是与康区的家庭形式基本一致。受帕措影响，三岩人多数崇尚“家不可分”的理念，主干家庭为主要形式，家庭人口普遍较多。

一个家庭内部，一般以年轻夫妻为核心，包括父母亲、子女，三代以上同堂属于常态。当然，因为一妻多夫、一夫多妻等婚姻形式的存在，具有夫妻关系的人数不限于2人，子女数也相对较多，这是造成家庭人口较多的主要原因。

三岩地区也有少数的联合家庭。兄弟各自娶妻，但因为无力新盖碉房，不能分家各自独立生活，于是便仍然生活在同一座碉房内。这种形式的家庭，共同生活的有之，分灶吃饭的亦有之。

三岩家庭中，父母(尤其是父亲)一般拥有最终的话语权。涉及家庭事务，最终由父母亲决策。在一妻多夫家庭中，长兄往往处于主导地位。但多数家庭的兄弟间都会和睦相处，遇事通过家庭会议商量对策，大家平等发表意见，最后由父母亲或长兄拍板。当然，也有兄弟中能力突出者，在家庭事务中处于主导地位。甚至有的家庭妻子能力很强，能够将几个丈夫协调得非常和睦，在家庭生活尤其是在家庭经济活动中占据核心地位。

女性在三岩家庭中一般地位较低。“娶入的媳妇要做好几件事：一是生男孩，二是做家务、服侍丈夫，三是协助家庭生产，搞好亲友邻里关系”[①]。最能体现女人地位低下的，是女人生儿育女是只能在碉房一楼的牲畜棚里生产。之所以如此，是由于在当地的百姓心目中，女人生产的羊水和血是肮脏的，不能玷污神圣的火塘和居住的房间。而且，据说女人在牲畜棚里生产，可以像牲畜一样不易难产。

女人在家庭中的地位，还与她能不能生育儿子息息相关。如前所述，如果结婚几年依然不能生下男孩，丈夫是有权迎娶第二个甚至第三、四个女人的，从而形成一夫多妻家庭。在一夫多妻家

①许韶明、何国强《整体稀缺与文化适应：三岩的帕措、红教和民俗》第146页，中山大学出版社2013年出版。

庭,几个女人的地位与进入家庭的早晚无关,而是与能否生育男孩有关。生了儿子的妻子,无论进门早晚,就能在这个家庭中趾高气昂;没有生育男孩的妻子,只能低声下气。如果一个女儿进门后连女孩都不能生育,地位会更低。甚至家里来了客人,都得躲到角落里不能见人。当然,这中对男孩的渴望,与帕措的生存竞争是紧密相关的。

在三岩地区,女人是没有继承权的,只有男人才能够继承家庭财产。如果一个家庭没有男性继承人,其身后的家产便由所在帕措派人接管,而其自家的女性后代是不能继承的。这也造就了三岩地区的另一个现象,就是不存在上门女婿这样的婚姻家庭样式。

虽然父母亲在三岩家庭中地位重要,但一般老年人到60岁以后,便逐渐退出家庭生活的中心,专心于帮助儿女照看年幼的子孙。尤其是到了70岁以后,便不再参加家庭的体力劳动,也极少参加帕措的各项活动。当然,有些德高望重的老年男性也会担任长老团的成员。一般而言,老年人的主要精力会投入到宗教活动中去,每天围着寺庙转经或参加法事活动等。

第三节 缺失的亲戚关系

三岩地区的家庭,除了以父系血缘关系为纽带的帕措以外,由母系血缘关系构成的亲戚关系是缺失的。虽然戈巴也可以包含以母系血缘关系联系起来的成员,但也是以发展和壮大帕措势力为出发点的。

“男性为血族之本,女性为血族之末”[①]。一般情况下,除非是以和亲联姻为目的,帕措之间缔结姻缘纯属血族外婚制的需要。婚姻关系的成立,与帕措之间是否结盟,与相互间的血仇是否和解

①许韶明、何国强《整体稀缺与文化适应:三岩的帕措、红教和民俗》第146页,中山大学出版社2013年出版。

并无关联。具有姻亲关系的帕措之间，只要有纠纷和冲突发生，该械斗还是要械斗，该复仇还是要复仇，该赔偿还是要赔偿，帕措的利益才是第一位的，姻亲关系在帕措利益面前微不足道。因此，在三岩地区，甥舅之间、表兄弟之间持刀相向，甚至相互复仇杀戮都属正常。钱均华先生在其《男人国：川藏边境原始部落漫记》一书中，就记述了一起白玉县山岩乡发生在2004年甥舅之间因喝酒发生纠纷，先是外甥将亲舅舅杀死，引发了血亲复仇事件。一年之后，两个表兄弟又找机会把表兄杀死，结束了一桩血亲复仇轮回①。

在这样的文化环境里，三岩地区也就没有了亲戚这样的社会关系。女儿嫁出去了，也就断绝了与父母家庭、与父母所在帕措的关联。当然，娘家帕措也不是绝对对嫁出去的女儿不负责任。如果女儿在婆家遭受凌虐，特别是被无缘无故地休回娘家，这往往成为娘家乃至娘家所在帕措的奇耻大辱，从而引起两个帕措之间的纠纷和冲突。

①钱均华《男人国：川藏边境原始部落漫记》第95~96页，上海人民出版社2006年出版。

第七章 碉房民居

碉房民居是青藏高原广泛分布的一种建筑形式,西藏的林芝、山南、日喀则、昌都及川西高原、云南迪庆等地均有分布,是一种兼具战争功能与生活所需,颇具特色的住宅构筑形式。

三岩地区地处藏彝走廊,住宅建筑受川藏其他地区影响甚重。石硕先生曾就青藏高原的碉房民居做过专门的研究,并出版了专著《青藏高原碉楼研究》一书,对碉楼建筑的类型、功能进行了详细的考究,介绍了不同地区、不同类型碉楼的的特征和掩埋在历史尘埃中的许多碉楼故事。按照《青藏高原碉楼研究》一书对碉楼类型的划分,三岩地区的民居与其他地区有所差异,已经没有了碉楼的踪迹,纯属碉房。这也可能是三岩地区的碉房民居并未进入《青藏高原碉房研究》研究个案的原因吧。

三岩的碉房也称"康尔",这种民居形式与当地帕措文化紧密相关。无论是建筑内部的功能划分,还是建筑物之间的联系与布局,都深深地打着帕措的印记。

第一节 村落选址与布局

进入金沙江大峡谷的三岩地区,就可以看到山坡上一片片如同小盒子一样的三岩民居依山而建。村落一般修建在半山腰,靠近水源的地方。这既有便于生活及耕作的考虑,更有利于防御方面的要求。如果单纯考虑水源问题，靠近江边选址比较合理的。但选址在江边地势较低的地方，如有外敌入侵，敌方居高临下，自己帕措则处于不利的位置。因此在靠近江边的地方，只有一些暂存粮草的临时房屋，而没有民居建筑。而若选址在山顶的位置，尽管地势上有利，但在外敌入侵时很容易被敌方包围，一旦水源和与外界联系被切断，形势将极为不利。因此选址在半山腰，视野开阔，机动性强进退皆宜。这是三岩地区帕措间世世代代战争经验的总结。

座落在山坡上的三岩村落

三岩的村中小路

村落之中，同一个帕措的房屋一般修筑在一起，围合在一起形成群落，且同一个帕措的房屋朝向一般都在同一个方向。村落内的不同建筑群落之间，很少公共设施及规划路网分布。相互间通行的道路一般比较难走，高低崎岖，荆棘丛生，自然形成的乡间小径缺乏维护，外人进入村子很容易迷失方向。

第二节 碉房的功能布局和文化底蕴

三岩地区的碉房式建筑，规模大小不同。一般而言，碉房的建设规模取决于人口状况和家庭经济条件。

碉房的规模大小主要由平面柱网决定，柱子越多，规模也就越大，一般有9柱、12柱、15柱三种。在建筑平面布局上，三岩地区碉房多为矩形或者方形，也有凹型、凸型或者两三户并在一起的多边形。碉房一般高达十几米，在四层上下，每层都有不同的实用功能。

碉房的一层通常不住人，作为牲畜棚圈或堆放杂物草料，较为低矮，一般只有2~2.5米的高度。一层仅留一扇厚重的大门与屋外相连，门洞开的较窄，只要人和牲畜能够出入即可。室内没有直接采光，由许多柱子支撑二楼地板，通过梯子通往第二层。第二层是起居之所，客厅、厨房、卧室布置其间，是全家人吃饭、会客、休息的地方，大多数的家务活动都在这一层，所以一般生活用品均在二层。三岩人家一般没有灶台，只在二层楼面设四方形的火塘，既用于烧饭起炊，也用于冬天取暖和家人聊天交流。二层层高较一层要高很多，一般约4.5 m左右。二、三层之间有一个转换层，用于转换梯子和储存杂物。三层为半开放空间，通常设置经堂，为一个木质隔间，称为“布瓦”。厕所也设置在三层，挑出于建筑外墙之外，这与藏区其他地方民居一致。其余的半开敞的空间用于堆放青稞等粮草。四层或者屋顶层则用于打谷、晾晒粮草以及其他水果等物品。

碉房的这种结构形式，既是适用自然环境和帕措文化的需要，也与三岩地区苯教文化的历史积淀有着密切的关联。如前所述，三岩地区在藏传佛教进入前曾经盛行苯教，即使现在流行的宁玛派也在很大程度上吸收了不少当地苯教的教义，以适应当地的文化环境。按照苯教的传承历史，它先后经历了笃苯、伽苯、局苯三个阶段。笃苯作为“本土自然兴起的苯教”[①]，有着独特的宇宙观。“当时的苯教，只有下方作镇压鬼怪，上方作供祀天神，中间作兴旺人家的法事”[②]，即在苯教的世界里，宇宙被划分为上、中、下三界，上界是天神居住的地方，下界是鬼怪居住的地方，而中间才是人居住的地方。这是三岩地区碉房功能划分和布局的深层决定性因素。

第三节 碉房的建筑特色

三岩碉房建筑地基扎实，体积庞大，楼体高耸，气势森严，俨若堡垒。以素土的外墙为主，很少有其他颜色。除了经堂部分使用木质外墙以外，其它部分均以夯土材料构筑，坚固耐用。内部则采用木质框架结构，作为整个建筑的承重系统，而外墙仅起到围合作用。

①土观·罗桑却季尼玛著，刘立千译注《土观宗派源流》第194页，西藏人民出版社1984年出版。

②土观·罗桑却季尼玛著，刘立千译注《土观宗派源流》第194页，西藏人民出版社1984年出版。

气势不凡的三岩碉房

三岩碉房最具特色的部分包括外墙、门、窗和楼梯。

外墙 碉房外墙为素土夯实结构，厚度一般为1.2~1.5 m，最薄的也要在0.8m以上。墙体自下而上厚度递减，顶层厚度一般降到0.5~0.8 m。外墙虽然很是厚重，但是并不承重。除起到围合作用外，更主要的实用功能是其较强的防御性。素土夯实的外墙一般枪弹无法穿透，而且耐火性强，可以有效地保证内部的木结构不被损坏。

窗 碉房开窗极少,除了经堂有较为完整的窗户以外,其他墙体几乎不开大窗,向外多为较小的孔洞,类似于碉堡上的枪眼。这种开窗设置的防御性极强,由于没有有效的开窗,仅仅靠一些孔洞,屋内采光极差。但最大的好处,是从碉房的外面几乎看不见屋内的任何动静,而从屋内却可以将外面的一切看得一清二楚。

门 碉房门的设置很少,除了入户处有门之外,室内几乎没有像样的门,即使在一家之中占据非常重要地位的经堂,也只是用一道布帘作为分隔。碉房的入户门一般为普通的木门,虽很少采用特殊的工艺加固,但用材厚重,防御性极强。

楼梯 碉房每层之间的连接使用藏东民居中常见的独木梯。楼梯直接使用一根大圆木,在上面砍出踏步以供上下,没有扶手等任何安全措施。楼梯下端置于地面上,而上端直接搭在上层的楼面,可以很方便的移除。这样的设计在防御敌人入侵方面非常有效。当有外敌破门进入室内的时候,首先到达第一层牲畜棚圈,然而第一层没有采光,因此从室外进到室内几乎看不见任何东西。如果家人将独木梯移除,外敌则无法进入第二层的起居室。即使入户门被封锁,家人仍然有办法脱身。由于同一帕措的建筑相邻而建,可以很方便将独木梯搭于同一帕措的碉房屋顶,安全逃离。

独木制作的碉房楼梯

值得一提的是,为了提高防御能力,碉房的建造中的一些细节处理也颇费匠心。如一些依山而建的碉房,为了防止外敌通过翻越围墙而直达二层,三岩当地人会在围墙四周种植荆棘类植物,以防敌人靠近翻越。另外,据说很多碉房内部还设有暗道,方便危机时刻逃脱。

碉房的建造,是一件非常耗时费力的庞大工程。一座12根柱子、占地在120~150平方米的房屋,建造时间需要2~3年。碉房的建造,一旦开工就不能半途停顿。因为外墙为夯土垒筑,一般是分层夯建,打完一层要晾晒几个月,等墙体干透以后再接着往上夯打,以免因墙体未曾干透垮塌。一些家庭条件差的人家,建造一座碉房往往要耗时5、6年。这样建造出来的碉房非常坚固,常常可以供几代人居住而矗立不坏。而且三岩人还有一个习惯,就是不轻易拆除旧屋重建,往往是那里有了破损,便及时维修,如果有一面墙出现垮塌现象,就重筑这一面墙,并不对主体结构做出改变。

三岩百姓建造碉房,一般都是家庭自行组织施工。一家建房,同帕措的男女劳动力都要前往帮忙。帮工是纯粹互助性质的,主人家不给任何其它报酬,只供应餐食,每晚还要准备酒菜,以示犒劳。

第八章 民俗文化

自古以来就有“百里不同风，千里不同俗”的说法。三岩地区环境相对封闭，又有着特殊的父系社会遗存，也造就了独具特色的民俗文化传统。

第一节 饮食文化

三岩地区的传统食品与大多数藏族地区基本一致，主要是糌粑、酥油、牛羊肉、奶制品、酥油茶、奶茶、青稞酒、藏白酒等，也有一些独具特色的地方传统美味。

糌粑 三岩地区糌粑的吃法与其他藏区基本相同，青稞晒干炒熟后，用石磨磨成细粉状，或以青稞为主，混合豌豆、燕麦炒熟后磨制而成。三岩人食用糌粑的方法有四种，一是将糌粑放入碗中，倒入适量的清茶与酥油，拌和成坨，边吃边喝清茶，名为“吃糌粑”；二是在碗中将糌粑粉和酥油拌匀按实，斟入茶水浸湿碗中糌粑，用舌头舔食浸湿的一层后，又斟茶浸湿再舔，反复至完，名为“舔卡提”；三是先将牛肉切碎煮熟后，再加糌粑拌和成汤食用；四是用糌粑、酥油、白糖拌匀后加入清茶，混合兑成汤食用，名为“喝糌粑汤汤”。也有人喜欢在糌粑中加入干奶渣、青稞酒后一起吃，或将核桃、豌豆炒熟磨成粉与糌粑混合起来食用，因核桃、豌豆有油脂，十分可口美味。

面食 三岩人用青稞或大麦、小麦磨成面粉，然后再做成锅魁、包子、蒸馍、花卷、饺子、面条、面块、面疙瘩等食品，也有用滚沸的酥油炸制油条、“面花”等食品的做法。三岩人还有一些特殊的面食做法，一是将面拌和成圆饼状，放入热灶灰中烤熟后，再趁热从中间片成两瓣，中间放入酥油、白糖又合上，待糖油热化时再吃，名为“吃阿撒”；二是将饼状面团蒸熟后，加入奶渣酥油吃，名为“吃作那”；三是将新麦放入大锅中蒸熟，取出捣碎食用，名为“甲那”；四是将麦粒和青稞捣碎后去麸皮，加上牛肉和骨头炖汤喝，叫“喝切”。油炸食品中的“卓居”，又叫藏式“交叉麻花”，是在结婚、过藏历年等重大的场合必备的食品。“卓居”的制作方法与麻花略有不同，它是把小麦面粉或青稞面粉和成面，揉捏成细面长条，做成麻花状，稍微晾干后，再用滚沸的酥油或牛油炸制。

手抓肉 三岩人做手抓肉，喜欢将新鲜牛肉剁成小块煮着吃。新鲜肉不用水洗，直接放入锅中用凉水煮。煮的时间不能太长，以断血为佳，此时肉质酥松，味美鲜嫩，香而不膻，肥而不腻。如果煮的时间过长，肉质紧缩，就咬不动了。三岩地区的草场水草丰美、质量上乘，所饲养的藏绵羊、牦牛肉质肥美，是做手抓肉的上品。

风干肉 三岩人过冬的主要肉食品就是风干肉。每年藏历十月至十一月是牲畜宰杀季节。将牛宰杀后，一种是按牛腿分成四大块，直接挂于通风处，整腿存放；一种是将牛后腿肉切割成条，挂在绳子上风干。一般不放任何佐料和盐，这样的风干牛肉保持了牛肉本身的风味，酥松味美。也有的在切成条的肉上面撒上花椒、食盐、干辣椒粉等香料，揉合入味后挂起来风干，但风干后不宜生吃，宜烤食。将绵羊宰杀后，一般不分割，整只羊存放；也有分割成四块风干，但没有切成条的风干羊肉。风干肉一直要吃到来年开春或宰杀季节，尤其是是当人们外出时，都要装上一块风干肉作为路餐。

灌肠 三岩地区有两种灌肠，一种是牛肉肠，藏语称为“玖玛”，是把牛的肠洗净，将牛肉切成条或片，与糌粑（或大米）、盐、牛油、野茴香等佐料拌匀后灌入牛肠内（犹如汉族地区的香肠），煮熟后食用；另有一种是血肠，藏语称为“玖纳”，也是用牛肠灌制，不过用料为糌粑、牛血为主料，加入食盐、野茴香等搅拌均匀后灌入牛肠内，煮熟后食用。

肚包肉 藏语称为“阿多结”，是将宰杀后羊的心、肝、肠等内脏及碎肉，添加野蒜、野葱、盐等佐料拌匀后装入羊肚，再将烧得滚烫的鹅卵石放进羊肚内，扎紧口，不停地揉搓，石头冷却后取出，再装入烧烫的石头，如此反复多次，直到将羊肚内的肉完全烤熟为止。

血团 藏语称为“玛果”，“玛”意为红色，“果”意为团团。是把刚刚宰杀的牛胸腔血取出，加入牛油、牛肉碎、糌粑和盐，用手揉捏均匀，不用烹煮，直接抓着生吃。玛果血腥味较重，但营养丰富。

豆糕 藏语称为“德古”，是用扁豆（藏扁豆）粉做成的一种小吃。做法是将扁豆粉倒入烧开水的锅内，加上少许的食盐，用温火慢慢煮，并用勺子不停地搅拌，使扁豆粉完全与水溶合，煮熟后倒入盆中晾凉凝固，食用时切成小条或块，而后加上酸奶拌匀食用，犹如凉粉拌酸奶，十分独特。也可趁热吃，煮熟后直接盛进碗里，加入少许酥油拌匀后食用，犹如稀粥。

芫根汤 藏语称为“曲来”，是将芫根切成条状，倒入锅中加入糌粑，以文火熬煮成糊状，加入少许食盐调味，味道鲜美爽口，为秋冬季节的日常饮食。

荞麦饼 三岩地区盛产苦荞麦，是百姓的主食之一。将荞麦去壳磨粉，加水调成糊状，把平底锅烧热后，将面糊倒在平底锅上烤熟，抹上酥油或蜂蜜食用，香甜可口。

三岩地区的日常饮品基本上与其他藏区一样，包括酥油茶、奶茶、酸奶、青稞酒、藏白酒等，不做赘叙。

第二节 服饰特色

藏区服饰地域特征鲜明。大致可划分为卫藏、康巴和安多三大区域类型。三大区域的服饰具有各自不同的特点，卫藏服饰雍容华贵，康巴服饰则英武而粗犷，安多服饰则是华冠丽服。

三岩地区的服饰属康巴服饰，但也有自身的特色。除了同时具备英武而粗犷的特征外，三岩服饰还有一个重要的特征——古朴、简约。

藏装

三岩地区的藏装，一般包括6种，即藏袍、衬衣、滚身、腰带、帽子和藏靴，均极具特点。

藏袍 三岩地区的藏袍与康区其他地方大同小异，一般为黑色氆氇制成。不过由于纺织技术相对落后，过去三岩地区的氆氇要粗陋一些，宛若麻片。藏袍日遮体，夜御寒，是重要的生活家当。从款式上讲，藏袍有男女之分，也有冬夏之别，还有农区、牧区之差异。在农区，男式藏袍左襟大，右襟小，长及脚跟，属大襟服装。穿着时需从腰部提起，下摆齐膝，用腰带扎紧，成短裙形，腰上成大襟装，腰间形成一个可装物品的环状包囊。女式藏袍右襟大，左襟小，穿着方式与男式差不多，只是藏袍下摆要齐脚腕，成长裙形。裤子不论男女，基本为黑色布料，裤长齐脚背，腰阔无扣，穿时摺收腰间，以裤带扎束，裤裆有的从内开衩，有的不开衩。在牧区，因海拔较高，气候寒冷，多以皮袍为主。皮袍一般用绵羊板皮制作，有毛一面朝里，板皮朝外，不加面子。皮袍一般做的比较肥大，袍袖宽敞，穿上后臂膀伸缩自如。穿着时，有的内穿衬衫，年轻男子则多喜光身穿着，白天为服抵御风寒，夜晚则宽衣解带做被褥。劳作时为图方便，则脱去一袖或两袖，束于腰间。皮袍穿着时与农区藏袍相同，在腰间束一腰带，怀里和腰间成一环状包囊，里面可随身携带各类生活用品。牧区男子穿皮裘裤，女子以皮袍为裙，内穿秋裤。

衬衣 与藏袍配套穿着的藏式衬衣分对襟、左大右小襟、无袖口衬衣等不同款式。对襟衬衣袖口短，其他衬衣袖口均长过指。以白、红、黄三色最为普遍，多以布、绸为料。

滚身 藏式滚身多为夹层，以质地厚实的布、绒、缎为料。冬季多穿皮毛夹层滚身。常以紫铜作扣，以金银织锦装饰袖口、领口、胸边等处。

腰带 农牧区的腰带也各有不同。农区妇女多以布料、绸缎、毪子为腰带，以大红、粉红、桃红和橘黄色最为普遍；牧区妇女则多为皮腰带，两端用银质或铜质图钉成双排钉上，图钉上刻有图案花纹，带中则用银圆或铜圆栓成两排作饰。男子以当地纺织的毛线腰带为主，也有系绸缎腰带的。

帽子 帽子的式样非常多，有用牛、羊毛绒编织的毡帽和绒帽，分黑白两色，青年男女喜戴黑色毡帽，中老年喜戴白色绒帽；有用竹片作基垫，上覆白色绸料，周饰红、黄布制作而成的遮阳帽，可挡烈日防雨雪，牧区妇女尤为喜欢；还有礼帽、金盏帽、狐皮帽等等。

靴子 藏靴与马靴相似，以黑色牛皮作靴帮，靴尖上有鹰嘴状的钩，靴筒以红黑两色牛皮作面料，中衬以红、绿、黑色布料或呢料作装饰，内衬厚实的绒布以保温，靴帮和靴筒相接处用金银织锦线缀饰。靴底分厚、薄两种，厚底用数层牛皮重叠而成，薄底仅一层牛皮，烂后可随时更换；靴帮上部后方开10~15厘米的口子，以便穿脱及翻转清洗内部脏物。藏靴有靴带，一般用彩色缎带和饰有彩纹的毪子带合制而成。

配饰

着装以外，三岩人的配饰同样讲究。

发饰 三岩成年男女都留长发，编发辫。男子一般编成如锥小辫散披背后，或加以牛毛，编成如臂粗、长丈许的大辫，盘在头上。女子则用红头绳、彩色毛线、缎带等合编发中，挽在头上，左右发结用绿松石、红珊瑚珠装点，额中发际线上扎镀金铜泡花，泡花中间嵌一颗大蜜腊珠。盖玉、山岩一带的妇女还将头发丝丝分开，扎成无数小辫。小辫之外，编两条“茶呷”，自头左右侧抄合于脑后，与小辫混合，可保持发式数月不乱。昌台一些地方的妇女，于发辫上再加两条布带，合于头顶，分批两方，称为“折哈”；上戴两枚刻花银质钝圆锥体，称为“涅波”。无论贫富，四时不废。一般来说，姑娘扎单辫，嫁后扎双辫。

三岩男子头饰

耳饰 女子双耳皆有耳坠；男子只坠左耳，也有恐小儿难养而穿右耳饰者。耳坠常有两种样式，一种圆形，称“耳环”，用金或银镂成龙凤形体，嵌珊瑚及松耳石于外侧；一种长形，称“耳铛”，全为金质，上方仍为贯耳之环，下方嵌长绿玉或珊瑚两段，长达2寸。

领饰 三岩藏族妇女多着领扣，银质，雕镂两个，联球式公母两扣，戴于金丝缎之两端。用时围扣于衬衣领外，仿如西服领带。男子则佩戴珠宝项圈于颈上。

手饰 手饰主要有两种：一为戒指，一为手镯。戒指又称“驱环”，男女皆戴，富家金质，上嵌瑟珠、琥珀、珊瑚、绿玉等；贫家银质或铜质，上嵌假珊湖、珍珠等。三岩地区戴戒指不像西方人讲究戴在不同的手指上有不同的象征意义，如带食指表示未婚，戴中指表示已订婚，戴无名指为已婚，带小指为独身等。女孩戴戒指，两手除了拇指以外，其余的手指一般均要戴上。手镯也是三岩地区妇女必不可少的饰件。手镯多用金银制成，不嵌珠玉，也有以宝珠连成串，缠绕臂腕的。

胸饰 三岩藏族男女胸间大都挂一“呷乌”，多为银质，或圭形，或圆形，或方形，还有马头式、六棱形、肾形等样式。内装经活佛加持过的照片、经文、护身符或藏草药等，或戴于项下，或向左挎于肩。戴佩此物，三岩人认为可驱邪护身，灵者枪刀不能伤。上等“呷乌”用黄金、白银、白铜制成。以银制盒，则用黄金镶上八吉祥图。

腰饰 三岩地区男女腰饰不同。男子在腰部横插两尺左右长的腰刀或挂上火镰和念珠等。火镰佩在右腰侧，刀或短剑佩在左腰侧；女子腰前围一个七色的花缎“帮典”，束一条彩色绸带为腰带，左右配有小刀等挂饰，腰带的端头挂许多长度几乎触地的银质长链锁，链子的端头挂许多小铃、小刀套和彩色的穗子。此外，还可配戴一种称作“恰玛”的腰带，在一条中间宽两头窄的红牛皮带上镶数颗花银泡，银泡上嵌有红珊瑚。两头有银制带环作扣，系在腰带外面，周围再挂上银盒、小腰刀、针包、银元串等工具、饰物来装饰腰部。

第三节 交往礼仪与禁忌

三岩人性格豪爽，淳朴厚道，热情好客，其交往礼仪也颇具特色。

交际礼仪 三岩地区的人际交往重礼节，长幼尊卑非常讲究。如在路上遇见熟人，均要驻足施礼，若遇长辈，步行须停步，骑马须下来让路，并以手搔头以示敬意；若遇平辈，则须停步招呼。旅途中无论生人或是故知，只要是在一口锅中喝过茶，即视为朋友，有食同享，有难同当。陌生人进门，要以礼相待，如若提出食物或借宿要求，一般均与施舍，不予拒绝。亲戚朋友出远门，家人都要送行。在举行庆典、婚礼等隆重场合，以及相互拜访时，无论是向他人敬献哈达，还是接受他人敬献哈达时，要解下长辫，弯腰接受，以表敬意。

待客礼仪 三岩人待客热情。如客人到达家门口时，主人要先过去热情问候，扶客下马，替客人牵马卸鞍；客人进屋时要让客人走在前面，落座时要请客人坐右上方首席；招待客人用餐前，主人端来脸盆，手提银水壶给客人倒水洗手；碗不混用，如客人自备，主人要用净水洗3次，如客人未带，主人要拿新碗或专门待客用的碗，洗净后在炭火上烤一下，方可放在客人面前使用；茶斟了又斟，第一次须斟满，见客人喝一口后，又立即补满；酒至少要斟满3杯，并劝请客人说干杯；客人告辞时，要将碗中茶、酒喝完，表示尊敬和有礼貌；递刀给客人切肉食用时，刀尖要指向自己，将刀把交给客人，客人须尽情享受主人的招待，若过于客气，即视为瞧不起主人，惹主人不高兴。招待尊贵客人时，除敬献哈达外，还要献上“三白”（白酒、奶酪、新鲜酥油），以示吉祥如意；客人住宿时，先用柏树香枝熏其盖垫，铺理好后，方请客人就寝；客人离去时，主人要为客人准备路餐，临行前要为客人备鞍，扶上马牵送一程；如客人是第一次骑马，还要派专人相送，沿途照料备至。

交往禁忌 在日常交往中，三岩人的禁忌也非常多。如忌生活中主客杯盏混用，也忌客人用自己的碗在主人的水缸里舀水，出门远行或作客，每人均在怀中自备茶碗；到主人家做客，客人忌哭泣、吵闹；忌出门远行时碰见背着空水桶的人，以为此行难达目的，反之若遇见背满水的人，则预示此行顺利圆满；未经同意，不能触摸胸前的护身符和腰刀；席间忌父子对坐，免失尊卑之礼；忌将妇女衣物从男子头上拿过，更忌妇女从男子身上跨过；妇女不能触摸男人的头，否则认为不尊重，更不能面向男人吐口水，否则将被视为最大侮辱；妇女应接触地面生产，禁止妇女在楼上生孩子，一般是在牛圈和楼底层生产；公共场合或家里有长辈和姊妹在场时，忌外人说粗俗的玩笑话；灶门坎上忌搁脚烤火，烧牛骨头等；家中有危重病人，忌外人作客或探望，更忌孕妇随意在门外喊叫或敲门。

第四节 婚嫁礼仪

三岩地区实行严格意义上的外婚制，来自男方血系的成员世代严禁通婚，因此婚姻往往涉及两个不同帕措的交往，必须认真对待，因此极其重视礼仪。

多数情况下，青年男女的婚嫁由家长包办，通常情况下在婚姻确定前当事人双方甚至毫不知情。在确定缔结婚姻之前，一般要通过帕措成员大会进行集体的表决。在获得帕措的同意之后，还要请巫师或喇嘛进行占卜和打卦，看男女双方的生肖命相是否匹配，如果彼此相克，则需重新选择；如若匹配，双方帕措便要各自筹办婚礼。

三岩地区的婚嫁礼仪，一般包括提亲、定亲、婚礼、回门等若干程序。

提亲 一般是男方帕措派遣1~3名能说会道的男人，带上糌粑和青稞酒去女方的帕措提亲。抵达对方的帕措以后，先把青稞酒洒在女方的家中祝福。女方帕措会召集包括女方家长在内的成员共同商议婚事，而这时婚姻的当事人不能在场。提亲人以说唱的形式征求对方的意见，他必须口若悬河，不断地晓之以理、动之以情，一直到对方答应这门亲事。提亲成功以后，就要初步商量定亲的办法、确定婚期以及商谈嫁妆的数量。

定亲 由男方帕措派人带着青稞酒、牦牛肉到女方家，与女方家人和帕措族人一起再次讨论具体的婚期，同时确定嫁妆的数量以及所携带的牲畜数量。值得注意的是，与原始部落社会时期娶妻时男方要给女方赠送聘礼（财产）的做法截然相反，三岩地方需要妻方携带一定数量的嫁妆到夫家去。这可能与当地流行一妻多夫制婚姻，从而导致了可婚育妇女剩余，致使妇女在婚配市场处于不利地位有关。由于涉及嫁妆的问题，定亲也是一场精彩的外交谈判，男方总是千方百计提高嫁妆的数量，女方则想方设法讨价还价。经过一番谈判，双方最终确定一个彼此均可接受的嫁妆数额和迎娶的婚期。

婚礼 婚事一旦确定下来，就要开始筹办婚礼。婚礼一般安排在冬、春季举行，尤以冬季为多。到了迎娶新娘的日期，男方帕措会派遣1~3名能说会道、擅长唱歌的人前往女方家迎接新娘，距离近则步行，距离较远则牵上一匹高头大马。同时要带上20斤左右的青稞酒，一旦进入女方家门，便要扯开嗓门唱起《献哈达歌》以示祝福，直唱到女方家出来接受哈达为止。唱完《献哈达歌》以后，新娘在弟弟的搀扶下走出来。唱歌的人在唱完歌后将哈达献给新娘，然后每一位帕措的成员都要过来对新娘说一些吉祥如意的祝福话语。其后，女方的亲戚、伴娘，以及帕措的成员要护送新娘上门，人数可达10多名。送亲队伍到达男方的家门，双方便又开始对歌。歌词并无特别的讲究，一般是触景生情，随意发挥，看到什么就唱什么，主要是要营造出吉祥喜庆的气氛。例如，看到男方家的门口站着一个漂亮的女孩背着装满了水的木桶，女方送嫁的人中就要走出一人唱一曲《水歌》：

吉祥云彩满天布，仙女临凡负仙露。
哈达敬神他留住，分赐新人都幸福。
铜瓢铸成是“甲部”，金光闪亮赛宝珠。
用瓢舀水开山祖，要定方位是先初。
一不舀水面气露，二不舀水底泥土。
只舀中部甜甘露，其中来历有典故。
四水六岗三种湖，五湖四海鸳鸯浦。
盛装仙露神木树，三香树木把水储。
一香是印度神木，二香藏地柏香木。
三香汉地好红木，做成水桶盛万物。[①]

若看到男方家门口堆满了柴火，则可以唱一曲《柴歌》：

来到亲家的家门口，
看到堆如山的柴，
木柴全是檀香木，
香气充满房四周，
是供三宝的物品。[②]

---

①税晓杰、范河川、杨雅兰编著《发现山岩父系部落》第184~186页，中国青年出版社2007年出版。

②税晓杰、范河川、杨雅兰编著《发现山岩父系部落》第187页，中国青年出版社2007年出版。

看到男方家的大门，则有一曲《门歌》：

一道门是金居，
二道门是银居，
门板用的是檀香木，
门上嵌有百种好珠宝，
气势不凡振入心。①

看到牛厩，还可以唱《牛厩歌》：

这亲家的牛厩，圈有里外中三圈：
外圈满是马和骡，各个肥大又健壮，是给亲家好骑士用；
中圈满是黑牦牛，壮肥让人好羡慕，牛肉酥油从不缺；
里圈装满了肥羊，浓密洁白毛似云，毛织衣物穿不完。②

新娘进入家门后，要坐在毛毯上，上面有一个用麦子铺成的“卍”字符，坐下后要喝三碗鲜牛奶，意为敬天敬地敬父母。新娘要在新郎家住三天三夜，女方亲戚和伴娘也要留在新郎家。在此期间，男方家里白天招待客人，晚上举办歌舞比赛，喜气洋洋，气氛热烈。

回门 三天以后，男方要把新娘送回娘家。新娘须留下一件衣衫在男方家。之后，新郎再选择一个吉祥的日子（短则十天半月，长则一两年），带来1~2人来迎接新娘。这时女方会送来嫁妆，新娘回到男方家，方为完婚。经过这一系列的过程，新郎新娘就可以同衾共枕，组建一个新的家庭，一起开始新的生活。

①税晓杰、范河川、杨雅兰编著《发现山岩父系部落》第187页，中国青年出版社2007年出版。

②税晓杰、范河川、杨雅兰编著《发现山岩父系部落》第187页，中国青年出版社2007年出版。

第九章 丧葬文化和习俗

死亡是人的生命的终结和归宿。在人类文化积淀特别是宗教因素的影响下，与死亡相关的丧葬礼仪是世界不同区域、社会发展的不同阶段都非常重视的文化传统，它因特定社会群体的感情别离所带来的冲击，使得其过程比人的诞生更具张力，仪式感也就更加强烈而繁复。由此所派生出的文化现象在特定环境里世代演替，成为颇具区域色彩且内化于社会群体潜意识的世界观。

三岩地区的丧葬文化和习俗，在周边区域的渗透和多重宗教文化的影响下，人们的世界观、生死观多重叠加，以至于在如此狭小的地域范围内，丧葬文化和习俗呈现出少有的多样性特点，丧葬方式和礼仪更是多种形式并存，不突兀、不冲突，和谐共处。

第一节 三岩百姓的生死观

在三岩地区，帕措文化和多重宗教文化的交织影响，导致人们对生与死的理解和价值判断遵循多重标准。概而言之，三岩百姓在苯教文化与藏传佛教文化、僧尼与普通百姓、正常死亡与意外死亡之间，有着截然不同却又浑然一体的认知体系。因此，三岩地区众多的丧葬方式的背后，都隐含着特定的文化因子的影响。

在苯教的生死观中，特别注重死者和生者之间难以割舍的情感别离，表现在丧葬文化方面，就是事死如事生。三岩地区的土葬、室内葬、树葬等方式，都是对死者与生者之间浓浓的难舍之情的具体表达，也反映了生者对祖先亡灵的尊敬与崇拜，以祈求亲人的灵魂对家人的护佑。而藏传佛教宁玛派则更加强调因果报应和灵魂转世，因此在丧葬文化方面浸透了关于重生与转世的思想。宁玛派生死观主导下的丧葬文化重灵魂、轻尸骨，除了少数高僧肉身塔葬以外，芸芸众生则主张火葬、天葬及水葬等丧葬方式，认为这样迅速消解尸骨的方式，才是襄助死者灵魂尽快升天转世的最佳途径。

三岩人性格豪爽，人与人之间的交往喜欢直来直去，日常生活中没有太多的客套讲究。如相互见面时，无论长幼生熟，打招呼一律使用“括热”一词，大致相当于汉语的“喂”、“嘿”等语气词，给人一种不礼貌、粗鲁的感觉。但三岩人对于死亡的表达，却没有那么直截了当，而是委婉含蓄的，对不同身份、不同原因的死亡有着不同的表达方式。如活佛、喇嘛以及一些倍受尊敬的长者的死亡，要称作“歹”，意即“去世了”、“不在了”，相当于汉语的“殁了”；普通百姓亡故，则称作“息”，也就是“死了”的意思；如果是年轻人在械斗中死亡或是其它意外死亡，便称之为“孳息”，意即“横死”之意。当然，与西藏其它地方一样，平时还有一种对死亡的戏谑表达，就是“匹叉”了。“匹叉”一词使用广泛，既可表示一件物品损坏了，也可表示人或动物死亡了。

受宗教因素的影响，三岩百姓对于不同原因的死亡，往往有着不同的价值判断。粗略的划分，人的死亡有好死和坏死、善终和凶亡之分。一般而言，所谓好死或善终通常是指那些因病去世的情况，这是一种顺其自然的死亡；而坏死或凶亡往往是指那些因打架斗殴、自杀或其它非正常死亡的情况。在三岩，活佛、喇嘛的死亡，均属好死或善终，这与他们平日里念经事佛有关。而作为普通百姓，最好的死亡类型被称作“扎亘雍察”，是指那些年迈高寿、无疾而终的老人，他们去世时已是子孙满堂，家庭幸福美满，寿终正寝便是最好的结局。但也不是高寿老人去世就一定为好死或善终，如果亡龄适值虚岁81岁，则被称为“古莫”，则被视为最差的死亡类型。因为三岩百姓认为去世适逢81岁是一个十分不吉利的数字，预示这家中近期还将有人去世，而且还会给所在的村子带来厄运。

第二节 丧葬方式的类型

由于藏彝走廊长期契入外来文化的不断本地化积淀，以及后期宁玛派在三岩地区传播中对苯教文化的吸收融合，致使当地丧葬文化方面兼容并蓄，既不问不同教派间的教理出处，又有条不紊地各取所需，形成一套颇为复杂而独具特色的丧葬仪轨和秩序。三岩百姓普遍认可和接受的丧葬方式竟有10多种，包括天葬、土葬、水葬、火葬、树葬、壁葬、岩洞葬、瓮棺葬、塔葬、干尸葬、二次葬等，“几乎囊括了整个藏族地区的全部主要的丧葬方式，堪称一座内涵丰富的‘丧葬博物馆’”①。如果严格进行区分，这些丧葬方式的文化根基是大相径庭甚至相互冲突的，但三岩百姓却对此丝毫没有任何非此即彼的违和感。往往是根据当地自成一体的传承体系，游刃有余地做出安排。丧葬方式的选择，最重要的决策准则，就是亡者的身份和死亡的原因。

正常死亡的葬法 一般患病死亡的，为正常死亡。但所患疾病不同，对死亡的认定也不一样。如若是患一般性的感冒、拉肚子等疾病而亡，包括高寿老人无疾而终(81岁除外)，属于好的死亡类型，采取的葬法主要有土葬、天葬、火葬、室内葬、二次葬等；如果是患麻风病等特殊疾病而亡，则被视为坏的死亡类型，则要采取弃室葬、土葬等葬法。

①岳小国《生命观视阈中的藏族丧葬文化研究：对金沙江上游三岩地区峡谷的田野调查》第65~66页，中国出版集团世界图书出版公司2014年出版。

婴儿夭亡的葬法 三岩地区对13岁以下的小孩夭亡成为称为“琼肆”，有一套专门的、迥异于成年人的丧葬体系和葬法。包括树葬、土葬、室内葬、岩洞葬等。

活佛、喇嘛等神职人员的葬法 在三岩地区，神职人员的地位高于普通百姓，其葬法选择也不同于常人。根据其生前的地位不同，丧葬方式也有所不同，威望高的活佛高僧可以采取塔葬方式，普通喇嘛、扎巴则多采用火葬或室内葬等方式。

当然，这是三岩百姓在丧葬方式方面的日常选择行为。如果上升到文化层面，从宗教对当地社会的影响角度分析，三岩地区的丧葬方式中深受藏传佛教宁玛派影响的是塔葬和天葬，而依然苯教烙印深刻的则包括土葬、火葬、水葬、树葬、壁葬等，能够体现两种信仰杂糅结合的乃是复合葬。

三岩地区的丧葬方式，形式上与其他藏区多数一致或相似。比较有地方特色的，一个是与帕措文化紧密相关，反映父系社会强调家族传统的“渡垒”；一个是缺乏职业化的“天葬师”。

土葬在三岩地区比较流行。土葬的场所当地称为“渡垒”（意即墓地、坟场）。一如内地的宗族世家，三岩地区的每个帕措均有属于自己的渡垒，并以帕措的名字命名，如巴洛帕措的墓地称为“巴洛渡垒”，夏果帕措的墓地称为“夏果渡垒”。渡垒的选址也如内地宗族墓地一样，讲究风水，既是为了亡者的灵魂有一个好的归宿，有利于转世投胎，也是图个吉利，为子孙后代护佑消灾。渡垒一般选址在向阳的位置，坐北朝南或坐西朝东为好，周围要树多、水多。三岩地区的渡垒最好的选址是背后要有大山作为屏障，前面要视野开阔明亮，左边要有高山作为遮挡，右边要有长满树木的山岭，一如内地对半包围状的所谓太师椅样风水格局的追求。

天葬进入三岩地区比较晚，是随着藏传佛教的传播而兴起的，并在上世纪90年代正式传入[①]。作为一种三岩百姓心目中好的丧葬方式,由于宗教方面的倡导,以及在对自己是藏族的民族认知过程中对天葬的认同,三岩人对天葬还是非常乐意接受的。但由于传入时间短,缺乏深厚的文化积淀,致使天葬的实行也有不少的短板,其中专业天葬师的缺乏就是一项重要的制约因素。在青藏高原其它地区,天葬师是世代相传的职业,他们地位普遍低下,人们在日常生活中不愿意与之交往。三岩百姓也有同样的观念,在没有专业天葬师的情况下,动刀肢解尸首就成为一个难题。于是这项任务便落在了死者所在帕措成员的身上,由帕措确定一名男性成员负责动刀肢解尸首。而由此带来的问题,是动刀者因为不具备专业技能,往往无法将尸首肢解得足够细致,影响秃鹫啄食尸肉。一旦尸肉不能尽食干净,则会被认为亡者罪孽深重,难以转世投胎,从而也影响到亡者家属的情感世界。

第三节 丧葬礼仪和程序

在三岩地区,受宗教和传统习俗的影响,不同身份和不同原因的死亡,有着不同的丧葬礼仪和程序。

正常死亡者的丧葬礼仪和程序 所谓正常死亡,是指一般的因患病而寿终正寝的死亡,不包括儿童夭折,也不包括成年人械斗被杀、车祸、自杀等非正常死亡外,以及罹患麻风病等特殊疾病死亡,也不包括僧侣等神职人员的死亡。作为好的死亡类型,其丧葬礼仪和程序是庄重而繁琐的。一般而言,从死者弥留之际开始,丧葬仪式便渐次展开,包括弥留、抛哇、安殓、超度、守灵、安葬等过程。

①岳小国《生命观视阈中的藏族丧葬文化研究:对金沙江上游三岩地区峡谷的田野调查》第181页,中国出版集团世界图书出版公司2014年出版。

在死者身患重疾，医治无望的情况下，弥留之际，家人要请喇嘛、扎巴念经做法事，同时着手准备丧事，包括购置丧事所需的酥油、松香、哈达等物品，以及宴客所需的食品、蔬菜、茶叶、青稞酒、啤酒等。

将死之际，要做抛哇仪式，即请喇嘛念经，让死者的灵魂从体内出来，以利转世超生。三岩人认为，喇嘛的法力大小直接影响到念经的效果和死者的转世，而只有少数的喇嘛在做抛哇仪式时，死者头顶上的头发会自然脱落，同时头盖上的一块小骨也会自动掉下来，灵魂便从那里逸出，这是最好的逸出部位，表明死者可以进入神灵世界；而如果从其它部位逸出，便预示着其可能转世为畜生等不好的结果。

三岩地区的死者安殓相对简单。人死之后，一般不清洗尸首，也不更换衣物，在尸首尚未变凉时，即将其捆缚包裹，并在一个小房间安放好。捆缚尸首由死者所在帕措成员完成，家属一般不会承担此任。捆缚要使用死者生前的腰带，将尸首呈胎儿状捆扎结实，覆以生前所用的被子或毯子，面朝南方放在一块木板上，将房间门锁好，一直到出殡以前不再挪动，也有将尸首放在死者生前居住的房间或碉房二楼角落的情况。即使三岩如此狭小的区域，安殓习俗在不同村落之间也不尽相同。

在尸首安殓完毕以后，亡者家属便着手安排做法事，超度亡灵。法事活动一般要安排三天，主要是请喇嘛念诵超度亡灵的经文，并设置供桌，摆放青稞、糌粑、酥油灯、朵玛、喇嘛画像以及死者生前喜爱的食物等于其上，以示祭奠。三岩地区超度亡灵过程中，还有一个非常有特色的项目，就是家属通过喇嘛与死者之间进行对话。在喇嘛做法事期间，家属常常会委托喇嘛对死者传话，说“你已经死了，我今天请喇嘛来给你超度。你就不要再留恋什么了，好好上路吧……”。这种对亡者念念叨叨的对话，在藏区其他地方很少存在，倒是内地许多地方存在这样的风俗，一般都是亡者亲属的行为，特别是子女们在灵前对父母亲表达类似“放心地去吧”、“到阴间您自己多保重”之类的贴心话语，也有吊唁亲友对亡者生前公德称颂及依依不舍的表达。在三岩地区还有一项特殊的讲究，就是亡者家属绝对不能通过哭泣表达悲伤情感，因为如果亡者的灵魂听到家属的哭声，就会舍不得离开，影响到他在阴间的生活和日后的转世。家属也不能流泪，即便是流出眼泪也要立即擦拭干净，绝对不能掉在地上，否则家属的泪水会化作暴风骤雨，阻碍灵魂上路。

守灵是三岩地区百姓丧葬礼仪的重要环节。一般是帕措的男性成员承担守灵职责，这与内地许多地方相似。所不同的是内地为亡者守灵者，要始终充满悲伤气氛，晚上要穷尽体力，通宵不能睡觉，或守灵者轮流睡觉。而三岩地区的守灵者没有太多的悲伤气氛，男人们聚集在尸首附近，喝酒打牌聊天，也不用通宵不眠，是可以围着尸首睡觉的。关于守灵，据说除了表达对亡者灵魂的呵护，众人守灵以使其不会感到孤单以外，另一个重要的目的是防止猫、狗等动物惊扰亡者的灵魂，因为灵魂刚刚离开躯体最忌讳看到动物，一旦受到动物的惊扰便会到处乱跑，并让碰到的人中邪而死。

出殡的日期和时辰要通过打卦来确定。一般是请喇嘛根据亡者的属相等因素进行卜算，多数是在清晨，因为清晨时分是神灵出来活动的时间，因此出殡下葬比较好。而傍晚时分在外游荡的是恶魔鬼怪，出殡下葬会使亡者灵魂受到惊扰对送葬的人也非常不利。送葬由帕措的男性成员负责，女人不能参加，家属也不参加。过去三岩地区丧葬都是由帕措内男性成员将尸首背负到家族的墓地或天葬台，途中多人轮换背负，但背尸人不能回头，以免亡者灵魂沿路返回。如果路远的话，就用牦牛驮到墓地或天葬台，近些年来许多家庭已经开始使用拖拉机或汽车托运尸首。一般来讲，帕措内的家庭都要有人参加葬礼，并携带酥油、糌粑及酒水等礼品。

非正常死亡的丧葬礼仪和程序 非正常死亡意即意外死亡，三岩地区称之为“孳息”。在三岩百姓的认知世界里，一个人非正常死亡，要么是恶鬼作祟所致，要么是个人积德浅薄或作孽太多的报应，因此“孳息”是一种较差的死亡方式。但是如果是在帕措间械斗中被杀，则与一般的“孳息”不同，被认为是一件荣耀的事情，丧葬过程和礼仪也会有所不同。

在三岩地区，对非正常死亡的“孳息”者要先念专门打鬼、驱鬼的经文，金沙江以西的红教寺庙念的经文是《嘎节》，金沙江以东经文则是《鲁》，据说如果不先念这些经文，恶鬼就不会与亡者的灵魂分离，死者就无法好好转世。此后，要尽可能地安排多念经，以求亡者尽快转世投胎，避免其灵魂四处游荡。意外死亡者多采用火葬方式，因为三岩百姓认为火葬具有驱邪的功能。也有采用土葬方式的，但其墓地要和帕措的家族墓地“渡垒”分开。近些年来，受藏传佛教的影响，意外死亡者采取天葬方式的也越来越多。

“孳息”者的火葬一般安排在中午以后，但不能安排在早晨，因为众多神灵要在上午出来，火葬会惊扰和冒犯神灵。实行火葬仪式时，要请喇嘛主持和念经，帕措的成员围坐在火堆旁负责加柴，并将酥油、糌粑、小麦等祭品等不停地抛向火堆。据说这些祭品一是献给神灵，二是供亡者在另一个世界享用。对参与加柴、施祭的人员也有要求，就是平素从未杀过生，而且一心向善，经常诵经。如果参加葬礼的人有过杀生或烦忧其它罪孽，则只能远离火堆而坐，口诵“六字真言”为亡者祈祷，否则，如果参与添柴或抛投祭品，则会加重亡者的罪孽。

在过去的三岩地区，因帕措间的矛盾或复仇而械斗致死的情况时有发生。在父系社会的价值观念中，年轻人为了整个帕措的利益献出生命是一种莫大的荣誉，死得其所，死的光荣，应该被奉为英雄，全体帕措成员都要对其感激和敬重。其葬礼要由整个帕措承担，大家都有责任出钱出力把葬礼办的风光一些。因械斗致死的年轻人，一般会采用室内葬的方式，以达到激励后人早日报仇雪恨的目的。室内葬的地点一般在碉房三楼经堂的角落或楼顶，在墙壁挖一凹洞，将尸首装入木箱置于其中，然后用黄泥、灶灰调制成泥，敷平墙面即可。除此之外，如果亡者的儿子还未成年，还要把其被杀时穿着的带有刀砍、枪杀痕迹和血迹的衣服保留下来，作为教育孩子的生动“教材”，只要一天未能报仇雪恨，就得一代代传承下去。

儿童夭亡的丧葬礼仪和程序 三岩人将13岁作为人生进入成年的分界线，因为到了这个年龄便标志着发育的成熟。儿童未满13岁夭亡，三岩地区称为“琼肆”，被认为是偷生鬼在作怪，一般要实行树葬，也有少数实行土葬、室内葬、瓮棺葬和岩洞葬的情况。

树葬也称为“风葬”、“挂葬”、“悬空葬”，除三岩地区外，在西藏林芝珞巴族、云南德钦藏族，东北的赫哲族、鄂温克族、鄂伦春族等少数民族，以及美洲印第安人的许多部落，澳大利亚的一些土著部落等地都有实行。之所以三岩百姓对儿童夭亡实行树葬，当地流传着三种说法：一是为了防止偷生鬼投胎。三岩人相信孩子的脑袋是空的，是偷生鬼钻进去占据了孩子的灵魂，从而导致孩子夭亡。将夭亡的孩子尸体通过树葬挂在圣树上，目的是不让偷生鬼从树上下来，从而不会再去作恶。二是认为人的生命来自于风，树葬就是把夭亡儿童的生命交还给风神。三是认为夭亡儿童的灵魂如同空气一样，只能在树上停留，这有利于尽快转世投胎，并在来世向圣树一样茁壮成长。

树葬的程序从死亡之时开始。当孩子不幸夭折后，首先用浸泡香柏叶的药水或盐水擦拭尸体，然后用酥油将死者的手掌点红，据说这是为偷生鬼做的记号，当其钻入这个孩子尸体后，就不会再危害别人。随后，用布料、毛毯或者藏袍将尸体包裹起来，按呱呱坠地时“胎儿”的样子捆绑，放入木箱中，也有的家庭会用塑料桶、木桶、工业容器、竹箩筐甚至是洗澡盆代替木箱，并将刻有六字真言的石片置入其中。然后请喇嘛打卦占卜，喇嘛会根据孩子的生肖、死亡原因和时间等情况，选择吉地圣树、确定安葬吉时。出殡时间一般在天没有亮的时候就出发，据说这是害怕太阳出来以后山里的神灵开始活动，出殡会亵渎神灵。送葬时，由死者的一名亲戚背尸，在背尸的过程中背尸人不能回头，死者的父母也不能参加送葬。

树葬的地点一般选在树林的十字路口处或在几条小溪的交汇点，遗体要面朝东方或是面向水流的方向。在挂棺的树种方面，金沙江东面的山岩乡大多以松树为主，金沙江西面的三岩则以青冈树为主。虽然树种不同，但所选圣树均以树干粗壮、笔直为好。挂棺的方法主要有两种，一种方式是捆绑式挂棺，即将装有尸体的木棺或者竹箩筐紧贴大树的主干或者分枝，然后用牛皮绳或者铁丝缠绕木棺与树枝几圈，最后打死结；另一种方式是悬挂式挂棺，即先用铁丝或者牛皮绳将木棺或者竹箩筐缠绕几圈，然后向上拉起悬挂在大树的分枝上。挂棺完毕后，便任凭棺木经受风吹雨打、日晒雨淋，家人一般不再理会。但如果发现树棺坠落，家人会重新悬挂。但坠落时如若发现尸体已经腐化或被动物叼走，则可以将空棺拿回家，并请喇嘛念经后重复使用。

林中的树葬挂棺

三岩地区儿童夭亡也有土葬的，但有别于成年人的土葬，最重要的是不与成年人的渡垒在一起，而是有专门的渡垒，也称之为琼肆。其丧葬仪式大同小异。岩洞葬也是针对儿童夭折实行的一种葬法。其选址和树葬相似，它是将小孩的尸箱放在一个向阳的山洞中或是大石头下面，山洞一般不深。装有小孩尸体的木箱或木桶以被阳光照射到为最佳。尸棺一般要用石块压住，以防止野兽啃噬尸体。岩洞葬只是个别现象，多数是由于缺乏树葬的条件而做出的选择。瓮棺葬针对同样是夭折的儿童，但适用的死者年龄要更小一些，一般为1岁左右，多数是死于难产者。用作瓮棺的通常是家中的一些旧坛子，口径20厘米左右，高约50厘米。将儿童尸体放入坛中后，要用大石块将坛口盖严，再用泥封住缝隙。瓮棺一般在家中放置数年后，家人会将遗骨取出，以二次葬的形式埋葬于外面的土葬场中。

活佛喇嘛的丧葬方式和程序 与藏区其它地方一样，三岩地区的活佛、喇嘛、扎巴等神职人员作为特殊的社会群体，不仅是日常生活中，而且在死后的丧葬礼仪方面，也有别于世俗社会。在三岩地区，神职人员的丧葬方式主要有火葬和塔葬两种。

火葬在三岩地区即可用于俗人，也可用于神职人员。前述对孳息者火葬已有表述。与世俗百姓不同的是，神职人员的火葬还有着代表尊贵的社会地位的象征意义。僧人火葬的礼仪和程序相对复杂繁琐，要“先用‘金科’在地上画圆圈，以告知土地神及其他神灵：这是一块用来火葬的神圣之地。金科是一种宗教工具，每逢藏历4月，人们在念经仪式中做画图之用。用来火葬的木材呈‘井’字形堆放，下面燃火，四个方向都有门。僧侣的法体呈盘腿打坐姿势，不需要像老百姓那样捆缚。法体双手紧握法器，左手拿‘多杰’，右手拿‘折卜’，两手臂交叉贴于胸前，右臂在外压着左臂，正好与俗界的姿势相反。这是因为世俗百姓的右手通常沾有罪孽，他们平时执刀杀生，掷石块打牲畜等使用的均是右手。而左手是信佛之手，用来捋拨佛珠‘萃玛’的正是左手。僧侣法体的面部通常朝向东方，那是太阳升起的方向，象征着顺利转世。法体用一种名贵的树‘沾天’（檀香木）围裹起来，下面放有多种药材。酥油需先融化在浇在法体上，整个火葬过程要不断加酥油，直到火葬结束为止”①。僧人火葬后，其骨灰特别是活佛高僧的骨灰被视为圣物，要收集起来，或做成“擦擦”②，放在路边的木塔里供奉；或以绸缎包裹，装在“奔巴瓶”或铜制的小塔中，供奉于家中经堂内，祈求活佛的在天之灵保佑家人吉祥平安，祛灾解忧化烦。

①岳小国《生命观视阈中的藏族丧葬文化研究：对金沙江上游三岩地区峡谷的田野调查》第233~234页，中国出版集团世界图书出版公司2014年出版。

②“擦擦”，是梵语的藏语音译，据说是源于古印度中北部的方言，意思是“复制”，是用凹型模具捺入软泥等材质、压制成型脱范而出的模制的泥佛或泥塔。藏传佛教僧俗制作擦擦的目的在于积攒善业功德，并将其视作消灾祈福的圣物，多用于佛像及佛塔的装藏。有些则直接置于寺庙，修习的岩窟或“擦康”、“门塘”内，还有堆放在山顶和路口的玛尼堆处，与风马旗、玛尼石刻和经幡在一起，受到信众的顶礼膜拜。擦擦分为泥擦、骨擦、布擦、药擦和名擦。圆寂的活佛、高僧骨灰混合泥土制成的擦擦即为“骨擦”。

擦擦

塔葬的对象主要是影响大、威望高的高僧大德，丧葬方式的背后是身份和名望的象征。塔葬分为两种形式，一是在活佛圆寂后，先施行火葬，然后将骨灰或舍利子用金、银等贵重金属镶以绿松石等宝石做成的塔盛装起来，以骨灰塔的形式进行供奉。二是将高僧遗体经过技术处理后直接置入塔内，以肉身塔的形式进行供奉。肉身塔的制作程序复杂，“在活佛圆寂后，先用藏红花泡药水清洗法体，用酥油把法体的眼、鼻孔、耳孔、肚脐、肛门等处封住，防止体内的黄水溢出。法体要先撒一些盐存放一段时间，以吸干体内水分。然后再处理内脏，也就是把它们取出来放在盐中吸干水分，再放回腹腔，并撒上香料防腐。最后再用好的布料，如黄、红或白丝绸包裹法体，仅露出其面部。法体双手合掌，盘腿打坐，双手交叉放于胸前，右胳膊压着左胳膊，左手拿‘折卜’，右手拿‘多杰’。对佛法高深的喇嘛，尤其是活佛来说，法体不要捆敷。此外，人们还要选址修建一座木制的小房子‘金廓’（类似于老百姓家装粮食的仓库）供奉法体。小房子有三层：第一层存放粮食等物；第二层放法体，法体的面向依打卦而定，法体面前摆着多种法器、藏红花、香料，以及装满清水的银碗‘切巴’7个，其中两只碗盛着盐水；第三层用来存放经书。最后再在金廓的外面修建一个金属塔，主要是金塔、银塔或铜塔，塔的大小、质地视寺庙的经济情况及活佛的威望和影响而定”[①]。肉身塔的建造，不仅对尸首的防腐处理技术和工艺要求极高，而且成本高昂。

其它几种类型的丧葬方式 在三岩地区，除了上述几种主流的丧葬方式外，还有一些颇具地方特色的丧葬方式，包括弃室葬、水葬和二次葬等。

弃室葬 是针对患有麻风病之类的恶性传染疾病亡者的一种丧葬方式。三岩百姓为了防止麻风病传染，将病人在濒临死亡前一间专门的小屋隔离。待病人死后并不对尸首进行处理，将小屋推倒或任由房屋倒塌将尸骨掩埋，人死屋弃，以阻断传染源。弃室葬既是人们出于对亡灵鬼魂的畏惧，也是防范传染病扩散蔓延，进行自我保护的重要措施。

水葬 也是三岩地区常见的一种丧葬方式。水葬被视为较差的葬法，一般适用对象是死于难产、醉酒、摔死、自杀等的人，年纪较大的亡者也可水葬。水葬一般不分季节，只要河水能够将尸体冲走即可。水葬时，一般将尸体捆成一团，请喇嘛念经3天后才能出殡。出殡时间多在天亮之前。水葬有两种方式，即将整尸抛入江河中或将肢解尸体后逐块抛入江河。采取何种水葬方式，须由喇嘛打卦决定。水葬的地点选择很有讲究，一般要选在有螺旋纹水流的地方，而且水流要左向即逆时针旋转，这与苯教的卍字符方向理念一致，也表明水葬源于苯教的影响。水葬的葬地有预先安置好的木墩，若实施肢解尸体的方式，则待尸体运至后，由持刀者（由专人负责，一般也为本帕措成员）先割下头来，连骨捣碎，与糌粑搅拌成团，抛于河中喂鱼，再将尸首其余部分宰割成小块投入河中。水葬之后，还要把死者生前的衣服、背袋以及四周血土一齐投

①岳小国《生命观视阈中的藏族丧葬文化研究：对金沙江上游三岩地区峡谷的田野调查》第236页，中国出版集团世界图书出版公司2014年出版。

入河中，然后燃烧松柏枝和糌粑致祭。有些地方会在抛尸处插上一个“巴卡”木牌，并竖起“呢嘛旗”，防止亡灵鬼魂作祟。

二次葬 也称“洗骨葬”、“迁葬”、“再葬”，是指一个亡者涉及两种不同的葬法。三岩地区有多种类型的二次葬法，除了前述儿童夭亡后实行瓮棺葬后的二次葬外，针对成年人的二次葬主要有先土葬后火葬和先室内葬后火葬或水葬两种类型。先土葬后火葬，是在将亡者土葬若干年后，亡者家属将遗骨挖出，再进行火葬。焚烧后的骨灰或撒入河流，或做成擦擦放入岩洞之中。先室内葬后火葬或水葬，则是先将亡者实行室内葬（也称“居室葬”、“壁葬”），根据亡者的不同情况将尸首安葬在一楼的牛圈或三楼的角落、墙壁即屋顶，若干年（最多不超过60年）之后在运出去火葬或水葬。之所以实行二次葬，三岩百姓认为，在二次葬的过程中再次念经超度，可以有更多的福报，有助于超度亡者灵魂，能够帮助其及早转世。当然，也有认为土葬是一种不好的葬法，通过二次葬将亡者的骨灰布施给大自然，可以减轻其罪孽。

第十章 节庆文化和娱乐活动

节庆文化既是一个民族、一个区域的民风民俗，也是一种寓意深刻的历史文化。而作为传统消闲习俗的娱乐活动，同样也是地域历史文化传承的重要内容，是全面认识区域社会文化不可或缺的侧面。

第一节 节庆文化

三岩地区的节庆文化与其他藏区大体相同。一年中最为重大的节日分别是藏历新年和熏烟节。

藏历新年 藏历新年与汉族的春节相似，时间根据藏历确定。但康区的不同地方，藏历新年的时间并不统一。即使在贡觉一县之内，各乡过藏历年的时间都不一样。如贡觉县城的干部职工在藏历元旦过年，而相皮乡的察底、桑珠荣、曲麦等村则在藏历十一月一日过年，藏语称“桑巴罗萨”。传说曲麦村过年称其为“约波罗萨”，意为佣人节，目的是曲麦村为了让佣人早点回家过年，便把新年提前了，好让佣人早去早回。三岩地区的群众过藏历年，时间一般定于藏历十二月一日，这与邻近的拉妥、阿旺、哈加等乡，以及周边一些村庄的做法相同。

以往三岩地区内部各村过藏历年的时间也有所不同，这是因为它们采用各不相同的纪年方法。除了从山外面其他藏区学来的藏医天文历算之外，有以接生羊羔为始计算日月的，有以月亮圆缺来计算日月的，也有按照春插秋收的季节来计算日月的。

在白玉县山岩乡，以往还存有一种特别的历算方法，并以民歌的形式世代口耳相传。羊泽对此曾留有记载："(山岩)三村所用历法，系属自创，以废历正月为其六月，余可类推"①。该历法把一年分为吉、中、平、煞四季。吉季为公历春季，约为2～4月，是求神拜佛的黄金季节，期间他们要敬奉山神以求来年风调雨顺，多做善事，不杀生灵，修理农具，准备耕种田地。中季为公历夏季，约为5～7月，家里的农活全部由女人操劳，男人们外出打工或上山打猎。平季为公历秋季，约为8～10月，外出的男人全部回来参加秋收。煞季为公历冬季，时间为11月至来年元月，这时家家户户宰杀牛羊、酿制青稞酒准备过年。这个季节又称为凶季，男人们一般不宜出远门。按以上四季的划分，三岩春节一般在公历12月中下旬，即在12月15日至12月30日之间。由于他们有自己的春节，传统春节对于三岩人来说并不十分重要。

现在三岩地区的历法基本使用藏历，将过藏历年的时间固定在每年的十二月一日，这天是三岩人最为传统的节日。把藏历年提前到十二月一日，是因为到了藏历正月的时候，春天已经很接近了，三岩多数家庭开始忙于春耕，没有太多的时间和精力筹备过年，所以提前了一个月来过新年。

在节前一个月，要杀好牛羊，准备好肉类食品；在节前半个月，各家各户要打扫屋内灰尘，洗净衣被、用具，缝制好新衣服；到了十一月二十五日左右，就要备足糌粑、青稞酒、藏白酒、酥油、奶酪、人参果和"卓居"等各类面食；藏历十一月二十九日的除夕，各家都要吃团圆饭。吃团圆饭时要蒸包子，而且与藏中地区的"吐古"风俗类似，在做包子时也要往馅里放上盐、辣椒、纸、木炭、羊毛等九种

①羊泽《三岩概况》，载赵心愚、泰和平编《康区藏族社会历史调查资料辑要》第404页，四川民族出版社2004年版。

含有象征意义的东西，如木炭代表黑心，辣椒代表口齿伶俐，纸代表狡猾、虚伪，羊毛代表心肠好、善良等，谁吃着什么就要现场剥开，凭此预测来年的征兆，不同人的不同结果，往往引起哄堂大笑，全家便洋溢在喜气洋洋的气氛中。

新年降临时分，就要去争抢“头水”，或背“净水”，为来年祛病增福。初一，主要进行各种祭祀活动。先在家里煨桑烟祭，供奉佛、菩萨和神。然后外出，到当地的神山祭祀山神，或祭祀地方保护神。从初二开始，走亲串户，互相邀请做客，喝酒、聊天和跳锅庄等。大年十五，帕措要举行煨山神祭。由帕措中辈分最高的男性长者主持，将各户奉给山神的祭品集中起来（一般包括茶叶、酥油、奶渣、粮食等），做成混合食品。然后在祭神处点燃柏树枝，祭祀者念诵《祈福经》，高举祭品围着柏枝转三圈，口中不断高唱祝福的颂词。与此同时，人们面向火堆，将祭品投入火中，男人们举枪向天或火堆射击，并一起高呼当地大小山神的名字，遍请它们前来享祭。祭祀完毕，将剩余的祭品当作山神反赐的恩施，围坐共食。期间还要进行赛马、射箭（击）比赛、抱石比赛等节目助兴，直到将所带来的酒水全部喝完，才尽兴而归。

熏烟节 所谓熏烟节，实际上是一种煨桑仪式，即在神山上某个固定的地点设立起熏烟灶，把松柏枝堆放其内，点起灶火，让香烟袅袅升起，同时把青稞、炒面倒人火堆中，把青稞酒洒于四周，以表示对山神、诸神、诸佛的供养，祈求神灵庇佑人畜兴旺、庄稼丰产。由于熏烟节一定要在本村或本乡的神山上举行（如三岩共同的神山——乃布神山），因此熏烟节也被称为“敬神山日”。

三岩地区的熏烟活动要举行三次：一次为冬季，在藏历年期间的十二月十五日，祈求山神保佑岁岁平安；一次为夏季，在藏历六月十五日，祈求山神庇佑人畜兴旺，即将长熟的庄稼丰收；一次在秋季，在藏历七月十五日或八月十五日，感谢山神护佑丰收。

熏烟节以藏历六月十五日的活动最为隆重。到了藏历六月十五日这天，属于不同帕措的男性成员从四面八方陆续地来到神山上，他们按照不同的帕措席地而坐，搭起熏烟灶，架起松柏枝，竖立经幡，请来的喇嘛开始念熏烟经——《祈福经》和《金光照射经》。念经完毕，大家围着熏烟灶和经幡从左边开始转三圈，意为"转神山"，然后高喊"嘎啦索"，一边撒风马纸，求神保佑，解除灾难，一边念颂歌词：

祭佛、法、神，
祭四面八方一切神，
祭三山五岳神，
祭四水六岗神，
祭原始九神，
祭九大山神，
祭二十一位战神……

同时，人们还要面对着火堆，将糌粑、面食等祭品投入到火中，并在一起齐声高喊当地大小山神的名字，遍请他们都来享祭。仪式结束后，众人一起下山到半山腰，开始喝酒、跳锅庄、射箭(击)、摔跤等娱乐活动。

熏烟节不允许女人参加，也不能让她们乱碰熏烟用的祭品，否则会被认为是对山神的大不敬，会给帕措带来灾害。

第二节 娱乐活动

锅庄舞 三岩的舞蹈主要是以锅庄舞为主。锅庄舞属娱乐性舞蹈，不受场地、时间、人数的限制。它继承了原始的舞蹈和宗教仪式，尤其注重舞蹈时的九种姿态，即柔雅、娇媚、豪迈、悲悯、希冀、责骂、愁苦、威猛、庄重。

锅庄舞的舞蹈动作、旋律和歌词多以劳动、生活、爱情以及家乡风光等题材为主，可分为社交舞、劳作舞和节庆舞三种。它音乐旋律流畅，节奏明快，舞姿活泼洒脱，表演形式多样且较为随便。既能营造出欢欣鼓舞、人声鼎沸的气氛，又能体现出当地人热情洋溢、豪情奔放的个性。

三岩锅庄舞与其他藏区大体相同。舞蹈采取围圈的形式进行，有时按性别组成不同的圆圈，更多的时候是男女共同围圈跳舞。站位也有规矩，同性站到一起，各占半圈。但也有自己的一些特色，一是舞步沉稳柔韧，舞者身体动作十分丰富，其中男舞者的动作豪放刚劲，女舞者的动作较小，由此形成雄健奔放与秀丽端庄的强烈对比；二是舞者弯腰时如猛虎突击，舞动时如蛟龙出水，舞姿自有一种蓄势待发的韵味。另外，三岩人还有属于当地的舞步，外地人很难加进圆圈中与大家共舞。

锅庄舞除了舞蹈以外，还要引吭高歌，歌曲也是三岩当地山歌，有合唱，也有对唱。以往三岩人以外出盗抢为荣，当地流行的《强盗歌》，就是在跳锅庄舞时用来伴舞的。

抱石 藏语称为“朵架”，是一项历史古老的竞技活动，在西藏许多地方都非常流行。抱石比赛所用的石头多为椭圆形，有大小和重量不同的型号，往往还要在石头上抹酥油茶以增加比赛难度。抱石有三种比赛形式：第一种形式是将重100多公斤的石头捧起，抱到胸腹部再抱至肩上或从腋下移到背上，并按规定范围走圈，走圈多者为胜。第二种形式是先把重100多公斤的石头抱至肩头，然后从肩部向后抛，远者获胜。第三种形式是在重100多公斤的圆形石头上涂上酥油，赛手先躬身搬起石头，然后逐级抱到双腿、腹部、肩膀上，抱举时要求身体挺直，不得晃动，最后将石头稳妥地放回地面即为成功，比赛胜负最终以赛手所抱举的石头的高度来决定。

赛马 藏语称为“达就”（意为马跑之意），三岩地区一般多在夏秋之交举行。与其他地区不同的是，赛马一般不比速度，而是比耐力，这是因为三岩地处深山峡谷，很少有大块的平地，赛马只能在一个很狭窄的坝子上面进行，或者让马往山上跑。

赛马除了娱乐外，也是评选马匹优劣的过程。凡是在赛马会上夺得前三名的马匹，都被认为是匹好马，往往也能卖个好价钱。“骏马、长枪、铜水缸”被合誉为三岩人的“三宝”，其中又以马列居首位。因此，拥有一匹好马是许多三岩人引以为荣的事情。三岩群众极其看重一年一度的赛马活动，他们挑选出最好的马匹参加比赛，力争取得好的名次。

赛马比赛一般持续3~5天，参赛者只能是帕措的男性成员。因此这成为增强帕措成员社会凝聚力的绝佳机会。赛马会期间，措巴三三两两地聚在一起，彼此联络感情；或在比赛后跳锅庄舞、摔跤、射箭(击)，大家一起欢天笑语，其乐无穷。

射箭(击) 射箭活动也是节日、祭祀期间不可缺少的活动内容。三岩人自古骁骑善射，他们自小就要练习骑马和射箭的技术。弓箭做工精细，箭弓为木制，长168厘米左右，上涂胶漆，弓面绘有花纹；箭头为铁制，有双翼、三棱两种；箭杆木制，长约90厘米左右。射箭分步射和骑射两种，以远、准者为胜。由于铁制箭头具有一定的危险性，为了防止误伤众人，在射箭比赛时使用的箭头均为木制，以射中远方石块的为胜方。优胜者除了获得一条洁白的哈达以外，还可获得一些物质的奖励，如一坨茶叶或一些现金等。

接梭 “接梭”是三岩牧区流行的一种拣石子游戏，一般多为女孩子之间的嬉戏。参加者可以二三人乃至数人不等，随地选取五个或十个小石子依次进行。开始前先确定顺序，然后每个人依次完成规定程序，以最先完成任务者为胜。若一个回合完不成任务可重新再来，直至决出胜负为止。

以五个石子与右手为抛手为例，将五个石子同时撒于地上，看石子图形任意拾起一子，做为抛子。掷时右手将抛子抛于空中，再用该手从地上迅速抓起其他石子，然后接住空中正在下坠的抛子，或按程序要求使用左手进行配合。随着需要拣起石子数目的增加以及相应动作要求的增多，其难度也在逐步增加。开始时按照石子一至五的数目来抓，拣石子程序共有28种之多，非常考验一个人的敏捷身手与思维能力。

俄多 “俄多”又名“俄木多”，意为用牧羊鞭甩石头，原为驱赶牛羊之用，也可用来作为防身武器，打击野兽以及入侵的敌人。是三岩的男孩子喜欢玩的一种游戏。俄多的鞭首设有一环可套入手指，鞭中央有容小圆石块的皮袋。夹小圆石块于皮袋中，将鞭首尾连于手上，转动圆鞭石，投向目标。比赛有两种比赛标准，一是看谁摔得远，二是看谁摔得准。俄多玩法简单，既具娱乐性，又具实用性，当地群众喜爱。

第十一章 格言谚语、神话传说和歌谣

流传在三岩地区的格言、谚语、神话传说及歌谣有很多，兹整理部分摘录如下：

第一节 格言谚语[①]

哑子有巧言，盲人有慧眼——哑巴能说话，瞎子能见物，比喻没有可能，往往用于讽刺。

傻子假装聪明，傻气愈显十足——意谓不懂装懂，欲盖弥彰。

难以言说的心情，就像哑巴做了梦——比喻心境难以表达，就像哑巴无法说梦一样。

花言巧语不顶用，盐水喝了不解渴——意即方法与目的不一致，没有把问题实质抓住。

沉默不语，说是哑巴女；讲出道理，说是多嘴妇——意谓说也不是，不说也不是。

说起来旭日东升，干起来黄昏朦胧——比喻只会说不会做。语近“言论的巨人，行动的矮子”。

楼房虽是高层，阴影终须落地——意即无论如何发展，终究离

①范河川《父系原始文化的活化石：山岩戈巴》第96～98页，四川大学出版社2000年出版。

不开根本。

左看右看是亲眷，大门相背屋相连——意谓彼此间的关系难以隔断。

绸缎虽旧花纹在——比喻人老志不衰。

无讼是强者，无债便富人——意谓没有争论、没有债务是最好不过的。

无事偏生非，无根硬找据——比喻无中生有，无理找理。

短兵相接乃英雄，远处放箭是懦夫——意即有胆量的应面对面地对付战斗，进行单打独斗。躲起悄悄打，不是大丈夫。

钝刀割不动肉，无知办不成事——意即没有能力或知识的人不会办事。

只要头脑不糊涂，嘴里的话儿讲不休——比喻只要有知觉，就要斗到底。

骏马奔驰大道上，蝼蚁无力来阻挡——比喻小人物阻挡不了强者的行动。语近“螳臂当车”。

老年人的主意好，年轻人的心眼灵——意即老人见多识广，经验丰富，遇事能拿定主意；年轻人思想活跃，心眼灵活。

老不老，看皱纹；哭不哭，看眼泪——比喻说无凭，只有事实才是真凭实据。

斑斓猛虎既然能在林中发威，白色狮子可在雪山振鬣——比喻一方进行挑衅，一方就要作还击的准备。

海洋虽大不声不响，小溪虽小哗哗流淌——比喻修养深的人不宣扬自己，半瓶水的人却响叮当。

喝干海水不解渴，吞下大山肚不饱——比喻贪得无厌。

大海里投毒，山林里放火——意即穷凶极恶。

不去海中岛，难得如意宝——比喻不亲历险境，就不能获得成功。

没有几次冲突，难成知心朋友——意即不打不相识。

后山是金刚岩石，前山为神树香柏——比喻前有援引，后有支持者，而且都是强有力的。

只要松柏满后山，焚香用柴不求人——意即留得青山在，不怕没柴烧。

石头击酥油，遭殃的是酥油；酥油击石头，倒霉的还是酥油——比喻鸡蛋碰石头。

当调解人度量要宽，牵烈马缰绳要长——比喻处理重大事情要有度量和好方法。

口袋装石头，壮胆不怕狗——比喻有了对付手段，不怕对方来侵犯。

第二节 神话传说

三岩帕措的起源

在一个遥远的年代，三岩有一个男人，他从太阳落下的西方赶来一群大山，围在金沙江边，建立起自己的家园。他的三个儿子叫他帕罗扎，帕是父亲。大儿子吉觉玛学会了父亲的巫术占卦，他后来成了三岩罗麦人的祖先；憨厚的二儿子加盖邦丹只会种地喂牛，他后来就是雄松人的祖先；三儿子阿盖卡学神勇好斗，他住在木协，以后就是三岩木协人的祖先。

不知过了多少年，帕罗扎死了，儿子们相信帕罗扎的灵魂还在乃布神山上，到阿拉曲神泉或者是到马希曲果神泉、扎通曲果神泉，儿子们从那清亮的泉水中都可以看到父亲沉思的眼睛。他们的儿子们、孙子们代代繁衍下去，就叫作帕措了。

蝙蝠人的传说

几百年前，在西藏三岩雄松乡岗托村附近的一处悬崖上，有若干天然的山洞，里面住着一群蝙蝠人，有数百之多，体型与人相仿，身上长有翅膀，能在天空自由飞翔。它们拥有相当程度的智力，远远地观察人们干活，喜欢模仿人的动作。人们稍有疏忽，它们就袭击小孩和幼畜。人们长期为其所困，但又无可奈何。

一天，村里有一位长者终于想出一个办法，他们带上美酒佳肴，到蝙蝠人经常出入的地方，围坐一困开始大块朵颐，喝酒唱歌，然后人们各自操起刀枪相互厮杀，其实他们当时使用的是木制的刀枪。到了晚上，他们故意留下食物，拿走木制刀枪，却留下了真刀真枪。

当夜深人静时，蝙蝠人也模仿人的样子喝酒吃肉，然后拿起真刀真枪相互厮杀起来，结果死伤惨重，最后仅剩下一只飞往南方。

阿妈石的传说

很久很久以前，仁真泽翁是日扎秋神山的女儿与阿干绒噶生下的儿子，但他出生之后，母亲就被神山带走了，因此他自小由父亲养育成人。后来仁真泽翁喜爱诵经拜佛，成为当地有名的白衣喇嘛，每天总是骑着一匹白马四处给人念经消灾，深受人民的爱戴。

然而，父亲阿干绒噶不想孩子每天外出，想把他留在自己的身边。于是悄悄地偷了他的白马。仁真泽翁发现自己心爱的白马不见后，通过占卜知道是自己的父亲所为。当他请父亲把白马还给他时，父亲说道："我可没有偷你的白马，世上哪有父亲偷儿子东西的道理？"于是他请儿子再一次打卦，但卦卜依然显示是父亲偷了无疑，于是仁真泽翁再一次请求父亲归还白马。父亲又说道："你的卦绝对没算准，是魔鬼在作怪，你念经把他咒死吧。"

仁真泽翁没有办法，于是开始念起了咒经，第二天父亲阿干绒噶就吐血死了。仁真泽翁看到后无比内疚，于是决定离开这个令人伤心的地方。当他走到日扎秋神山脚下时，突然想起了母亲，便在一块位于半山腰的石头上刻下了"阿妈"两个字。后来人称这块石头为"阿妈石"。

仁真泽翁离开三岩后，云游到了拉萨。在拉萨与当时的达赖喇嘛进行过一次斗法比赛，并取得胜利。

最后，他云游到尼泊尔，因为佛法高明，最终成为尼泊尔的国师。

青稞洞的故事

据说从前有一个老汉，有一天在山上砍柴，突然看见一只受伤的獐子站在他面前，眼睛里好像有话说："救救我吧！"于是老汉将它藏在草丛中，躲过了猎人的追杀。獐子被救后告诉老汉："你到瓦西结去，那里有个洞，你可以得到青稞，以后你就可以不这么辛苦地劳作了，但这件事情你不能告诉别人知道。"

老汉到了瓦西结境内，看到有一高约三丈的岩石，岩石中间，有一手可触及的洞穴，等他一到，此洞突然传出一阵阵山崩地裂的巨响，接着从洞中流出白花花的青稞。

老汉急忙用口袋接住青稞，将口袋接满后，老汉遂将身上的衣服脱下堵住洞口，洞中的青稞就不流了。他返回家中将青稞酿成青稞酒，请来村里的人共同饮酒，大家非常奇怪，就问老汉怎么有这么多青稞来酿酒呢？老汉喝醉了，就告诉了大家事情的经过。于是他带着村里的人又到洞里来取青稞。他让村民们取下衣服，但此时洞中已不再流出青稞了。

格萨尔迎娶珠姆的传说

据说白玉县盖玉乡，以前称为"盖吉"，部落众多。有一个嘎部落的首领有三个女儿，大女儿名叫珠姆，非常美丽动人。父亲和部落将她许配给人，但她坚决不答应，非要自己选不可，于是受到众人嘲讽，但她仍坚持自己的做法。

由于"盖吉"这个地方地处巴塘和德格两条进入西藏昌都道路的中间，战略地理位置非常重要。格萨尔赛马称王后，为了拉拢山岩人，他听从了部下的建议，亲自来到"盖吉"找部落首领议和。然而，当时山岩所有的部落都不愿和他结盟，这让他非常生气。于是跑到沙马地方的山上，一脚把欧帕拉山上的一尊佛像踢倒了。这一举动让沙马人刮目相看，非常热情地款待他，请他喝酒唱歌。

三碗酒刚下肚，格萨尔便拿出背在身上的长弓，射出了三支箭：一箭射穿大石头，一箭射穿对门山，一箭射进章都岩石中。这让在场所有人都深感佩服，大家欢呼着尽情舞蹈饮酒。酒醉之后，格萨尔趴到一块石头上呼呼地睡着了，自己随身携带的书在翻身时掉了下来。该书后来被沙马人捡到，沙马人非常能说会道且会用典故传说，据说就是因为这个原因。在从沙马回来的路上，格萨尔看到一个非常美丽的女孩（珠姆）在盖玉河的温泉里洗头，他一下就被她的美色吸引住了，一不小心把自己的印章掉进了河中(该印据说化成了石头，迄今依然静静地躺在盖玉河上)，声响惊动了正在洗头的珠姆。她抬头一看，在众多的将领中格萨尔最勇猛、最出众，于是一眼便看上了他。

她回去告诉父亲，父亲便让格萨尔娶珠姆为妻，这正合格萨尔意，因此非常高兴。但珠姆父亲提出了两个议亲的条件：一是嘎部落不送嫁妆；二是必须把一个从金沙江上游来的魔王"也康"杀死。格萨尔十分爽快地答应了这两个条件，他亲手杀死了荼毒三岩人民的魔王"也康"，并把珠姆迎娶回家。后来，山岩地区众多部落最后也都归顺了格萨尔王的统治。

第三节 歌谣

《强盗歌》

过去三岩人以外出盗抢为荣，当地流行的一首《强盗歌》，在三岩人跳锅庄舞时经常吟唱。歌词如下：

我骑在马上无忧无愁，宝座上的头人可曾享受？

漂泊无定浪迹天涯，蓝天下大地便是我家。

我两袖清风从不痛苦，早跟财神爷交上朋友。
从不计较命长命短，世上没有什么可以留恋。
岩石山洞是我的帐篷，从来不用学拉扯帐篷；
野牛是我的家畜，也不必拴牛羊在家门口。
独自喝惯了大碗酒，对头人从不会用敬语；
因独自吃惯了大块肉，从不会用指甲扯肉丝。
虽不是喇嘛和头人，谁的宝座都想去坐坐；
虽不是高飞的大鹏鸟，哪有高山就想歇歇脚。
侠客从不想找靠山，双拳长枪为我壮了胆，
侠客是没有帮手的，快马快刀是我的伙伴。
侠客从不愿拜头人，高高蓝天是我的主宰，
侠客从不去点香火，太阳月亮是我的保护神。

《献哈达歌》

《献哈达歌》是一首三岩人婚礼时迎娶新娘时所唱的歌谣。歌词大意是：

太阳还没有从地平线上升起，天空还彩霞满天，
沉睡的乌鸦还没有睁眼，林中的雀鸟刚开始欢叫，
国王还没有喝早茶，王后正在穿衣起来，
我早起烧火喝茶，骑上骏马，
带上美酒来迎亲。
有嘴不说两三语，不多嘴舌腐烂，
有靶不射几次箭，不知箭手在何处，
路经宽阔草坝时，野牛群群跟过来，
过此山路很顺畅，达到山顶休息时，
望见新娘家的房子，房顶飘扬白经幡，
猜想定是讲佛人，来到看时真如此，
在山腰休息时，望见新娘家的窗子，
窗子金光闪闪，猜想家中很富有，

来到看时真如此。

今日我手捧三色哈达，

白色敬献给天上的神仙，愿上天赐给平安和幸福，

黄色敬献海龙神，愿赐给风调雨顺五谷丰，

绿色敬献护山神，愿保佑人丁兴旺牛羊肥。

新娘头发似茂密的森林，佩戴米粒似孔雀美，

仙女一样下凡来，“茶嘎”装饰头顶戴，

似祥云环山衬美丽，耳环垂吊有福气，

儿孙满堂活到百，颈饰富丽显贵气，

勤快善良又温柔，新娘的美丽人人赞，

新娘的福气无人比，祝愿新娘早添子。①

①税晓杰、范河川、杨雅兰编著：《发现山岩父系部落》，中国青年出版社2007年版，第184～185页。

附 录

1. 武城县志略①

刘赞廷②撰　陈家琎、季垣垣校补

沿革

武城县原名三岩，踞西康之中央，崇山叠嶂，沟溪环绕，深林绝峪，出入鸟道，形势危险。以吉池为上岩，雄松为中岩，察拉寺为下岩，总其名曰三岩。向为中外人士不迹之地。无酋长，以抢劫杀人为雄，邻封患之，而无法制止。于光绪二十三年倾巢出劫，东犯巴塘，扰攘大道，经川督鹿传霖奏派总兵韩国秀率兵三千往剿，行至察拉寺地方被匪所困，遂割地议和。以巴塘兰格三村划归察拉寺，并请该寺喇嘛为世袭把土千总，宗巴雍申土总，每年薪俸银四百两，外青稞一百四十克为保路费以终其事。由此岩匪横行更无顾忌。至宣统元年，边务大臣赵尔丰进藏，劫杀官兵，遴员往抚，竟敢抗拒。遂于二年以知府傅嵩炑、统领凤山分五路驱剿，平之，改为武城县，划隶巴安府。

方位

本县在北经十七度，东纬二〔三〕十一度，踞沙鲁里山与宁静山脉之间，中跨金沙江，形势长方，全县面积共二万八千七百八十八平方里。其疆域：北至玛隆，与同普县界；东北以巴坝山顶东北与白玉县界；东与巴安县界，东以宗巴南至日吉桑乡以东属巴安，以

①陈家琎主编《西藏地方志资料集成》(三)第121页，中国藏学出版社2001年出版。

②刘赞廷(1888—1958)，名永燮，字燮丞，笔名懒兵。汉族，河北河间府东光县人，北洋宪兵学校毕业。号称清末民初康藏边地一支史笔。早年追随清末川滇边务大臣兼驻藏大臣赵尔丰拓土戍边，在对康藏地区实行“改土归流”；民国间，改任川边军分统，继任蒙藏委员会调查室主任等职。刘赞廷非常重视地方文献的运用和编纂，以自己“历边十四年”之经历，纂成图志数十种。另著有《康藏宝鉴》、《边藏刍言》、《藏地秘史》、《三十年游藏记》等著作，对川藏地方文献和方志事业贡献颇丰。

西属武城;南以支巴小水沟与宁静县界;西以吉池领与贡县界。

治所

本县以雄松为居中之地,经县令范润呈请于此建筑县署、监狱、仓廒及小学堂各一处。虽系土筑,形势观瞻。以北为七所,西为的村,人民八十余户环列而居。的村有西军中营管带顾占文建筑营房数十间,以土筑为墙,以为驻防军队之宿舍,土人呼为顾家大营。县前有白日根寺一所,喇嘛一人,终日喃喃,系为地方祈祝太平者也。

乡镇

本县所属,南以察拉寺,西以萨东及本城为之通衢,分五路保正,共管五十村,计四千七百五十二户,男九千九百七十四丁,女一万二千一百二十二口,喇嘛四百余人。

粮税

本县年征杂粮共五百四十二石九升四合,牛马税征藏圆二千零二元,铜元一百八十九枚。

山川

本县金沙江以东北,由白玉县之乃意山南伸至巴坝,名巴坝山,高拔七千余尺,终年积雪;转入巴安,名郭布山。全沙江以西曲同普县所属之然乡山,南伸名巴尔达山,高拔一万一千余尺,横断南北,绵亘西南;至玛隆转向南行,经上吉池,名吉池山。群山之水东南流,名吉水河,经萨东雄松转入大江。吉池山南行,峭壁层峰,高入云汉,南北四百余里,垄断东西,为所属与贡县一界山也。此山由下吉池转向东行,名董达山,至日吉桑乡南伸,即为宁静县山脉之干,群山之水东流入江。由董达山发源一水,经察拉寺至党河溪,名党河溪河。以北为蕊巴山,与雄松岭对峙,中为仔他河。以全境形势,群山叠嶂,溪水环绕,无一望之平原,虽有山水之雅,而无放马之田,山道崎岖,一奇域也。

交通

本县北路：由县治下坡渡江，沿江边东北行，六十里至色巴宿，人烟十余户；逾乃意大雪山，八十里至大吉，北通白玉县。由色巴分道，东北行，经一深谷后越巴坝山，四十里至巴坝宿，人烟七八户。此路危险，当攻三岩时，二路管带舒龙甲遇匪埋伏，受伤。由此东南行，杂树弥漫，一百三十里至那溪，南通巴安县，而此路平坦。其东路：出治东南行经雄松岭，路道起伏，六十里至仔他宿，人烟稠密；逾蕊巴山，上下七十里至党河溪宿，杂树参天；沿水沟而上，路道泥泞，四十里察拉寺；转向东行，四十里至日吉桑乡，东通巴安县。此路行军危险，沿途深林密茂、山道崎岖，当攻此时，西军中营由此而进察拉寺，至党河溪一段，匪匿林中，时枪伤人，坚壁清野，战之数日，至通党河溪，即当年韩国秀被困之地。其南路：由察拉寺分道西南行，五十里至支巴，南通宁静县。西路：由县治西行，路道平坦，经宋乡河东六十里至萨东宿，人烟辐辏；由此西南行，经一深谷，穿林步水，五十里至葱章宿，系为游牧之地；逾吉池岭，漫坡四十里至下如，西通贡县。西北一路：由萨东溯吉水河西北行，七十里至玛隆，北通同普县，乃舆马难行，一小道也。

关隘

本县山道崎岖，悉为险要，无所谓关隘也。

气候

本县气候冷热不均，高山终年积雪，结有万年不化之冰；循水耕耘，有四季不断之花草。俗云十里不同天，山下暖，山中爽，山顶寒。以聂〔摄〕氏表：冷至零下，热至八、九、十度。其人民四季不离皮衣，无衣纱罗者。

地质

本县所属西部，荒山旷野，悉为游牧之地。循水而耕者半为水田，山田硗瘠，年收一季，水田二季。由雄松至萨东一段，土壤膏腴，乃人民懒惰，只足一家之食，不求进展，地中碎石岑岑，不知收捡，且农具粗率，耕地深至二寸有余，无镰锄，草禾并生，无法剔除，此所谓知草昧不谙五谷。所产生者有大麦、小麦、青稞、豌豆、苦荞、元根数种而已。其元根者，形似糖萝卜，成熟切成长条晒干，食时合糌粑熬粥，为岩人大宗食料，一美味也。

花果

本县所有花草，与巴安、白玉大略相同；惟七所地方产蜜桃，大有数两者，诚为佳品。遍山产核桃，去其壳，合青稞磨粉，作为食料，食之味美，一特产也。

森林

本县全境杂(树)蔽天，土人以木垒室，高至数层。其树之大有过数围者，因年久身空，内容十数人夜眠，称树屋。仔他河北岸，有老梅数株，躯干身朽，伏地而生，粗皆过围，长约五丈有余，每值花时，土人往观，称为神树，不知几千万年之古物，卧薪尝胆于深谷之中，以傲岁月，诚为树之神也。

本县气候虽寒，而花果与巴安、白玉大概相同，盖因重山向阳之深谷宜生杂树，如党河溪、宗巴以及金沙江之两岸，均为产树区域，其桃李杏杜，特为丰美。计七所地方有桃数十株，所结之桃大如茶杯，食之蜜甜，为本县之特产。其东部产胡桃，待成熟收之去壳，合青稞磨粉，作为食料。其花有山茶、芍药、蔷薇、马莲、月季、海棠、牵牛、喇叭、杂菊、葡萄，以及不名之花数十种，均为野生，因土人不识花草，一任自生自灭而已。

鸟兽

鸟有雕、鹏、鹰、雁、鹞、鸖鸧、鸳、鹲、鸽、乌鸦、喜鹊、鹦哥、画眉、松鸡、马鸡等，兽有熊、豹、獐、鹿、狐、兔、狸、狼、雪猪、水獭、猞狸、野獾、驴骡以及马牛羊犬豕等。鳞蚧有蚊、蝇、蛆、蚱、蜻蜓、蜜蜂、壁虎、蚯蚓、虻、蚤、臭虫及细鳞鱼等。

药材

本县所产药材：知母、贝母、虫草、大黄，乃土人尚不知采药为事，惟打猎所得有鹿茸、麝香、熊胆、豹骨等而矣。

矿产

本县之巴尔达山产铁,近于金沙江边产铜。宣统二年,同普委员张以诚考察此山,与同普之僧额巴尔都山铜矿同一山脉,欲为开采,时因三岩未平未之进行。党河溪河下游至江边产金,乃因地方偏僻,人民犷悍,汉商弗敢问津;土人采挖不得其法,杂乱无章,所得无几。吉池岭发现银质碎片,是否银,待为专家考焉。

垦殖

本县设治,委仇济善勘察地质,以董达山之阳东至察拉寺,沿小水数十里,地方沃野,乃多杂树,如能焚林开垦,可得良田四百余顷;余则多为石田,无人开垦。至民国四年,黑梅亭莅任,凡石田教种马铃薯,甚宜,人民德之,称为黑薯以为纪念。

教育

本县在设治之初,学务局派劝学委员周极涵来此勘察,以雄松、(仔)他、党河溪、萨(东)四处各设官话小学堂一所。由县署督催百姓建筑学舍,工竣招生开学。乃人民以子弟入学认为当差,时周极涵在萨东勒令开学,慢无应者,即迫头人洛登按户清查,凡六岁以上十五岁以下者一律入学。人民闻之,皆闭户匿藏。周怒,以马鞭击洛登之首,误伤其目,眼珠暴裂,洛登急赴县署鸣冤。周恐待罪,密函赵使,伪称头人洛登串同百姓复叛,现以抗拒开学。赵使即令统领凤山、知府傅嵩炑携兵二千重新申讨,至时见百姓安静如常,始知为周极涵一人所为,而百姓见大兵复来,惊惶异常。凤统领等招之,安慰云:此次重来,系为开办学堂,恐其尔等有所阻碍。百姓闻之,即时集聚学生四百余人开学。周极涵责革管押。时人讽之曰:欲要读书,必达周公之礼。传为笑柄。至民国元年,因学费无着,仅留雄松一堂,学生常十余人至二十余人不等。

寺 院

寺名	地址	教别	人数
白日根寺	在本城	黄教	喇嘛一人
南格寺	在南格村	红教	喇嘛五十余人
色热寺	在宗巴村	红教	喇嘛六十余人
察拉寺	距城东南二百里	黄教	喇嘛四百余人
郭觉卓贝寺	在堆达村	女尼	五十余人
渴清寺	在萨东村	黑教	喇嘛七十余人
热热寺	在色巴村	黑教	喇嘛四十余人
俄热寺	在亚巴村	黄教	喇嘛二十余人

所属女尼约有七百余人:有组织者矮屋蓬居,无组织者沿门托钵,亦有与人为奴者,系无寺名。盖岩人历行多夫制,女子竟为被弃之物,故多削发为尼,富者依其父母,贫者入寺苦修。亦可生子,名曰天赐,行以为常也。

商情

本县土产,系售于察拉寺,再由该寺喇嘛输至巴安出售,调换茶糖杂货运回,销于地方。因本地土人向为盗匪,不敢出境为商,而汉商亦不敢入境贸易。而售出之货物,向为世界所无者数种,略以记之:以人皮、人心、人手、人之天灵盖、人之大腿骨为之特品。此种货物在康藏地方互易有市,不为禁品,西藏到处可以购之,在西康惟以乡城与此地有之。其剥皮之法:以羊皮作风匣,上安小铁管插入肛门,将身体鼓之膨涨,由背节骨开刀,剥成正皮,以尺寸之幅,价值数十元以至数百元者。宣统二年,余随征三岩,至禾乡村,在昂布彭错家见有人皮一张、人手三只,上有余血未干。据彭错云:以活人皮为贵,死人皮次之,如有女子皮肤白嫩者为珍品。此种人皮,售予喇嘛作为符具,能致人死,销路极广。其人手者,先以用盐将余血浸净,上涂酥油,背阴晾干,以紫草合一种叶料扎裹,俾使指甲不能脱落,用金银镶其伤处,喇嘛用之,密中作法,能以驱祟招鬼,凡黑教皆用之。其人心者系用杀人凶犯之心等,另加各种宝物,共研细末,画符佩戴,能避刀枪水火及一切灾难,亦可延年益寿。其天灵盖,大者可制成念珠,小者盛水或青稞列于神前为供器。其大腿骨，作为喇叭，大者为寺中乐器，小者为笛。喇嘛用之天葬剖尸喂鸟，临时吹之，其声如牛鸣，鹰雕即至，藏人呼为哄筒。以上所述数事，不但康藏有，现在康定县亦可概见。

风俗

本县人民犷悍异常，而性质慷慨，在未设治以前，无酋长，无礼节，无婚姻嫁娶，无庆悼往来，以抢劫为能、杀人为雄之野番，惟有崇信佛教，凡出劫时，以刀掷于空中，落地时看刀尖向于何方，即为吉地。见客商往来，必先将人置死而后越货，往有杀人不得一物者。而所抢之物以三份之一供献喇嘛，请念消灾经，以告无罪。遇有山珍海味不知食法，谓为朽物，喂狗。以金银镶刀枪。女子耳环重有数两者，恐将耳眼坠穿，内安竹管以隔之。男子蓬发，以红绸裹首，无面羊裘，无谓男女。嗜酒，与朋友欢饮，醉后杀之不以为罪。上下三岩互相斗殴，成为世仇，而遇邻村侵略，又共同抵御，不捷无退，置生死之不顾，故三岩数千年自立无敢犯者。当官兵征此，俘掳者数百人，问以前劫掠之事，直认不讳，杀之不惧，驱之不去，两目灼灼，盖杀人越货犹不知其违法也。一日，统领凤山奖励士卒于郊外野餐，人民围观者数百人，未几皆现恐惶之状。令通事问之，答云：汉兵生食活虫，因而惧之。盖因菜中有粉条，悬宕入口，伸缩如虫，此所谓少所见之者多所怪。赵使闻之悯恻，令各村选择年老男女数人，齐赴行辕，奖以熟食，一别茹毛饮血之味。人民大悦，立请设治，遵从定章，设学开垦，建党河溪大桥，造舟为渡，以疏交通。辟雄松农业试验场，未数年间，竟成一模范之县。当西军中营管带顾占文攻此，于仔他获悍匪十数人，奉命斩于军前，顾释之未杀。至民国元年，顾占文为西康省都督，藏番东侵，围困巴安，三岩闻之，自动调聚男女民兵数千赴援，以报不杀之恩。解围后，奖之不受，犹云：西康业已建省，焉容藏番滋扰。住一日凯歌而还。民十年，西康内乱，汉官自退，遂以自立，至今不服藏管，以待内附。似此三岩尚有太古之风，犹非野人也。

遗迹

察拉寺主教喇嘛名吉根降曲，性豪爽，相貌魁梧，自设治后，邻村控告三岩以前抢劫掳掠之事，系由察拉寺喇嘛主持，以为巢穴。吉根知之，挺身诣赵使自首谓：三岩向为野番，掳掠之事人所共知，犹非喇嘛所能禁止；惟省执经引导，劝其为善。今闻邻封控告，是非莫论，特来领罪受首，以解众怒。赵使壮其语，勉之，凡以前之事既往不究。由此，无人不知吉根喇嘛其为人也，均称为活佛。懒兵记以滑稽诗：

千里人为佛一尊，西天怯住在山村；

慈航渡上连环套，不让当年窦二敦。

察拉寺正殿悬有光绪二十三年韩国秀所赠“为善最乐”四字匾额一方。懒兵竹枝词：

为善一方悬玉屏，慈航普渡妙无形；

行经阁上凭栏望，老僧犹在分金亭。

雄松尼庵一所，女尼数十人。藏人呼尼姑为觉姆，尼姑生有子女，名曰天赐，为人轻视。懒兵以诗记之：

女娲炼石补胡天，留得灵犀大道传；

无父儿孙君莫笑，佛门不禁人逃禅。

亚巴山麓一穴，深二丈余，内住一疯喇嘛，亦不知何许人也。有人赠食即食之，无食即睡，常数日不醒。有时至江边以黄泥捏成各种小佛像，陈列山麓，不数年间竟成一佛山。由此人民信以为神，而求药问卜，无不灵验。惟该喇痲常赤身不避，任意狂言，故名疯喇嘛。宣统(间)余经此见之，童颜鹤发，非常人也。遂留一绝记之：

眉如秋月骨耸峦，破头那知暑与寒；

留得莲台千佛在，世人当作画图看。

2. 三岩概况①

〔民国〕羊泽②

一、形势

三岩，康名洒哀，“洒”指土地，“哀”言其劣也。位于金沙江东岸，顺江而下，绵亘二百余里，分烈巴、色巴、粑粑三村。全境均为山石，熟地颇少，总计不过千分之七八而已。色巴居于中部，石山环绕，农地约有三四方里，地势开展，倾斜不急，且能引水灌溉，村落团聚，居民约八九十家。中贯一溪，西汇于金沙江，合流之处，则为巉岩峭壁。东南越葛垭山，循左东行，可至盖玉，或上或下，路亦险峻。循南直下，可至扎马。盘旋曲折，穿林越涧，其间一处，两山夹峙，壁立参天，中只一线，涉水可通，成为石门，颇似剑门关然。每岁能行之期，不过二三个月。又北越黑中山，可至烈巴，再循山麓，行经热窝，亦可达到该地。路之所经，峻岭悬崖，断岩处，则架木杆连之，备极奇险。以外沿金沙江岸前进，亦可到达烈巴，惟迂回特甚，两日乃达，必大雪封山，经此路乃有行人。由色巴通巴巴之道，系越惹斯山循山脊而行，乱峰层叠，怪石嶙峋。色巴所属之热公地方，有居民三家，对岸即武城县治，距色巴、巴巴均有一日途程。烈巴前临金沙江，后靠甘哥山，上接拉聋，下连热窝，人民集团而居，共约五十家，地势平坦，气候暖和，一岁之中，可收获两季，且能引水灌田。巴巴在两山夹峙之间，石峰高耸，矗立参天，熟地颇少，倾斜亦急，居民共七十余家，俱在山之两腋，遥遥相望，一溪中流，西汇于金沙江。此三岩三村之大概形势也。

①赵心愚、秦和平《康区藏族社会历史调查资料辑要》第402页，四川出版集团四川民族出版社2004年出版。

②羊泽(1890--?)，字治安，四川崇庆县人。旧制中学毕业后，考入中央军校驻川军需训练班第二期。毕业之后，历任军需处长、军需主任。“大白事件”发生时，随军入康。1937年1月就任白玉县县长，1942年2月离任。

二、土地状况

三村土地，均系人民自垦，纯为私有，与白玉各村差民情形大不相同，非有买卖，不能耕种。佃农极少，惟土少人多，供不应求，所谓“食之者众，生之者寡”。而可垦荒地，亦属寥寥，故土地价值，异常昂贵，能播种子一批之地，计纵横约三四公尺，上等值藏洋二十元左右，中等值十六七元，下等值十二三元。巴巴一村，因在两山夹谷之间，土地尤少，价值尤昂，上等土地以马卧地上，绕地一周，其值则与马等。其次用牛行之，其值则与牛价等。此三岩之土地之大概情形也。

三、人民状况

三村人民，均为野番，约在百年以前，由河西迁移来此，开田荒地，聚族而居，号为锅巴（康名“锅”系管理，“巴”为一个系统之意）[①]，亲戚连为一气，客民亦可依附，分耕土地，为之上粮当差，受其保护。每一锅巴，管辖数户或数十户不等，党派复杂，有似内地之哥老会，互为雄长，各不相能，所在械斗时生，到处滋扰。锅巴以外，则无统属之人口。人民析产分居，各娶一妻，学喇嘛者少，以故生齿日繁，大有人满之患。兹将各村锅巴名称列下：

（一）色巴为夏锅、格锅、虾锅、谷巴锅、业哥锅五个锅巴，共一百零二户。

（二）烈巴为阿业锅、拉曲锅、松谷锅、新巴锅、登巴锅、班鸠锅六个锅巴，余分为三小村，共九十九户。

（三）巴巴为惹呷锅、赠锅、格锅、甲锅四个锅巴，余分为二小村，共七十二户。此三村人民之大概情形也。

四、气候

三村气候，均属温和，而以烈巴为最佳，既能种植两季，又有引水灌溉，且决无旱灾之虞。色巴地势稍高，其间晦明风雨，朝暮不同，寒暖差异亦巨。

---

①锅巴，即“戈巴”，系音译之别称。

五、风俗

（一）宗教。三村中只色巴有喇嘛寺一，名色宜光的寺，系红教，有喇嘛二十余人，呼图克图三人。一名虾洼知古，住盖玉觉母寺，有妻及子女六七人，因有家室之故，人民不甚信仰，所以未在该地常住。一名虾洼知古，住本寺以内，稍得人民信仰。一约十二岁，其名不详。其喇嘛、扎巴，均为色巴人，因人民受佛化之薰陶者鲜，且不受教权之统驭，是以剽悍成性，无恶不作也。

（二）历法。三村所用历法，系属自创，以废历正月为其六月，余可类推。

（三）族别。该族原为野番，向无土司及头人之统属，均以武力为临时号召之工具，专以抢劫滋扰为能事。其剽悍者聚为一族，一族之亲友连为一气，因缘附和，肆意为恶，杀人越货，为所欲为。然亦有彼锅巴归附此锅巴者，或因界址，或因细故，鼠牙雀角，酿成械斗，至数年数十年不能解决者，时有所闻。

（四）智识。人民智识低落，毫无远大思想，能识字者颇少。现任保甲中识字者，仅十分之一二，普通人民，更无论矣。冥顽不灵，实为厉阶，欲求智识普及，非从教育着手不可。

（五）婚姻。婚姻有两种，一为求婚式，有如内地问名纳彩，其迎亲时，亦有庆贺宴客之仪，郑重其事，始终不渝。一为合作式，随便结合，异常简单，并无何种手续。弟兄各别娶妻者有之。弟兄和睦，三四人、五六人甚至八九人共娶一妻者有之，所以该地人口繁殖，土地不敷分配，此为其主要原因之一。

（六）丧礼。丧葬分水葬、火葬、天葬三种，视家之有无定超荐之奢俭，亦有亲友相吊之礼。其仪式与平时春祈秋祷同。其讽经作法，并非喇嘛，均系俗人为之，有类内地之道士。

（七）装束。男子多着白色或红色毪衫，异常简朴，亦间有着无面羊裘者。妇女均着黑色毪衫，长与足齐，腰带均用银铜饰物，发多小辫，饰以各种宝石或金银器。富家妇女，顶上更以宝石珊瑚，极尽奢侈。

按：三岩即武城县治，人民素以剽悍著称，其地位于金沙江之两岸，在河东者，即本文所述烈巴、色巴、巴巴三村是也。此三村人民，于民国二十一年岗托条约成立，始划归白玉县府管辖。惟时迫于政府威势，纳粮当差，未敢违抗。自诺变①以还，遂形成化外，不受治理。二十七年白玉县府派员前往编查户口，并办理宣抚，几经周折，乃允具结就范。本年二月，羊县长出巡该地，于彼处风土人情，知之甚详，特请撰具斯篇，以供留心边事者之参考。虽描述范围限于局部，要可概其余也。

——《康导月刊》第2卷，第1期(1941年)

①"诺变"即"诺那事件"，发生于民国1935年(民国二十四年)10月，时康区藏族活佛诺那依靠中央政府支持，在康北发起反对川康地方实力派刘文辉，欲实现其"康人治康"的地方自治主义理念的地方政治事件，同时也是蒋介石暗地授意支持地方民族精英通过发动政变，削弱地方势力，达到控制西南的政治事件。

3. 赵尔丰[①]《筹办三岩告示及章程十三条》[②]

钦命头品顶戴尚书衔川滇边务大臣武勇巴图鲁赵，为晓谕事：

照得尔三岩久在王化之外，遂成蛮番之风，以犷悍为能，以杀掠为事。良懦者谓为无用，转受欺凌；桀骜者遂自称雄，群皆推服。父之子，子传之孙，世以相承，恬不为怪。夸夹坝而自高门第，阀阅俨然；立甲本而妄称长官，威风乃尔。戕人命以为戏，夺人财以自肥。入室撞门，时为比邻之害；强食弱肉，且操同室之戈。几于人尽匪徒，村皆盗薮，遇之即害，诛之不胜。惟是素无管理之人，未受教育之道，有生以来所见者皆犯法之事，所闻者皆悖理之言，习俗转移，天真沦丧。论尔罪固无可恕，推其情尚有可原。一经派兵往剿，咸知悔罪投诚，既有一线明机，自宜网开三面，宽其既往，励厥将来。该岩民果能洗心革面，从兹勉为善良，本大臣何惜舌敝唇焦，为尔广施条教。合亟示谕，为此示仰三岩男妇老幼人等知悉：

本大臣现准尔等投诚，即视之与良民无异。惟念尔等欲思悔过，不知所从，兹特拟定章程十三条例后，尔等果能敬谨遵行，犹如放屠刀而立地成佛；倘敢弁髦弃置，是甘蹈法网而自取亡身。为

①赵尔丰（1845－1911年），字季和，祖籍辽宁襄平（今辽宁省辽阳市）。初以捐纳任职广东，之后历任静乐、永济等县知县，并得到山西巡抚锡良赏识，锡良调任四川总督之后，随之赴四川任职。1905年5月，调任建昌道，负责平定地方土司的叛乱。1906年7月，清政府以“四川、云南两省毗连西藏，边务至为紧要”，决定设立相当于省级建制的川滇边特别行政区，以赵尔丰为川滇边务大臣。1907年，锡良离任，赵尔丰代理四川总督。1908年2月，朝廷任命其兄赵尔巽为四川总督，赵尔丰为驻藏大臣，仍兼任边务大臣。1911年4月，调任四川总督。辛亥革命爆发后，在“保路运动”中被尹昌衡擒杀。赵尔丰经营川边藏的数年里，“所收边地（指改土归流），东西三千余里，南北四千余里，设治者三十余区，而西康建省之规模粗具”，为1928年西康的建省打下了坚实的基础。赵尔丰对推动川边社会生产力发展所作的贡献，对国家、对民族、对社会所作的贡献：在政治上，废除土司制度，改设流官管理；在宗教方面，抑制寺庙势力的恶性膨胀；在经济上，禁止土司、头人、寺庙放高利贷，严禁炒作买卖土地，废除土司、头人、寺庙的经济特权，废除无偿劳役和各种杂派，鼓励垦荒，兴厂开矿，改善交通，发展邮政，统一度量衡；在教育方面，发展官学，打破了寺庙对于文化教育的垄断。

②陈家琎主编《西藏地方志资料集成》（三）第128页，中国藏学出版社2001年出版。

善、为恶，求福、求殃，在尔等自择，凛之、慎之，切切特谕。

——尔岩全村百姓既真心投诚，即是大皇上百姓，本大臣自一律看待保护。

——三岩从前无官管理，是以百姓不知礼义，即有冤亦无可伸诉，非互相攻杀，即互相掳掠，彼此报复，积久相沿，遂成为抢劫之风矣。论法则实无可恕，论情尚有可原。兹本大臣特为三岩设立汉官，留驻汉兵，以后如有冤抑，无论本村内外之事，皆向汉官控诉，为尔伸理。若有人来抢劫，尔等速报汉官，派兵追剿，获匪严办，不准尔等私相报复，又成仇杀劫夺之案。如敢私相报复，虽有冤在先，除为伸冤外，仍将报复之人照夹坝办理。

——三岩著名抢劫邻封，如巴塘、德格、江卡、乍丫、贡觉、察木多，无不恨之若仇，在本大臣处控告尔三岩抢杀之案，不下千余起。若一一追究，虽尽尔三岩之产，不足以赔偿之也。本大臣悯念尔等无知，从前未受教化，特恩施格外，大兵未到以前，各案一概不究，宽其既往，勉其将来。自兹以后，三岩如再有为夹坝者，无论为抢、为仇，为首、为从，为再犯、为初犯，一律斩首。

——三岩如有再当夹坝者，该家属及该村人捆送来案，即免其一家之罪；若不将夹坝送案，即将其家属及一村惩办。

——他村有夹坝，而此村能拿获送案审实者，立予重赏；不能拿获而指名报案者亦有赏；仍罪其隐匿不报之人。

——三岩之野蛮，由于子弟之不学，则不明道理、不懂王法、不分善恶、不知趋向。且既设汉官管理，而与汉官语言不通，文字不识，全凭通事传译。一有错误，则汉官之意百姓不能达，百姓之情汉官不能知，官民隔阂，于尔等大有不利。本大臣是以于蛮地所到之处，必先设学堂，以期语言相通，于民有益。且学堂除学生每日两餐各家自备外，其余不用尔等花费一文。挑选学生，自七岁以上、十五岁以下，皆应送其入学。现在学堂未开，教习未到，尔等可先将各家年岁合式之子弟开出姓名，候本大臣派员前往查看挑选。

至于学堂,尤应早为择地预备。一村有学生四、五十人者,即为一堂;若小村不足四、五十人者,即联合附近一、二十里内各村之子弟为一堂。堂中须预备桌凳,其式样由派往挑选学生之员自行指导。

——男子小时应入学读书。女子小时亦应入学读书,比男子尤为紧要。盖女子能读书识字,长大出嫁,生男育女,彼即可以自教其子女,胜于在学堂多矣。且此时虽设女学堂,尚无女教习,暂时仍用汉人男教习充当,俟将来女子教成长大后,即可为女学堂教习,可得修金。则全岩女子无一人不读书识字,岂不美哉!

——三岩本系大皇上地土、百姓,因从前未设汉官,又无土司、头目,是以尔等亦不知归谁管理,既不上粮,又不当差,习惯自由。今既投诚,种地者应即完粮,牧养牛、马者即应纳税。另有章程示谕遵办。

——本大臣出关以来,所有各处杂差一概蠲免。凡用乌拉及背夫、汤、打役等,自本大臣以下,无论何人均须发价。背夫一名每日发给银元半咀,乌拉一头每站发给银元一咀,汤、打役每日发给糌粑一批,临去再行酌赏。有不给脚价者,准尔等在汉官台前喊控。

——本大臣风闻,尔三岩于本岩人亦自行抢夺,实属无情无理。惟事属已往,大兵未到以前各案,一概免咎。以后均宜互相和好,不准仍记前仇,再行杀伤掳抢。倘有人欺侮之事,可向汉官控告,自能为尔伸理。若敢有仍前杀人抢人者,立即拿获正法,并将其家产充公,妇女永远充当小娃,或驱逐出境沦为乞丐。

——三岩从前抢劫,固属常事。然亦有并非三岩抢劫,而人亦误认为三岩者。如前次抢劫汉商,系德茹恶科之人,而被抢者乃指雄松为匪,皆由装束相同,莫能辨别。今尔全岩既皆具结此后再不为匪。惟难保他处之匪,或托名三岩在外抢掳,嫁祸于尔。何处之匪,蛮人或能辨之,汉人则不能也,使尔受诬,不亦冤乎!本大臣思之再四,惟有改装之一法。此时衣服难于遽改,只可从缓。惟有如汉人一样,先将前发剃去,后发辫紧,每日将面洗净,以与他处蛮人区别。如有夹坝,人见其非辫发之人,即与尔三岩无涉,此亦不辨自明之一法也。且人生天地间,第一贵重之品,与禽兽迥异,应爱洁净,好整齐,知礼法,行正道,方能与禽兽有别。今姑无论其它,尔等终日蓬头垢面,与地狱中活鬼无异,令人见之生憎,此又与禽兽何别。且飞鸟尚知自梳其羽翼,走兽亦知自舐其皮毛,人而不知梳头洗面,是直禽兽之不若矣。巴塘从前亦是不梳不洗,经本大臣定立章程,剀切劝导,今皆日日梳洗,改易装束,与汉人相同。其洁净整齐,人人见之无不赞美。况尔全岩为避抢劫之名,更当早为遵谕改装也。

——从前德格、江卡、乍丫、贡觉、察木多一带,凡有凶恶之徒,或为抢劫之匪,或犯杀人之案,在本处不能存身,即逃入三岩,以为避祸之计。尔等即乐于留之,不过喜其强悍,或约行劫,资其帮助;或知人虚实,令其引导,事后分赃,欺其寡弱,多与少与,任尔之便,此尔等所以最利用之。然此系夹坝用夹坝手段。今尔全岩投诚之后,即不再为匪,则此等人无所用之。留之且恐假尔之名出而肆抢,诱尔子弟一同为匪,是直一祸根也。嗣后如有外处之人前来投奔,不准私自容留,必须禀明汉官,行查其本处官长。来人果系良民,因贫来岩为人佣工,或佃种地亩,由官立案,听其居住;倘系夹坝,或系杀人逃犯,一经该处咨复,立即由官拨兵解往归案讯办。须知关外现皆归本大臣管辖,各处皆不容再有坏人。如来投者,果系匪徒,由尔报官拿获,不惟免尔等之害,且可为各地方除一害,并在本大臣处立一功也。地方官禀知本大臣,且当奖之、赏之。倘敢有私自容留者,一经查出,与匪同罪。

——以上十二条,本大臣不过就三岩紧要者言之。至于风俗习惯,或有偏敝之处,俟以后查明。其小者,由地方官随时改正;其大者,或禀由本大臣另定章程,临时斟酌示谕。总期将全岩改为完善之区,岩民皆为良善之人,是则本大臣厚望也。

宣统二年十一月三十日

4. 三岩投诚记[①]

〔清〕傅嵩炑[②]

三岩野番居德格之南，江卡之北，贡觉、乍丫之东，巴塘之西，跨金沙江之上，有上岩、中岩、下岩之分。自东至西，仅二百余里；自南至北，计四百余里。无土司、头目管束，各不相下；或数十户为一村，或百余户为一村，不相往来；各村亦常互斗，一人有仇，同村为之报复。岁时与汉人不同，与番人亦异。自耕自牧，草场地亩，疆界甚严，且以行劫侵殴为业，各属番人及往来商旅，无不畏之恶之。

清时屡以藏事出兵，不由三岩捷径，而绕道五六日程由江卡者，以三岩地险人强，难于克服之故也。昔年乍丫、江卡、贡觉遭其劫杀，合兵攻之，大败而还，死者数千。嗣三岩复劫大道。

光绪二十年间，川督鹿传霖，派夏提督及统领韩国秀率兵，并调巴塘、江卡土人往攻之。兵至下三岩，即被野番围困，乃议和，予以茶包，始得退兵，并割巴塘土司白类工地方一段与之。又为之请奖土千总、土把总两职，年给土饷银数百两，以羁縻下三岩之喇嘛数十户，藉以寝事。而野番抢劫如故，藏商屡遭其害。

光绪三十四年，藏人以兵攻之，经年不克，亦仅下三岩与之和息，该野番势焰愈炽。

---

①陈家琎主编《西藏地方志资料集成》(三)第138页，中国藏学出版社2001年出版。

②傅嵩炑(1869--1929)，名传山，又名华封，四川古蔺锅厂坝人。清光绪二十一年(1895)，试补学官弟子员，时年26岁。有鉴于县境匪患频仍，荼毒乡里，乃弃仕途，招募丁壮，筹办团练。不久当上团总，带兵肃匪，地方安靖一时，县人称庆。后入川滇边务大臣赵尔丰幕，委为"帮办"，参与川边藏区改土归流事务。宣统元年(1909年)，因随征有功，改任知府三品衔。赵尔丰调任四川总督后，傅嵩炑代办川滇边务大臣。辛亥革命爆发，川督赵尔丰被困，傅嵩炑率驻打箭炉军驰援成都。至雅安，被新军彭光烈部击溃，傅被俘解成都听处。当局劝降，傅华封不从；在监禁期间，写成《西康建省记》一书，记述清末康区各地改土归流经过，涉及政治、经济、军事、文化、宗教、民情风俗等。当局重其才，免予加罪。民国成立后，傅嵩炑以清朝遗老自居，曾一度去北京探望赵尔丰亲属。后，举办碗厂、油房等实业。

宣统二年，又劫夺官兵快枪，捆去官弁，殴伤放回。边务大臣赵尔丰乃派人查考地势，侦探路径，半年之久，得悉其情，先以告示谕之投诚，野番回书令官兵投之，否则相战以决胜负。嗣赵由察木多移驻乍丫。而乍丫、江卡番人纷纷恳攻三岩，且谓三岩不取，各处不安，难纳粮税，其意殆藉三岩之势，以为抗粮地步。惟时适有乡城兵变之事，一面派兵追剿叛兵，一面奏派傅嵩炑率兵攻三岩。十月初旬，兵分五路，约期进发。该野番地虽险阻，首尾不能兼顾，官兵竭力猛攻，旬日之间即入巢穴。官兵伤亡数十名，野番死者亦众，乃诣军前乞降，全岩肃清。宣统三年春，赵尔丰疏请建设流官焉。

按：三岩野番性情慷爽，无狡诈。劫抢之事，直认不讳；畏刑而不逃刑，可以纵囚归狱，有太古之风焉。

5. 三岩揭秘[①]

刘伟

第一章 冒雨进三岩

许多年以后,我翻看当年进三岩时写下的一些笔记,那时的经历依然历历在目。我的本子里记下了这么一段话:如果说人类社会呈梯形状发展,那么,西藏则是现今世界上少有留存下来的、人类社会发展史的"活化石",是我们这个星球不可再生的人文资源。从现代电子信息的文明程度到数千年前的自然生存的"原生状态",都可以在西藏实地观察到。

昌都是西藏东部重镇。我到昌都时,听到这样一个说法:西藏最剽悍的是康巴人,而康巴人中最剽悍的则是三岩人。西藏东部和四川西部藏区,通常被称为"康区",东部藏人因而被称为"康巴"。在拉萨时我就常见到康巴人,他们身材高大魁梧,宽袍大袖,头缠红穗或黑穗,外表格外英武。我听过这样一个传说,公元前336年,亚历山大率领马其顿军队东征,用短短四年时间,就征服了叙利亚、埃及和整个波斯。公元前326年,他又挥鞭直指印度,铁骑越过了印度河,大败波罗斯携带象群的军队。数次征战,马其顿的军队抵达印度最富饶的恒河地区。这时,热带的潮湿闷热、毒蛇蚊虫,使远离家乡的马其顿战士吃尽苦头。怨声载道的士兵拒绝东进,此时亚历山大的斗志亦锐减。当初,他征服了埃及,欲往西去,一路所向披靡,却见喜马拉雅山脉高耸云端,横在他这位不可一世的国王面前。伟大的亚历山大竟以为足迹已达全世界,征服了人类居住的所有地区。他寂寞地抚鞭叹道:世界怎么就如此之小呢?

①西藏自治区贡觉县地方志编纂委员会《贡觉县志》第949页,四川出版集团巴蜀书社2010年10月出版。

马其顿大军西撤时，在印度的北部山区留下了一支纯种的雅利安人。这支雅利安人后来分为三部分，大部分留在了恒河平原；另外有一部分北上，在克什米尔定居。现在那里的米纳罗部落的人，还保留着马其顿人古老的生活习俗；还有一部分雅利安人随着季节，沿喜马拉雅山远徙，在西藏东部的横断山区定居下来，渐渐演变成现在的康巴人。据说，二战时期，以亚历山大再世自居的希特勒，野心勃勃想征服全世界，但德国人口毕竟有限。这个战争狂人竟想出绝招，派遣党卫军专程到喜马拉雅山区，寻找纯种的雅利安后裔，准备从克什米尔山区的米纳罗人和西藏康区的藏人中选择部分英俊魁梧的男子，带到德国，与金发碧眼的雅利安女子交配，培养最优秀的雅利安人种，以满足法西斯德国统治全世界的需要。

昌都是康巴人生活区域的中心，我到昌都采访，才知道还有三岩这个地方。刚到贡觉县那个晚上，县委书记寸心灵到我住的县招待所来，他说："你想去现在生活状况最贫困的地方，在贡觉县就数三岩最贫困。"寸心灵带来一些材料让我随便翻翻。

深夜，招待所停了电，我就着烛光翻看寸心灵带来的一叠材料，其中一张发黄的纸吸引了我，上面写道：

1960年9月[①]，三岩宗与贡觉宗合并为贡觉县。三岩划为罗麦、雄松、木协三个区，有41个自然村，3个牛场，大小寺庙26个，2068个喇嘛，全部人口11288人。三岩是封闭性的特殊地区，东与四川康藏地区隔金沙江相望，西面连绵的高山峻岭与贡觉相隔，这里的社会尚带有原始性的父系血缘家庭集团遗迹，藏话叫"帕族"。

——《贡觉县关于三岩情况调查的汇报1960.11》

当夜我去县里找人，在县档案室翻遍了贡觉县保存的历史材料，有关三岩历史的情况片纸未得。

去三岩，去解开那里"帕族"之谜！

那天晚上，我很激动，就像美国记者发现了秘鲁腹地的印加城

①应为1959年10月。

堡，昏昏然中，一群手执火把的人把我劫持而去，他们脸上涂着油烟，头上插着长羽。在一个云雾缭绕的山冈，我看见了穿着皮衣的蓝鸟，看见了海地圣多明哥那个令人尊敬的酋长，他们发出无法形容的怪笑。我伸开双手，身后是一株巨大的榕树，一堆大火炙热烤人，我说："蓝鸟，我不能跟你到密林中去，不能"。

太阳从窗外透进一道尘光，天亮了。

吃过早饭，我们忙着打点行装，有鸭绒睡袋、录音机、照相机、压缩干粮、午餐肉罐头、手电筒，还有稿纸。离开县委大院，上午11点40分，发生了地震。一阵巨大的冲击力从脚下颤动着滚过，电线杆和房屋都在摇晃，人们尖叫着从各个房间跑出，一个女人大声喊叫她的儿子，向后院跑去。那一天，县里有三分之一的房屋裂了缝。待大自然的威力平息，我们向三岩进发。

在百万分之一的西藏地图上，由贡觉县向东南，有一个叫拉妥[①]的地方。拉妥在贡觉很有名，这倒不是因为拉妥是个什么有名的村落或寺庙，实际上拉妥是个有几户人家的小村子，拉妥有名是因为这里是贡觉与三岩的分界处。

我们在拉妥搭乘了一辆不带车厢的拖拉机，几个人挤在拖拉机驾驶室里，在简易的公路上行驶了十来公里。从拖拉机上下来，几个人脑袋上或多或少都有几个被撞出的包。我常年在西藏做记者，东奔西走，大小汽车都坐过，也坐过马车。但惟独到三岩那次乘坐拖拉机，颠簸在坑坑洼洼土道上的滋味永生难忘。和我们一块儿进三岩的是县委组织部长索朗贡布，他做我的翻译。索朗贡布腰间扎了一条皮带，挂着包了红绸的五九式手枪，皮带上有圈亮晶晶的子弹。从拉妥到三岩最近的木协乡，要穿越森林茂密的扎钦峡谷，峡谷间正在修一条简易公路，仅通了十来公里。索朗贡布带我们在拉妥路口一顶牛毛帐篷里喝酥油茶，而后，他走出帐篷，

①这里的拉妥实际是如今的阿旺，1988年撤区并乡前拉妥与阿旺是一个区，叫拉妥区，区政府所在地就在今天的阿旺。撤区并乡后分成拉妥和阿旺两个乡。

很神气地一挥手,拦下了一辆从县里来拉妥的拖拉机。看来这一带人都认识他,恭敬地和索朗贡布打招呼。索朗贡布不容分辩地让拖拉机手卸下拖拉机后面的车厢,送我们几个进山。他得意地对我说:"这下我们要少走十来公里哩。"简易公路到头了,前面一条马道蜿蜒伸进峡谷。公路边有一顶帐篷,里面住着一户牧民,不远的草地上有十几头牦牛,还有几匹马。看来这户牧民生活清贫,因为他们待客用的是清茶。帐篷里的烟熏得人睁不开眼,索朗贡布自在地盘腿坐在地上,他和看来是夫妇的一男一女两个牧民说着话。

我固执地要往前赶路,同行的电台记者张云华、西藏日报记者刘立强只好和我一起赶路,而索朗贡布说:"你们先走吧,回头我找几匹马追上来,我们得骑马走"。天气晴朗,如果真是二十多公里,又何必待在半路,我想我们是可以走到的。拄着桦木棍,走在青草柔软的山道,两侧是密密的山林,微风吹过,不时有野雉啼鸣。

过了很多年,在北京和同事谈起1985年我的三岩之行,所经所历仍然清晰在目。本来我可以死两次的,或许是命运使然,三岩不是我的归宿。

峡谷不宽,山脚下的树林多是桦树,山中间至山顶则是松树和杉树。走得筋疲力尽时,天色已晚。峡谷中风声大起,林间呼啸,接着乌云漫卷而来。我们三人拄着棍子深一脚浅一脚向前走,我说:"有户人家就好了"。两人不吭气,只是艰难地向前走。我调侃说:"不行的话,最多咱们找个树洞待一晚上,也许木协就快到了。"刘立强说:"也许钻到熊洞里去了。"张云华看了看表:"转过前面山嘴或许就是木协。"山风凉了起来,接着感觉到了稀疏的雨滴。山林已是黑影瞳瞳。说实话,下雨倒不可怕,可怕的是山林间的豹子或狗熊。山雨说来就来,一会儿我们的鸭绒外衣基本上湿透了,雨衣我们倒是带了,但用来紧紧包裹了我们随身携带的照相机、录音机之类东西。

在一块桦树林稀疏的山坡，我们终于看见了灯光，不过不是木协，也不是村子，而是两顶帐篷。我们深一脚、浅一脚赶过去。亮着烛光的帐篷里有两个人，他们惊讶地看着我们进来。我用蹩脚的藏语和他们交谈，知道两个男人是县里的民工，修简易公路打前站的。我们脱下湿漉漉的鸭绒衣。张云华毕竟是学藏语专业的，他接着叙述了我们的身份，抬出了索朗贡布的大名。两个男人很高兴，又多点一支蜡烛，并加些木柴使地上的火堆旺了些。我殷勤地从背包里掏出两听午餐肉罐头，就着烧开的清茶，和民工边吃边聊。两个男人说了许多称赞的话，张云华翻译说，他们佩服我们这三个汉人竟敢走扎钦峡谷。我在县里就曾听索朗贡布讲过，三岩人生性好抢好斗，扎钦峡谷是他们出没的地方，别说单身路人，就是马帮他们都敢抢，扎钦峡谷里前前后后不知被杀过多少人。当然，扎钦峡谷也是山豹、狗熊出没的地方，据说以前还出现过老虎。

一个民工带刘立强、张云华去了另一个帐篷，我和另一个民工聊了一会儿。他帮我用四个装满什么东西的纸箱拼了一个床，铺上雨布和一张看来是给我用的毯子，我钻进睡袋坐着记笔记，抽烟看书。雨越下越大，林间的呼啸声令人恐怖。民工给我当枕头的是一个帆布提包，里面装有硌人的小东西，我把烘干的鸭绒衣垫在上面。民工睡了以后，我又把所有的三支蜡烛都立在我面前的纸箱上，翻看卡西尔的《人论》。蜡烛快点完时，我已吸了好几支烟。

那天夜里，我听着风雨声和民工的呼噜声，迷迷糊糊睡去。

早晨，我在沉睡中被推醒，只见同帐篷的民工已起来了，他脸上是歉意，意思是要从给我做枕头的提包里拿东西。我抬起头，他拉开提包拉链，从里面取出了一包雷管。我一下子清醒了，忙问："包里是什么?"民工示意一下手里的雷管。我扒开提包一看，里面是几十盒雷管，还有许多零散的。天已蒙蒙亮，帐篷门口插着一根钢钎，上面盘着一捆导火索。接着民工又掀起床铺的雨布，拉出一个纸箱，打开一看，天哪！竟是一箱炸药。民工取出几包，又将箱子推回。我问:"四箱都是炸药?"他笑着点点头。我看看倾倒的残烛,心想,不必四箱,仅一箱就足以使我灰飞烟灭。

我到三岩去的第一个夜晚,就是躺在四箱炸药上,头枕一包雷管度过的。多年以后,想到此事,我总要想象扎钦峡谷轰然一声巨响之后的状况,不仅我,恐怕临近那三位也难以幸免,爆炸后的场面将是如何的狼藉。

我问民工:"你们是三岩人?"

"不",民工笑了,"是拉妥的。"

接着我挺认真地告诉民工,炸药、雷管、导火索之类的物品,务必要分开放,而且不得碰撞。

雨渐渐小了起来,峡谷弥漫着植物浓重的霉湿气味。

一阵马蹄声,索朗贡布骑一匹马从雨雾中出现,人影渐渐清晰,他手里牵了三匹马,原地转了一圈,抹抹脸上的雨水,"怎么样,昨晚过得好吧?"两个民工看来认识索朗贡布,钻出帐篷,殷勤地上前带住马,打着招呼。

在拉妥时,那个拖拉机手和我临分手时曾说,进木协只有二十多公里,可现在,我们在走了极其漫长的路之后,索朗贡布待我们骑上马,说:"得快点,走慢了怕天黑才能到。"

我惊诧地问"不就二十多公里吗?"

索朗贡布摇头说:"说不准,恐怕那是地图上的直线距离,反正还得走多半天。"

已是5月底,扎钦峡谷的山巅依然是皑皑白雪,峡谷底部细雨纷纷,白雾飘漫。一条曲折的山路穿行在峡谷间,路两旁散乱一些巨大的圆石,石上有斑斑点点灰蓝色的苔藓。小河流水湍急,冲击着圆石,在峡谷间轰鸣。

"三岩,翻译成汉语是什么意思?"我问并辔而行的索朗贡布。

"三岩嘛",索朗贡布说,"意思就是不好走的地方,一般人都是知道的,西藏人数康巴汉子剽悍好斗,在康区,三岩人的强悍更是出名,江东称我们这里的人是三岩野番。”

“哦。”

“要在过去”,索朗贡布挥手指两侧山坡上的密林,“十个商人的驮队路过扎钦峡谷,其中九个都要遭抢劫。就连当年四川总督赵尔丰的川兵,都不敢轻易经过这里。川兵、藏兵和后来进三岩的解放军都有人在这条峡谷被杀死。”我的思绪随着马的碎步起伏。……

两只黑亮的眼睛从密匝的青冈树叶缝中向外窥视。狭窄的马道弯向峡谷深处,山风微微,蓝天上有几团白云。随马铃声,那块黑褐色巨石后面转出一个马帮。马蹄踏得溪水飞溅。走在前面的六匹马驮着帐篷卷和牛皮口袋,四个赶驮人跟在后面,手摇树枝,大声吆喝;再后面是两骑马,马上的骑者身穿氆氇袍,平端步枪,东张西望。前面是一座木桥。两骑马刚踏上六根圆木搭成的桥面,一声尖利的唿哨,哗啦啦树叶乱响,跳出几个汉子,身穿羊皮袍,手舞长刀。骑者勒住惊跳的马,单手刚举起枪,“嘭嘭”两声枪响,两个骑者就扬着双手翻跌到桥下湍急的河水里,对面岩石后面,腾起两团白烟。接着是白亮的刀子在阳光下划着弧光,伴着几声粗野的吼叫,四个驮夫惨叫着倒在血泊里。几个汉子都是光着脚。他们牵着劫获的八匹马,兜转马头,一会儿便消失在林阴掩蔽的马道尽头。

“像这样的劫道仇杀,要是在30年前,和你们外地人一起进三岩,那是非遭遇上不可。”索朗贡布在马上转身对我说,山谷两侧静悄悄,野鸡在林中啼叫。雾在峡谷间流动,云缝裂出一线蓝天。这段峡谷显得宽敞起来,湿气里植物霉烂气味扑鼻。右侧的山林看来曾遭受过火灾,剩下的是些光杆树,模样古怪的半截焦炭树桩,生命已经流逝,就像复活节岛上的石像,默默注视上天。左侧的山坡,植被带层次分明,从山下向上,依次长着矮蓬蓬的青冈树丛,细嫩的桦树,再往上去是墨绿的针叶林带,最后就是云雾中闪出一些银光的雪岭。

我们碰上了三岩人。“嘎铁!”他们对我说。我扭头尴尬地看索朗贡布。

“嘎铁就是辛苦了。你说嘎麻铁,就是不辛苦。”

“哦,嘎麻铁。”我们笑着说,两个汉子咧着厚嘴笑,友好地握我的手,那手劲道十足,粗糙厚实。他们的衣着和康区藏族一般无二,年长的那个汉子嘴角上两撮尖细的胡须在抖动,和索朗贡布手拉手热切地说着什么;年轻的汉子身材魁梧,鼻梁挺直,一缕红穗垂在耳鬓,倒是满英俊潇,只是右眼角有一道很深的刀痕。

我们被引到山脚下一块草地上,这里有六个人,地上倒着几棵粗大的松树,两个穿黑氆氇的女人在烧茶,四块石头支一口天津产的平底铝锅,大伙儿盘腿席地而坐,面前倒上一碗酒,酒的名字叫“阿拉”,是土制白酒,青稞酿的。女人给男人们递上香烟,有的凑火点燃,有的嗅一下放进衣袍怀里。尖细胡须的汉子递给我一块风干的生牛肉,上面插着一把小刀,他小眼睛晶亮,我嘴里头一次吃进了生牛肉,味道还好,和熟肉不同就是血腥味太重。几个汉子对视一下憨厚地笑,牙齿雪白。

这是我们进三岩第一次碰上三岩人。

30多年前,当解放军作为外地人第一次进三岩时,遭遇的三岩人就和现在大相径庭了。说起过去的事,索朗贡布还感叹不已。……

这天和以前一样,月亮遮遮掩掩在云团中滑动,刚下过雪的山巅弥漫着灰白的冷光,随着一阵狗吠,宗政府那里一片跳动的火光,撕裂了寒气笼罩的山的宁静,时间是1953年11月23日。

山坡下,缺所冲(冲,相当于村的居民聚集地)。两座并排的三岩碉房(当地人叫做康尔)在夜色中显得格外高大,几个阿俄帕族的汉子或站或蹲在墙角,默默看着燃烧的山坡,火光映在他们脸上。再往左去几百米,十几座“康尔”紧簇在一起,那是夏牙帕族的居往地。有人咳嗽，低声说话。

火光重新被夜色温柔地吞没，白色的烟和低垂的云团融合在一起。狗吠不止，男子汉们披着衣袍三三两两聚到各自帕族的首领家里。

夏牙·马刺贡家。清茶在陶罐中咕嘟冒气，火塘四周围坐着二十来个夏牙帕族汉子。“嗨，听说红汉人很凶呢！当兵的长着鸡头，当官的长着马头，他们要吃人哩”。“三岩人谁都不怕的，那年赵尔丰的兵，我在扎钦沟里射杀了两个，当时我躲在树上……”。

“白马啦，别提你当时了，现在三岩宗本(宗本，县一级长官)都怕得不行，带人跑了，听说红汉人会飞，他一摸屁股，你脚下的地就要爆裂，石头要飞起来，冒黄烟，那些汉人最喜欢吃的是小孩，把小孩子手指切下来，装在袋子里当爆豆子吃。”

夏牙·马刺贡吸着自家的鼻烟，火光在他棱角分明的脸上跳动，默默不语。他转头看次仁顿珠。次仁顿珠拿着一根树枝在火塘灰中画，见夏牙·马刺贡看自己，放下树枝，拍去手上的灰。

“嗯，前几天我去江东，刚到白玉县，就听说有红汉人到了，德格土司归顺了呢。不过，嗯，红汉人，那边说是菩萨兵，嗯，救苦救难，长得和我们一样，就是不穿袍子，两腿分开套着黄布筒子。”次仁顿珠前几天去江东兑换货物，探听到一点消息。

就在这天夜晚，有一个连的解放军急速行走在通往三岩雄松的山沟里，他们正在翻过希莫拉山。白天躲在山间休息，夜晚急行军。

第二天清晨，白霜铺地，寒气蒙蒙。一个名叫扎西罗布的12岁男孩，打着赤脚，驱赶着十几头山羊和三头犏牛，前往缺所冲的草场。突然，孩子惊讶地站住了，咦，查玉拉山东坡怎么那么多小白团，哪来的羊子呢？白团移动下来，那是反穿棉衣棉裤的解放军战士，小扎西“阿妈”一声惊叫，转身向自家碉房跑去，村落边一座碉房平顶上玩耍的小女孩吓得哇哇大哭，飞快从独木梯上退着爬下去。“红汉人，红汉人飞来了！”

缺所冲人声喧哗，狗冲到路边转来转去狂吠。

夏牙帕族，阿俄帕族，还有其他帕族的男人，聚集在缺所冲路边，手按腰间长刀刀柄，有的手里端着火枪和钢枪。

解放军大约有一百多人，他们停下来了，一个通司（翻译）走上前来。“虾波（朋友），我们是金珠玛米，不是赵尔丰，是你们的兄弟。”

夏牙·马剌贡跨步向前，没有理会对他微笑的通司，停在背短枪的张连长面前，“嗖”地拔出腰刀，明显矮一头的张连长对着胸前的刀尖，摊开双手，微笑不动。

“嗯达，这里面是什么？”刀尖点在千粮袋上。张连长解开干粮袋，倒出一些炒豌豆，丢几颗在嘴里，咔嘣咔嘣，递过去：“给，好脆呢”。

刀尖缩了同来。看他们反穿的棉衣磨损不堪，许多棉花翻了出来，鼻眼清秀，也和我们差不多。夏牙·马剌贡腰刀回鞘，退后一步说：“你们飞过了查玉拉山，一定有神灵保佑。”转身走了回去。

解放军有两天没有进村，山坡上搭起了简易帐篷，接着就在冻硬了的山坡上开荒种地，盖房子，个头都差不多的战士向每一个过路的三岩人和气地微笑。

几天以后，张连长带着几个战士走进缺所冲，两个人背着画着红十字的皮箱，通司对三岩人说，这是医生，会治病的能人。那些人只是围着看，指指点点，通司告诉张连长，这些人认定药里有人肉和人血，吃了是要下地狱的。

三天，没有一个人来看病。

阿俄帕族中有户人家，大儿于俄洛正在家里养伤，张连长带了德色寺的大喇嘛德色其美来到缺所冲。德色其美从德格寺朝佛回来，他来给帕族里的人讲他的亲身感受。俄洛在五天前，去热那山打猎。他刚绕过一片桦树林，从青冈树丛中钻出一头黑熊。熊和人都愣住了，随即熊扬开双掌，呼哧呼哧扑了上来，俄洛灵巧地一转身，从熊身后握住了熊的脖颈，二尺长的腰刀反捅进了熊的心窝。暴怒的熊甩开俄洛，一掌挥在俄洛肩上，俄洛和熊一起跌进了山沟。

俄洛躺在火塘边，肩上、脸上的伤口敷了草药后，已经止血，但跌断腿的剧痛仍折磨着他。张连长带德色其美喇嘛爬上楼来，俄洛没有拒绝医生给他治伤。

后来，夏牙帕族的次仁顿珠又恭恭敬敬把解放军医生请到他家。儿子扎西罗布自从那天受到飞过查玉拉山天兵的惊吓，就病倒了，发烧哭喊胡话，医生用一根透明的管子给儿子打进一些神奇的水，吃了几片药。四天以后，扎西罗布就赶着牛羊上草场去了。剩下的白药片，扎西罗布的阿妈用一块细羊皮包起来，挂在了火塘上方油黑的梁柱上。

那个张连长，后来当了三岩解放委员会的军代表。

索朗贡布回忆说，像自己这样五十来岁的三岩人，大都还记得他。张代表矮个子，四川口音笑眯眯。……

1960年9月，三岩又进来了一个民改工作队。他们也像张代表那样，走家串户。经过几个月调查，工作队写出一份报告上报给了当时的西藏工委。报告认为：三岩是个特殊的地方，人们还处在较为原始的父系氏族社会，帕族与帕族之间并列存在，帕族内部人与人之间的关系是平等的，生产工具主要是木器，对外界基本上处于封闭的状况。这里不存在剥削，不存在阶级，当以特殊政策对待。工委回电指示：同一个帕族内有贫富差距，大帕族也欺负小帕族，剥削现象是存在的，不划阶级成分不妥。工作队离开三岩以后，祖祖辈辈只知道自己属于哪个帕族的三岩人，于是有了富农、中农和贫农。……

雨雾已散去，索朗贡布勒转马头叫我快跟上，前面两骑已消失在峡谷拐角处，脚磕鞭打，老黑马仍是慢吞吞走。“拐过去，就看得见木协村了。”索朗贡布掏出一支烟点上。

暮色降临，山谷开阔起来，诱人的烟火味随风飘来，前面山坡上耸立着几座高大的康尔，经过一株巨大的核桃树时，两只大狗从矮石墙后跳出，颈毛倒竖，露出白亮的利齿，冲过来扑向我的马。我抓紧马鬃，觉得那恶魔一样的大狗已咬住我的裤脚，要把我拉下马去。马惊恐地后退，两个三岩汉子纵步上前，抽出腰刀在头顶挥舞，“吓、吓”地呵斥，我忙策马绕过去，抬头一看，村口已经聚集了一些人。

第二章　三岩现在还有四十七个帕族

吃过晚饭，我们四个人和区委书记围坐在火塘旁。

晋美和索朗贡布看来很熟，两人大声说笑。断断续续的谈话中，晋美和索朗贡布给我讲了关于三岩的传说。

在一个相当遥远的年代，三岩有了一个男人，他从太阳落下的西方赶来一群大山，围在金沙江边，建起自己的家园。他的三个儿子叫他帕罗扎，帕就是父亲。大儿子吉觉玛，学会了父亲的巫术占卦，他后来成了三岩罗麦人的祖先；憨厚的二儿子加盖只会种地喂牛，他后来就是三岩雄松人的祖先；三儿子阿盖卡学神勇好斗，他住在木协，成为三岩木协人的祖先。

不知过了多少年，帕罗扎死了。儿子们相信帕罗扎的灵魂还在乃布神山上，在阿拉曲果神泉或是到马希果神泉和扎通曲果神泉，儿子们从那清亮的泉水中都可以看到父亲沉思的眼睛。儿子们，孙子们，一代代繁衍下去，就叫做了帕族。

许多年之后，我到横断山区采访甘孜藏区，先是由拉萨飞到成都，而后又从成都坐长途汽车西行甘孜，来到金沙江边的巴塘，江那边就是三岩。隔着从北向南流淌的金沙江，看江那边西藏的崇山峻岭，心中生出无限感慨。当年，我告别三岩亦是沿金沙江而行，不过当时是在江的西岸，而现在则在金沙江东岸。记得那时我骑马沿着江边山腰上一条细窄的马道，去访问帕族的一个村落。在拂面的山风中，从半山腰眺望江东茫茫群山，那边是现代文明日渐包围的地方，再往远方，越过中原大地，便是蓝蓝的大海。飞机掠过灰蒙蒙的天空，长长的火车在城市和乡村之间来来去去。而三岩的坡地上，同样是艳阳高照，妇女和儿童正在用尖尖的木锄在荞麦地里锄草，江边的两季地，大麦已经熟了，一些三岩汉子、妇女正忙碌着准备收割。

地理上一条不宽的江流，却在时间上拉开了巨大的距离，一段几个世纪的距离。

在三岩一个多星期的日子里，我仿佛穿越了时间隧道，亲历了这段应该数百年才能走完的距离。

我在三岩专门走访了一些七八十岁的老人，调查到有名称的帕族现在还有四十七个，开列如下：

木协区：跌尔帕族、雍宗帕族、安批帕族、那哥帕族、雄沙哥帕族、达穷帕族、阿苏帕族、甲曲帕族、布伦帕族、松朱帕族、折爹帕族、剑卓里帕族、朗哥帕族、姜固帕族、壤杰帕族、党松帕族、卓松帕族、阿俄帕族。

雄松区：马洛帕族、夏牙帕族、嘎哥帕族、夏龙帕族、希麻帕族、多吉帕族、扎鲁帕族、聂热帕族、地左帕族、卓麦帕族、哥巴帕族、卓那尼帕族、热学帕族、麻惹帕族、阿多帕族、佘巴帕族、夏鲁帕族。

罗麦区：乃达帕族、阿宗帕族、那革帕族、赞布帕族、土巴帕族、觉给帕族、沙罗帕族、觉盖帕族、天廓帕族、阿维帕族、贡青哥帕族、觉间则帕族。

三岩四十七个帕族中，乃达、跌尔、雍宗是三岩的三大帕族。

碰巧的是，我在与三岩一江之隔的巴塘也收集到了一些有关帕族的传说。

现在的四川甘孜藏族自治州巴塘县雅哇乡，至今仍有“帕族”

的父系家长制遗风。按当地传说，帕族的祖先是从天上来到凡间，祖先翁尼朗扎的六个子长大成人后，分别成家立业，以男为主，组成血亲部族，世代繁衍。雅哇区现在还有八个帕族，顺便我也开列在这里：贡布帕族、格妥帕族、巴戈帕族、领戈帕族、吉冉帕族、昌托帕族、呷戈帕族、布吉帕族。

从西藏和四州藏区分布的帕族来看，过去，帕族活动的区域相当广阔，横跨金沙江两岸。藏区我没有去过的地方还很多，其他地方还有没有帕族？有多少？这起码还是一个谜。我回到拉萨以后，翻看了一些藏学书籍，想找到一些有关帕族的历史资料，但是让我失望了。有一次我随手翻看蔡巴·贡桑多吉写的《红史》，眼前一亮，立刻浮想联翩。藏传佛教有四大派：萨迦、噶举、宁玛、格鲁。噶举僧人多穿白氆氇袍，俗称“白教”。噶举派在藏传佛教中支派最繁杂，其中一个称为“帕竹”的噶举支派，曾在西藏显赫一时。“帕竹”和“帕族”音很接近，这之间有什么联系呢？我又找了王辅仁的《西藏佛教史略》、罗桑却吉尼玛的《土观宗派源流》、R·B·石泰安的《西藏的文明》和达仓宗巴·班觉桑布的《汉藏史集》来看。读来读去，让人不得不产生联想。帕竹噶举的创始人帕竹·多吉杰波生于金沙江畔，从小在甲奇寺出家，后来进人卫藏地区，成为塔布噶举创始人塔布拉杰最著名的弟子。而塔布拉杰又是米拉日巴最有成就的门徒。多吉杰布在雅鲁藏布江南岸的一片沙地上，用树枝、茅草搭了一个陋棚，趺坐其间修行。后来帕竹噶举在西藏风云一时，元朝皇帝划分西藏十三万户让萨迦法王八思巴治理，将帕竹噶举势力范围，划为一个万户。吐蕃贵族后裔绛曲坚赞成为帕竹万户长以后，以他的谋略和帕竹噶举派的影响，很快将萨迦王朝推翻，建立了统辖全西藏的帕竹王朝，根据绛曲坚赞的实力，元朝封其为大司徒，给予帕竹噶举治理全藏政治上的承认。

有关藏史的书籍大多认为帕竹·多吉杰布离开康巴地区后，在雅鲁藏布江边如今桑日县一个叫“帕竹”的地方搭陋棚修行，创立的噶举派因地得名，称之为“帕竹噶举”。他本人也因此被弟子和信徒们尊称为“帕竹巴”。西藏对高僧的尊称都带“巴”的尾音，如“噶玛巴”、“格鲁巴”。但是自从去过三岩，我联想到其他的可能：即多吉杰布是金沙江边某一帕族的人，出家以后不忘远在横断山区的故乡和父辈神圣的血缘。他以帕族的出身，给自己修行的地方取名，后人再以汉文记之为“帕竹”。后来帕竹噶举声名远扬，元朝皇帝封该派首领为万户，直至掌管全藏政教大权。这样，“帕竹”就成了西藏一个著名教派、万户、全藏区地方政权三位一体的总称了。如果真是如此，金沙江边“帕族”这个古老的、带有浓厚父系社会痕迹的氏族集团，就有新的研究内容了。藏民族由生活在高山峡谷、大草原、河谷地区的多个氏族部落，经过漫长时间的融合，最后形成了有统一的文字语言、生活方式、共同的文化和宗教信仰的民族。“帕族”这一带有原始社会遗迹的氏族组织，其足迹从金沙江边远至西藏腹心地区，而且和藏民族有一段分量颇重的历史关系。看来得向有关藏学专家请教，深入探讨一下这个专题。

我们再回到三岩。三岩每个帕族名称就是这个家族最早的父亲的名字，并以父亲的血缘来划分。我了解到，三岩帕族有典型的氏族特点，每个家庭都有独立的房屋，由多个血亲家族组成一个“帕族”。每个帕族内，女性成员没有地位，男性成员相互之间的关系是平等的，同一帕族内部户与户之间互相帮助是极为自然的现象，不计报酬，而且同一帕族内的成员还承担血亲复仇的义务。田地、房屋、牲畜属于家庭私有，但牧场、森林、墓地属帕族公有。每个帕族一般都群居在一起，远远看去，坡地上房屋错落，既分散又相对集中。如木协就由十七个帕族形成一个“冲”。

过去，三岩的木协、罗麦、雄松三个帕族聚集地，就是一个松散的部落联盟，一旦对三岩以外的地方发生战争或械斗，这个松散的部落联盟就推举几个有声望的帕族首领，担任临时首领。对外没有战事和纠纷，三岩帕族就没有了所谓的共同首领，各个帕族便各行其是。由于血缘的不同,帕族与帕族之间有一种遗传性的抵触情绪。不是同一个帕族的男子相遇,出语稍有不逊,便拔刀相向,械斗和血亲复仇时有发生。三岩的男子以病死为辱,刀死为荣。帕族的首领是由帕族内部成员选举产生,不以年长为尊,也没有世袭。谁用生命捍卫了父辈的尊严,谁在帕族与帕族之间的纠纷、械斗中,筹划得当,战斗勇敢,在本帕族中办事公道,那么他就自然而然被帕族成员公认为首领,以前的首领自然就成了帕族中的普通成员。一般来说,每户人家里绝对权威是父亲。

第三章 博学的跌尔帕族首领阿达谈起历史

到那哥帕族仁巴家做客。

早晨,细雨接着昨天还在没完没了地下。穿上羽绒衣,在区委书记晋美家吃早饭。喝了两碗酥油茶,一小碗糌粑没有抓吃完。晋美进来。

"跌尔·阿达来了,你见不见?"

"快请进,请进。"

跌尔·阿达是木协跌尔帕族的首领,在三岩颇有声望。我想象中的帕族首领都是身材魁伟的壮汉子,跌尔·阿达却是个瘦小老头。他头上戴一顶绿色宽沿礼帽,脚上是蓝布胶鞋。解放军进三岩时,他给解放军帮助很大,后来是三岩解放委员会的委员,他说他和张代表共过事。71岁的跌尔·阿达现在是西藏昌都地区政协委员,在家休养。

我们盘腿坐在火塘边。索朗贡布一根接一根抽乌江牌香烟。我不会抽烟,但下乡采访口袋里总是装有过滤嘴香烟。我这次装的是前门烟。递给跌尔·阿达一支,点火,索朗贡布嫌过滤嘴烟没劲。

跌尔·阿达唠叨起三岩的历史,这是我感兴趣的。慢慢讲,让我把窗子打开，空气清冷，窗外满目青山。

以前三岩简单的称呼叫“热盖”，无人管辖。后来有了官，也没有法。那时候的三岩不像现在分成一个村子一个村子，每个帕族都居住集中，对，居住地就是一个原始部落，也因帕族父亲一脉的兄弟多，居住地也多，剽悍的热盖人，喜欢出动抢劫、偷盗。就这样，外地人惧怕三岩人，称热盖为“三岩”，就是坏地方的意思。

我发现阿达抽烟很厉害，几乎是一支接一支，而且还要把过滤嘴掐掉。他瘦削的脸上几乎没有胡须，不过眼睛很亮，自有一种慑人的威力。晋美向他介绍我时，他迟疑了一下，“什么是记者？”晋美笑着说：“是写东西的人。”阿达笑了，自信地说，写字的人他见得多了，不过，干吗挺老远到三岩来？晋美说：“写你呀。”我说：“不，是来写三岩。三岩是交通封闭的地方，西藏是中国的政策特区，三岩则是西藏的政策特区，因为这里生产条件太差，太封闭，外人很少涉足。当然，你是个名人，写三岩少不得要写你。”

跌尔·阿达看着我在本子上记录，接着说下去。

外地人第一次进入三岩，是在清光绪八年。那一年，三岩人，他们称为野番，在四川通往西藏的驿道上，伏击了驻藏大臣继庆的驮队，驮的是行李。于是清政府从四川调兵攻打三岩木协等地。第二次外人闯进三岩的，就是赵尔丰。记得是1910年。当时赵尔丰是川滇边务大臣，在这以前他还当过驻藏大臣，就驻在西康。那一年的9月，他派一个姓傅的将军率兵攻入三岩。

三岩的各个帕族对外的心，就像斧子的刃口，是齐的；对内的心，就像是锯齿，各有各的刃口。赵尔丰的兵在过扎钦峡谷时，经过一道溪水，从山上密林中飞射出一排箭，当即就杀了32个赵兵。那时候三岩人最好的武器是火枪，弓箭的箭头是青冈木削的，箭杆是鹰羽。赵尔丰的傅将军，叫傅嵩炑，带兵攻进木协，他们用的是钢枪。就在村口，一次就杀了43人。

1919年，藏军驱赶川兵出藏，赵尔丰的兵才退出三岩。记得藏历是土马年。西藏的噶厦地方政府随即在三岩设了宗(相当县)。第一任宗本叫索勃根根。他见三岩人衣衫褴褛,打赤脚,生产和生活状况都很原始,而且生性好斗,不受人管辖,就把外地人的蔑称“三岩”正式定名下来。这儿就不再叫热盖。解放军进三岩的前夕,三岩第六任宗本德麦哲和他的管家尼加就把宗政府从三岩撤走了。

我继续将我在三岩听到的有关决斗的事较为详细地写下来,这里除了人名虚构以外,事件绝对是真实的。

跌尔帕族最早的祖先叫阿金跌尔,说不清跌尔帕族有多少年历史了,100年前,跌尔帕族就有将近30户人家。

跌尔帕族在木协是最大帕族。阿达的家在木碾冲。阿达的父亲叫朗所。跌尔帕族有片牧场就在巴依拉山上,山那边是贡觉的地盘,山顶平缓,有几块半人高的圆石作为分界标志。以前,朗所在帕族中砍伤过达穷帕族的扎嘎。两个帕族相互斗死了不少人。扎嘎逃去了察雅宗。20年过去了,一直没听到过扎嘎的消息,朗所也由一个年轻的汉子成了五十多岁的老头。有一天,雨过天晴,朗所赶着十几头牦牛返回草场他家的临时帐篷。从那块刻着经文的巨石后面,站起一个年轻的汉子。他就像从地下冒出来的一样。精瘦的古铜色的脸上,没有任何表情,手里端着一支火枪。

“我是扎嘎的儿子布扎!”声音低沉。

朗所瞅着眼前黑洞洞的枪口,扎嘎还有儿子?从没听人说起过。

布扎嘴轻蔑地撇了一下,把枪丢在草地上,慢慢地从腰间抽出长刀。他“呀”地一声,挥刀砍向朗所,朗所在躲闪的瞬间抽出了腰刀。

地上,还挂着水珠的青草被两双大脚来回践踏,刀光闪烁,吼声粗野。无人约束的牦牛散走开去,甩动硕大的毛尾,各自悠闲地啃吃青草。一阵惨叫传来,朗所被布扎一刀斜劈在肩上,踉跄跌翻在地，接着又是一刃。

“阿爸！阿爸!”坡上的牛毛帐篷里钻出一个少年，飞快跑了过来。他就是阿达。

朗所躺在地上，两眼呆望蓝天，已经死了。阿达跪下，摸着父亲的伤口，满手是鲜血。

布扎呆立一旁，喘着粗气，一手捂着胳膊，指缝里流出鲜红的血。阿达看看手上的血突然狂嚎一声，从地上拾起父亲的腰刀，双手握柄，直捅进布扎的身子。当时阿达才12岁。后来呢，少年阿达为父报仇，杀死仇人的事，传遍了三岩。有人说阿达有神在助他，他出生的时候正逢转宗拉神山的季节。有人说阿达会变，还会飞。他变成巨人，能够举起2500公斤重的石头。总之，跌尔帕族的人为阿达喝了三天三夜的酒，他们称颂阿达是跌尔帕族伟大的先祖转世。从此，阿达的名字前面就加上了跌尔帕族的名字。

对，三岩每个帕族中有勇有智的人当了首领，帕族里的人就在他名字前面尊敬地加上帕族的名字。当然，12岁的阿达从那天起自然就成为了跌尔帕族首领，一直到现在。

跌尔·阿达踩着吱吱响的本楼板走到屋外。他转身对我说，有空到他家去坐坐。他指着河对岸的一块高坡，那里有几幢高大的土屋。看着阿达轻捷地从独木楼梯下去，我难以相信刚才听到的几乎是神话般的故事，竟发生在这个瘦小的三岩人身上。跌尔·阿达向村外走去，沿途有人和他打招呼。细雨已止，远处云雾缭绕的山谷，传来一阵阵野雉的鸣叫声……

清晨，我和索朗贡布站在一座高大的“康尔”(碉房)门前，这土屋高大得不可思议。抬头往门里叫人，再叫一声，一个男孩的脸从枪眼里向外迅速瞅了一眼，又缩了回去。门里的狗也许是听见声音陌生，开始疯狂地咆哮。门开了，是个老太婆，我对她笑，她的眼光里是疑惑，但还是侧身让我走进院子。

院内的木柱上，牛皮绳拴着一头黄毛大狗，咆哮的狗在老太婆手下疯狂地扭动，颈毛倒竖，牙全露了出来。如果那牛筋绳断了，我的感觉就是地狱里放出了恶鬼。再走进“康尔”的门里，底层黑暗，就着门外照进的亮光，看得见堆着的草料，几头牛从草上抬起头来，看着我们，嘴里蠕动着。几根立柱，上面是木板隔层，边上开有一个方口，竖着一只独木梯，我小心地爬上去。

上到二楼，当然，我让眼睛先习惯一下昏暗。然后向上看，有一个出口。到三楼，再到顶楼，再到顶层也是独木梯相连，看得见一方蓝天。

二层的房间宽大，看来是碉房的主要部分。往里走很暗，照明的唯有火塘里燃烧的柴火。独木梯口一柱尘光，像巨大的手电筒光束射进黑暗。

主人家的名字叫仁巴，属那哥帕族，81岁了。坐在火塘边的是他妻子，叫索朗拉姆。这时从独木梯上下来两个老妇人，好奇地坐在索朗拉姆后面，眼睛在我身上扫来扫去。早先索朗贡布就提醒过我，可别冒失地问“帕族”家里的女人的身份。三岩帕族的婚姻制，还不是配偶制，一夫多妻是常见的现象，一切以男性为主，娶了女人，如果不生儿子，则可再娶，直到生了儿子为止。这几个女人或许就是仁巴没有生过儿子的妻子。

索朗贡布拉过一个木槽，里面装的是炒熟的青稞粒，这是待客用的。抓几粒丢进嘴里吃，是对主人家的尊敬。一会儿，我的眼睛适应了昏暗，可以看到靠墙的木架上散乱搭着羊毛被，过节穿的新衣袍。木架上还站着几只鸡，扑上扑下，飞来飞去。由此我想象到远古时野鸡被人第一次捉来家养的情景。

在西藏下乡的经验之一是身上总要带烟。我将在拉萨就买好的“大前门”烟掏出来，递一支给仁巴，注意，仁巴用过滤嘴点火，我告诉他掉过来。

我说明来意以后，仁巴抽着烟很快地谈起那哥帕族的历史。他年虽古稀，却是非常健谈，说话速度之快，使人不免担心他会不会岔气。仁巴一口气足足讲了半点钟。而我的索朗贡布大人不紧不慢地往嘴里丢炒青稞粒。偶尔腾出嘴来翻几句话。

那哥帕族的祖先叫那哥沙学，说是活了一百多岁。有三个儿子，就这样。

我急了："怎么就这么几句，仁巴说了那么多。"

"都是迷信的事儿，不能相信，没啥好译的。"

"不，不，格拉（对有学问的人的尊称），"我恳请他"我是记者，什么都想了解。索朗拉，从传说中，我们可以了解一些民俗呢。"

索朗贡布吃几粒青稞，不紧不慢地，"仁巴老头说那哥沙学可以骑马踩云飞起来。就这些。"

仁巴不停地又在讲。

"格拉"，我停笔在本子上，恳求地看他。索朗贡布丢了手里的青稞粒，拍拍手。"好吧，那就听他讲完。"

仁巴清一下喉咙，用一种近似音乐旋律的语调，忽高忽低地说起来……

那哥沙学后来有一个孙子叫白马门久。白马门久15岁的时候，不知从哪里来了个姑娘，上身赤裸，下身围着虎皮裙，长得结结实实。她就是那哥沙学后来的孙媳妇。她给白马门久生了三个儿子。最小的儿子白马罗珠打猎种地，非常能干，养了七个儿子，其中六个儿子去当了喇嘛。他们学了不少本事，可以从这个山头一下跳到另一个山头，还会变牛变马。留在家里的那个儿子名叫塔依，塔依的儿子是哑巴。哑巴拆古的孙子叫德庆根巴。

德庆生下来的时候，是早晨，本来连续下了40天雨，这天突然晴了天。德庆的母亲从河里拾了一些绿色的石子儿，有胡豆粒大，穿成一串，挂在了德庆脖子上。德庆长到3岁时，父亲就死了，以后是叔叔抚养他。

到了9岁，聪睿的德庆竟然有了圆梦的本事，当地的居民都来找他。有一天晚上，德庆做了个梦，梦到自己来到一个遥远又陌生的地方，在那儿娶了个女人，这时德庆16岁了。于是德庆和叔叔不辞而别，出门流浪。他走到罗麦的时候，遇见了一个流浪的女子。德庆认出就是梦中的女人，带她回了家。叔叔见失踪了几十天的德庆突然带了个衣不遮体的女人回来，非常生气，他当然不允许德庆和流浪女子结婚。德庆少年气盛，当晚就跑到一个山洞里，打坐念咒经。

那天晚上，月光如水，万籁俱寂，德庆心中忽然一片空明，念经诅咒自己的叔叔，真是不该。想到这里，只觉得胸口酥痒，低头一看，原来是小时候母亲给系的绿松石项链。德庆恍惚之中，只见一个女子飘然来到眼前。德庆，跟我来。德庆缥缥渺渺跟在后面，觉得女子面熟。一会儿来到一个晶亮透明的屋子里。中间坐着个男人，皮袍上发出阵阵异香。男人说：德庆，你念经诅咒抚养你长大的叔叔，真是大逆不道。你是我的儿子。我要你离开家乡，你走吧。德庆醒来，仍然盘腿坐在岩洞里，洞外是凉雨习习，手里却捏着一张纸条，香气洋溢，是父亲给的。德庆按纸条指示，来到金沙江东一个叫沙马的地方，在这里找到一个名字叫多拉阿秋的女子。德庆一见那女子，就知道应该娶她为妻，父亲的纸上是这么写的。德庆祈求神明，神明告诉他必须隔离，独自一人打坐念完21部大经，这以后才能娶多拉阿秋。德庆选了一个僻静的地方，过了九天，他突然意念一动，多拉阿秋应该来，来吧。一天过去，昏阳西坠山中，多拉阿秋没有来，只是托人给德庆带去一袋糌粑。德庆微微一笑，把糌粑搁置一边，从岩洞中接下一碗名清水，用手指搅成一碗牛奶，然后默一下神，托来人带回捎给多拉阿秋。

那天大雪飘飘，多拉阿秋喝了德庆捎来的牛奶，然后出门去寻找丢失的一匹马。荒寒的山野，白雪茫茫。多拉阿秋深一脚浅一脚走了很远很远，也没有看见马的蹄印。女人筋疲力尽，拂去一块岩石上的浮雪，坐下打起瞌睡来。睡梦之中，只见一个手执长矛的男子走过来，接着就把她强奸了。惊恐的多拉阿秋醒来，只见白雪飘落，山谷空寂无人，低头一看，岩石雪地上，印着一个巨大的老虎脚爪印。山风呼啸的远处，依稀可见一只斑斓猛虎跳跃而去。七天以后，多拉阿秋生下一个男孩。生的这个儿子叫仁增次旺罗布，后来他成了一名高僧，云游拉萨时，被尼泊尔人恭请去做了活佛。多拉阿秋后来又生了两个儿子，一个叫觉向顿巴，一个叫扎西绕登。仁巴是觉向顿巴的第四代孙子。

“就这些？”我看着索朗贡布。

索朗贡布笑眯眯地，“就是嘛，那些迷信的事儿有什么好听的。”

我合上采访本，问仁巴：“阿尼啦（大爷），去看看行吗？”

“可以。”

仁巴起身，带我们爬上独木梯，上面一层有一个装粮食的仓库，圆木横叠做墙。一个上身赤裸的老太太颤巍巍地从里面出来，手里端着一小盆青稞。旁边一个门，走进去，是卧室。宽一点的地方看来是父亲睡的。几个并排的羊毛被在地上，也是睡人的。我问，一家人都睡在这儿？索朗贡布和仁巴已爬上了平台。那边是一个用树条编成的阳台，是厕所，向下解大便，就像飞机上丢炸弹一样，直坠到地。

上了楼顶，前面是平台，后面是几根木柱支顶，堆放些草料。平台上井字形码放着削尖的青冈木，木头看上去很粗大，我询问是做什么用的，仁巴回答说是木犁。

第四章 喋血冤家年年有偷盗抢劫 是三岩男子汉的美德决斗颇有骑士风度

我在三岩采访，听到最多的是帕族间打冤家、械斗的故事。那天跌尔·阿达走后，一位跌尔帕族的老头儿来找晋美，谈话内容是跌尔帕族一些青年参加修雄松区的公路与雄松区另外一些帕族青年打架的事，其中两人打了架，打人者被送回木协区，这老头是替打了人的儿子来找区干部说情的。晋美严肃地说，让他自己来认个错。老头儿一个劲说，下次再打架，书记就批评我，我就不再让他出去当民工了。晋美说，那好，认个错还去雄松干活吧。

当时抽着烟的索朗贡布对我说，如果在过去，恐怕又得大打一场了。他告诉我，帕族男人喜欢刀子、枪，住的居室也修得高大结实，过去几乎每年都有帕族间的“战争”。索朗贡布告诉我，他小时候曾亲眼见到解放军制止了一次帕族间的械斗，根据他的讲述，我以为当时的场景应该是这样的：

1954年7月的一个早晨。

张代表被人从甜蜜的晨睡中摇醒。他敏捷地翻身坐起，只见警卫战士小苏站在床前，门口还站着缺所村的村代表土旺。

“张代表，马洛帕族和夏牙帕族在拼刀子，就在坡下。”

张代表忙问：“怎么？我前天不是和阿达代表去调解了吗？他们说互相赔偿东西，不打冤家了嘛!”

“马洛帕族的人说，昨晚夏牙帕族从草场带走了马洛帕族的三头牛。”

“唉！那快走。小苏，叫王排长带上九班。”张代表裹腿也没打，就拎着驳壳枪出了门。

太阳还没有从金沙江那边的山后完全露出来，灰白的天穹，还有些凉意。村东头的一块缓坡土，一群人影搅成一团，沙土飞扬，其间夹杂着刀子格击的金属声。

“喂，别打了，住手。”张代表一边跑一边扣衣扣，战士们跟在后面。

刀子挥舞，没有人停手。

“把刀子收起来!”

张代表站下，朝战士们一挥手。战士举枪向天，排枪齐鸣，山谷里荡起巨大的回声。

激烈的搏杀停了下来，嘈杂的场面瞬间安静。披头散发的男人喘着粗气，退回各自的帕族人群，怒目相视，有的人受了伤。

四十多岁的马洛·阿松手里提着腰刀走到张代表面前，眼睛血红，发辫垂散在肩。

“金珠玛米，你们是好汉人，有神灵保佑你们。玛米来到三岩，不住我们房，不吃我们粮，也没有乌拉差。我们敬重你们菩萨兵，但是你们不能管我们的，管我们的只有父亲！这里是热盖奔麦弄巴，奔次麦弄马!”

他用刀在沙地上划，写出几个藏语字母:“知道吗？科热，热盖奔麦弄巴，奔次麦弄巴!”

张代表背剪双手，冷静地说:“阿松虾波，天下受苦人都是一家，都是阶级兄弟，怎么能互相动刀残杀呢？应该讲道理，好好商量。虾波，你砍伤了别人，只能使别人痛苦，心里好受吗？共产党是不允许穷苦人你杀我，我杀你的。虾波，你们都先回去吧。”

后来几天的采访中，我详细询问了三岩帕族之间如何打冤家、械斗的一些事。

这里讲两个三岩帕族打冤家的真实故事。

第一个故事:百年喋血冤家

本肖冲的女儿本牙玛在跌尔帕族中是公认的美女。黑红的脸蛋上恰到好处配着一对乌黑的圆服睛，端直的鼻梁，线条分明的嘴唇，圆滚滚的胳膊还可以抱起一百多斤重的石头。

本肖冲是跌尔帕族唯一的外来户，他是热那寺的加穷喇嘛引荐到跌尔帕族里来的，加穷喇嘛只知道本肖冲杀了人，有血债，从江东逃到三岩。那天，加穷喇嘛快要经过聂波神山的时候，在一岩石旁，看见了本肖冲父女。女孩子约摸3岁，哭得嗓音嘶哑，地上的汉子奄奄一息。加穷喇嘛怜悯之心油然而生，他背起这个男子来到跌尔帕族的木碾冲。该族出身的加穷喇嘛告诉首领，这是一条好汉子，身上有十几处刀痕呢。来年的春天，跌尔帕族与达穷帕族争占秋季草场，本肖冲一马当先，刀劈数人，最后他脸上斜着一道血淋淋的刀伤。和跌尔帕族的汉子一卡塔尼亚赶着截获的牛羊回到木碾冲。从那以后，本肖冲就成了跌尔帕族的一户外来成员。

这几天，女儿本牙玛总是躲着父亲，干活也不像以往不知疲倦。傍晚，本肖冲坐在火塘边吸鼻烟，听见楼下传来女儿痛苦的吼叫，他忙下了独木梯，见草堆里本牙玛抽搐扭曲，散乱的头发上全是草屑。

第二天，本肖冲和四个跌尔男子汉，迎着黎明，马踏晨露，赶到达穷帕族的村落。

“扎嘎，你像一头满山乱串的发情的公牛，竟敢私通了我的女儿，昨天本牙玛生下了你的孩子。按帕族的规矩，只要你娶了本牙玛，抚养你的女儿，那就什么事也没有了。”

本肖冲骑一匹栗色瘦马，马抽动皮毛，喷着响，对面是扎嘎和九个穷达汉子。

扎嘎：“生了个女儿？哼！你也算帕族人？要我娶本牙玛，可以，除非山上的松树结出大麦。”

本肖冲脸上的刀疤抽搐了几下，腰刀出了木鞘。当然达穷的男子汉也亮出了刀子，一个中年的穷达汉子用刀指着本肖冲说：“15年前，在桑嘎草场，你杀了达穷帕族的3个人，这仇还没报呢。”

后来的事，读者可以想到，本肖冲和四个跌尔汉子逃回木碾，身上都带有刀伤。

当天晚上，月明星稀，跌尔帕族三十几个男子汉突然袭击了桑嘎草场，把扎嘎的三百多只绵羊尽数掠走，混战之中，扎嘎的叔叔阿多死在跌尔帕族汉子们的乱刀之下。

十年以后，正当木碾后山坡上粉色的桃花开得篷篷一片，扎嘎带了一百多人突然出现在木碾。这十年间，跌尔帕族的人听说扎嘎已经跑到芒康去了。没想到他会带着达穷帕族的男子汉，直接杀到木碾来。那天中午，朗所正在山坡用木锄翻地，他听见山坡下人声、狗吠搅成一团，直到几声火枪嘭嘭响过，他才明白出了事。朗所丢了木锄，像山羊下沟一样，不择深浅，连跳带跑，奔回木碾冲，只见一片狼藉，几个跌尔汉子躺在血泊里，一些从地里赶回来的跌尔帕族的男子，面面相觑。朗所跑回家中，父亲蜷缩在独木梯下，双腿已被火枪打得稀烂，朗所狂吼一声，从楼上取下火枪向扎钦峡谷追去，刚钻过那片老松林，同一帕族的加穷也提着火枪追过去。当时正是初夏，峡谷里雾气弥漫，跌跌撞撞的朗所听见前面一群人走过来，听说话有外地人，朗所和加穷忙躲进林中，伏在岩石后面，扎嘎带来的人原来在峡谷的雾气中迷了路，过了一道溪水，又转了回来。朗所就在雾气里，加穷给他装枪药，像打岩羊一样，林子里一枪，岩石后一枪，直到黄昏降临，有12个高壮的汉子把生命丢在了扎钦峡谷。

三天以后，扎嘎和朗所不期而遇，结果是扎嘎的双腿也被火枪打个稀烂。

以后，跌尔帕族和达穷帕族你来我往地仇杀，本肖冲也死了，扎嘎死了，当然还有其他一些男人。

20年的风风雨雨，扎嘎的儿子被母亲带到察雅养大，布扎也像无数个前辈人那样，回到家乡为父报仇。布扎杀了朗所，阿达又杀了布扎的那件事，读者在前面已经读到了。

索朗贡布告诉我，跌尔帕族和达穷帕族打冤家，一直持续到1954年。在100年的仇杀当中，两个帕族一共死去250多人。

第二个故事:婚姻战争。

当代社会残存的原始部落,战争大都是因抢婚、退婚所引起。在三岩帕族频繁的氏族战争中,退婚引起的械斗仇杀最为普遍。

东达冲,夹在山谷中的一个小盆地里,这里居住着两个鸡犬之声相闻的帕族。一个叫阿苏帕族,一个叫甲曲帕族。当地人都知道,东达这个地方是聂波神山的山神吃祭牲所流淌积血的地方。阿苏帕族、甲曲帕族住在这里,也染上了血腥气,因而性格暴烈,生性好斗。

这件事发生在1957年。

7月的一天,扎西多吉像三岩所有的男子一样,在麦地里赤裸着身子收割,一个人骑马跑得呼呼喘气,汗水淋漓,停在路边,马上骑者是甲曲帕族的人。

“日久捎话给你,扎西多吉,他家不想娶你家的桑姆,你家的女儿另作打算吧。”来人说完又催马奔向来路。

扎西多吉的脾气暴躁得出名,他默默听完来人的话,又低头割他的麦子。一年前,也是在夏天,日久和扎西多吉两家订亲,扎西多吉出了两头牛、一匹马的丰厚嫁妆。本来桑姆是要在秋天去日久家做儿媳妇的。

在三岩,最大的耻辱莫过于自家的女儿被对方退婚,何况扎西多吉是公认的最讲究帕族尊严的男子汉,他的沉默预示着心里的火即将爆发。

四天胆战心惊的平静日子过去了,阿苏帕族的人才看见扎西多吉从他那高大昏暗的“康尔”里走了出来,怀里抱着一只黑山羊,后面跟着他那个头瘦小的儿子。

扎西多吉父子来到三岔路口,往右去是个小寺庙,里面隐约传来宁玛教喇嘛的念经声,往前走就去了甲曲部落。小路旁边的坡上有一堆圆石,上面还竖着一根十几米高的木杆,胡乱挂着的经幡在风中飘响。阳光照在扎西多吉苍白的宽脸盘上,他两只大眼睛看起来缩小了许多，黑山羊被杀在了路口，羊血被手指涂抹在刻着咒经的圆石上，旁边站着五六个阿苏帕族的男子，他们知道，扎西多吉家有人病了，否则这种驱邪的祭祀轻易是不做的。

那天晚上，星光闪烁，山风清爽，林中的麻鸡或者松鸡，和甲曲部落的人都已进入各自的梦中，当阿苏帕族的男子汉悄无声息地围住了日久家的“康尔”，只有天上圆月看见了他们的身影。大火噼噼啪啪从底层开始燃烧起来，日久家的男女老少才从梦中醒来，知道大祸已经降临。要出去是不可能了，很明显“康尔”四周已有了人，听得见扎西多吉在外面喊叫许久。

“科热(喂)，日久，你可以出来，不杀你。”

火中传出日久的大嗓门声音：“我儿子也要出去的!”

“他不能!”

“那我也不出来，扎西多吉，聂波神山会诅咒你的!”

风鼓动着大火燃烧，一会儿日久家的“康尔”在烈火中崩塌。

果然，就在第三天，甲曲帕族四个男子在荒野的阿苏帕族牧场截杀了阿苏帕族的一个男人，而且一反三岩帕族不伤害女人的习俗，用刀割去了扎西多吉妹妹的鼻子。

聂波神山的山顶依然是银光柔和、白雪皑皑，山下茂密的树林蒙着迷人的绿晕。在那炊烟袅袅的地方，阿苏帕族和甲曲帕族本来长达五代的仇杀已经停止，现在新的血腥仇杀又在这里开始。

过去在三岩，偷盗抢劫不是作恶，而是作为善被当地人颂扬。这里的男子汉的美德就是会偷会抢。他们出去偷盗抢劫就像下地干活一样，非常自然，成为当地男人谋生的另一种生产方式。在三岩，一家人当中如果有三个兄弟，其中没有一个能偷会抢，就会像懦夫一样遭到同一帕族男人的蔑视。偷盗抢劫归来的男子，总是得意洋洋，赶着他们劫夺的牛羊或者是背着抢来的物品，回到帕族的居地，这样的男人在帕族被当做英雄款待，而且还会受到漂亮少女的青睐。三岩人一般是到查玉拉山或者是金沙江东边去抢、去偷。偷抢本地其他帕族的东西，往往要引起帕族与帕族家庭之间男人的单独决斗，这种决斗就像中世纪欧洲骑士一样，颇有风度。

有一次，布伦帕族的朗玛路经朗哥帕族的牧场，顺手偷走了四只绵羊。正当他轻松地哼着歌儿翻过一道山梁，前面狭窄的马道上迎面来了朗哥帕族的达穷，达穷跳下马背，朗玛退后一步手按刀柄，达穷嘿嘿一笑：

“朗玛，神保佑过我，达穷家的绵羊不愿去布伦帕族，明天热那山沟见吧。”达穷跨上光脊梁的马，赶着四头绵羊下了山梁，愣神的朗玛朝地上狠啐一口，挥刀砍在土坎上的灌木丛，落叶纷飞。

第二天中午，这条山沟里没有一棵树一块石头躲过太阳的灼射。在一片草地上，手按腰刀刀柄，蓝天上全无一丝云，有两只鹰在盘旋。一会儿朗玛喘着粗气跑进了山沟。

“你的刀呢?”达穷问。

“我直接从地里来的。”

“哼，那好。”达穷连刀带鞘从腰间抽出丢在地上，两人虎视眈眈，发出一声吼，厮打在一起。

两人从草地翻跌滚打到满是卵石的地上，又滚过那道温暖的溪水。等两人狼狈不堪地站起来，太阳已经西斜，达穷的脸上被矮半头的朗玛抓了几道深口，头上还有一个卵石敲开的洞，“明天带上你的刀子。”达穷“呸”地朝流淌的溪水里啐了一口，伸开手掌，将从朗玛头上抓下的一把乱发掷在地上。

第二天同样的时刻，达穷和朗玛带了各自帕族里的两个证人，这一次是拼刀子。结果是达穷胳膊上划伤一刀，朗玛的肩背被砍了两刀，刀子跌落，歪倒在地。双方帕族证人调解的结果是，朗玛家赔给达穷家两张豹皮，然后达穷和朗玛双双向宗拉神山跪下，发誓以前的事就此完结。

这是一次比较平和的决斗，如果在决斗中哪一方死去一人，那么新的冤家仇杀，又将血染这一片土地。

第五章 在三岩的几则日记[①]

5月31日 阴 小雨

今天我们骑马穿过扎钦峡谷，来到木协。只见峡谷两侧，林木葱郁，奇峰入云，谷底弥漫着薄纱一样的雾，一匹劣乌，晃晃悠悠，载着我到那神秘的世界去。

来到木协，我见到了三岩人，他们衣着打扮和康区藏族一般无二，不同的是男子汉都穿帆布胶鞋。三岩人在1954年以前，几乎都是一年四季穿羊皮袍打赤脚。我对三岩保持着独特而完整的生活方式着了迷。就我个人而言，三岩的谜团我无法解开。西藏的魅力在于它呈现了一种文明的完整性，横断山区残存的父系社会形态，不是自然地由初级野蛮社会过渡到高级野蛮社会或初级文明社会，而是人为地缩短其时间过程，将其以阶级的观点划分，并再直接纳入国家的意识形态管理体系中。数十年前只知自己属于哪个血亲氏族集团，在较原始的父系氏族社会制度下生活的三岩帕族人，直接进入了国家这种高级的组织形式，以前一个个帕族聚集的地方“冲”，成为了国家最低级的行政单位——“村”。

人类在走着怎样的怪圈啊？从和睦相处的氏族集团到部落、民族、阶级，再到国家。不大的地球，被无数“国家”这个篱笆隔离开来，勾心斗角，战火不断。人们在不断地建着篱笆，又在不断地拆除篱笆。高级文明发展到极致，就又回归到原始社会初期，即人类的共同理想“大同世界”。从农耕文化到电子信息，时代在变迁，科学技术飞速发展，使人类原始时期的神话变成现实。科技进步了，人与人之间变得几乎透明，没有神秘可言。原始社会文明的低

①这几则日记为作者1985年进三岩采访期间所写。

层次，是因为生存环境太重要了，高山和森林阻隔了他们的目光，因而生存艰难、生活素质极差，但生活清贫的原始时代却有着崇高的精神。现代文明高度发达了，却物欲横流，精神世界充满了自私。把原始时代的崇高精神与现代的物质文明相结合，是不是人类社会最佳的，或是最终的优选呢？我们看到，血腥味极浓的三岩人械斗，剽悍中又带着一种放荡不羁的豪迈。以自己的力量来作为真理的判断标准，衡量是非孰与，这种精神不正是人类天生独立自由的精神？无论欧洲文明、亚洲和非洲文明，其中最重要的财富，就是独立自由的精神和真诚。所以，最美的艺术作品在于体现了人的个性，如梵高、毕加索、马蒂斯，魏晋的诗、明末的画；最有魅力的民族，就在其个性张扬、真诚待人。许多人从嘈杂的内地，或是从现代文明极为发达的欧洲美洲，来到西藏高原，立即被蓝天的纯净所感动，被生活在高山峡谷间西藏民族充满个性的生活方式所诱惑，其个中原因即在于此。

今天晚上，木协村民集中在小学的院子里跳圈子舞，我和昌都记者站的张云华、报社的刘立强参加了，他们和我一起来采写新闻稿。那个领舞的男子，跳得别说有多美，腰、腿、头协调灵活，姿势极为舒展。他们边舞边唱，就像壮族的三月三对歌。

一男唱：

是什么照耀在三岩呀？

众合唱：

金色的阳光照在这里，
年轻人像天上的云彩，
一百年我们也欢聚在一起，
祝你幸福吉祥如意。

我和三岩人手拉手，盯着他们脚，踉踉跄跄地跳，周围的男人、女人，大声地笑。以前不是一个帕族的人是决不可能在一起跳舞的。县委的组织部长索朗贡布，在三岩工作过12年，在木协区当过区委书记,他说我们是第一批进到三岩的记者。我感到很荣幸。

6月1日 阴雨

晚上醒来,从睡袋里抓了三个扁扁的虫子,打开电筒看是豌豆大的臭虫。腰上、腿上一片红疙瘩,屋里的气味令人窒息,早上起来一看,床下塞有一张皱巴巴的生牛皮,还没有干,发出霉烂的臭味。房间很别致,墙是整根的圆木横叠而成。

三岩房子"康尔"都是土夯的,低层畜养牛羊,二三层住人,顶层晾晒农作物或其他东西。房屋高达十几米,大都修建在地势险要的山坡上。这种碉堡式的建筑是中级野蛮社会的典型居房,上面没有窗,仅有的是枪眼。一来是帕族之间打冤家防卫用,二来作为气窗,给屋内通气,漏入些光,上楼下楼全凭一根砍出锯齿样脚蹬的圆木。我们住在区委的楼上,也斜靠着一根这样的独木梯。我走过独木桥,爬独木楼梯却是生平第一次,手脚并用,战战兢兢,惹得木协男女在旁边哧哧地笑。

旁边的房间里,一个妇女姿势优美地在打酥油茶,我举起相机,她捂着脸立马转过身去。我转身下楼去,她挑逗地又叫:"科热!"指指相机,我又举起相机,灯光一闪,她又捂了脸。灯光从楼下引来两个少女,留着平头,她们要看相机,我端着相机让她们轮流看相机窗口,她们立即惊讶地瞪大眼睛,叽叽喳喳说个不停。

6月2日 阴 小雨

在蒙蒙细雨中,我去了木碾村口的两户人家。路边有个妇女带两个女孩子在翻地,用的是木具,准确地说是一根木棍上用牛皮筋绑了尖尖的青冈木片。我注意到,在三岩,当地人的劳动工具或是生活用具,很多都是木质的,这大概和三岩地区高山环绕,森林茂密,就地取材有关。当然,主要原因还是社会形态处于较低层次,相对封闭,生产力落后。我见坡地里有许多石块,大都是巴掌大,就问晋美为何不把石块捡出来丢弃?他笑了,说:"看来你对种粮还外行，三岩大都是这种坡地，一下雨，水把泥土冲走了，出太阳又晒得地里冒烟，留下这些石块一是保留泥土，压泥；二是石块下可保留些水分。”后来我回拉萨到农业局请教一位专家，他告诉我，这是西藏特有的田地保墒的方法。

人类文明的历史也可说是使用工具的历史。从火的发现，石器、木器到耕种畜牧，再到后来的机器发明等。而我亲眼目睹的三岩人，与我们生活在同一时代，地理上距较发达地区不过数百里，但他们仍处在人类原始时期的木器时代。这对研究文化人类学的人来说是幸事，是不可多得的“文化化石”；但对三岩人，则是不幸，太不公平，他们本应生活得更好一些。

晚上区上演电影，我没去看，和在屋里烧火的通讯员聊天。他说区里有三部影片：《金沙江畔》、《海鹰》，最新的是《小花》，从他比划的看，是16毫米片子，反反复复放了无数遍。

他以前是个猎手，告诉我打死过五头熊，六只豹子，至于獐子、羚羊、岩羊等他记不清了，他指给我看火塘上方吊着的一个小黑皮袋，有拳头大，说是熊胆，挤了点汁给我尝，咖啡色，味极苦，通讯员说要卖60元。他起身又取出一只熊掌给我看，说，5元一只，买不买？我掏钱买了四只熊掌。通讯员从一个袋子里抓了一大把盐抹在熊掌上，说这头熊是四天前打的，揉上些盐巴，熊掌不会坏。

6月3日 阴 雨转晴

早上起来雨就下个不停，踱出屋门，俯崖上孤独的房子在雾气中朦朦胧胧，像是没睡醒的样子。我们要去雄松区采访，区里派了一个汉子到山上草场去给我们牵马，给他5元钱做路费，区委书记晋美次仁掏的腰包。

晋美介绍了一些三岩的情况。

这个世纪初期，进入西藏的赵尔丰川军被西藏地方政府驱赶出去以后，噶厦政府趁机在过去很难进入的三岩地区设立了宗，这是相当于内地县一级的行政管理组织。以前三岩是个宗的时候，从自然地理上分为罗麦、木协和雄松三个地方。西藏和平解放以后，三岩和贡觉合并为一个县，上述三岩的三个帕族聚集地成了三个区。这里处于金沙江狭长的地带，山高谷深，气温呈垂直变化，年降水量400多毫米，全年无霜期约为80天，冬天最冷可达零下25度，夏天又热、最高气温可达到38度。

三岩现在一共有12000多人，晋美打开他的笔记本介绍道：木协区，有11000多头牛羊，人均口粮130公斤，人均年收入200元。我想起在县里看的资料，1960年三岩人共11000多人，20多年过去了，人口增加不到1000人，这要在内地，将是最好的计划生育成绩。但是在三岩，只能说明生产水平落后，生活水平低，没有起码的妇幼保健和医疗卫生条件，所以人口出生率和成活率较低。我在西藏生活时间长了，对这类情况也见怪不怪。在晋美的木板房里，我俩坐着聊天，他在谈了木协这些年的变化以后，心事重重地说，他想在村后河的上游修个小电站，木协和雄松的村民至今还没有电灯，雄松后山很陡，山上水流湍急，而山下有条不宽的河。从水量看，完全可以建个十几个千瓦的小电站。晋美说，本协和雄松大都是坡地，光靠种田，村民永远贫困。在金沙江畔的崇山峻岭中，三岩的帕族也渴望过上好日子，他们生活的贫困难道就像一座大山一样永远不变吗？晋美指着窗外的大山问我，此时他的眼光正扫向江的对岸。

6月4日　晴转多云然后是大雨

早晨，晋美带了木协村的一些男子来送行。我一连喝了三碗酒。上马的时候，头晕晕然，走上热那山的马道，我回首望去，晋美等人还站在木协区委所在的土楼前。几幢高大的土屋渐渐陷在树丛和青色的炊烟中。

从地图上看，木协距雄松并不远，但中间却隔着热那山。这座大山一片葱郁，山下是桦林、灌木，然后是青冈林，再往上便是松树、杉树。山林间，一条仅能过一匹马的窄道蜿蜒向上。很多地段索朗贡布都要走在前面，他时常跳下马来看山道旁的土迹，他说有熊走过的痕迹，地上土看来刚被刨过。渐渐林间雾浓了起来，从高度看，已走进山腰的云带。

到了山顶，是一片开阔的青草地，植被稀疏。下山时已无刚才云雾缭绕林间的景色，山这边的雄松区海拔明显要高一些，山坡上除了不多的一片片草甸，就是干燥的卵石沙地。刚翻过山，只见乌云涌来，一会儿就下起了大雨。我在马背上做了个褡裢，一边是装四个熊掌的面布口袋，一边拴了摄影包，尼康相机我挂在身上，变焦镜头掖在怀里。在晋美家烘干的鸭绒衣这时又做了雨衣。

雄松区的房子比木协好多了，区委是一座刚建起不久的楼房大院，天井式的院子里，二楼四面是带木栏的走廊。区委副书记阿冬在家。他非常热情地给我们烧水。天已黑了，外面群狗狂吠一通又安静下来。一天没吃饭，肚子饿，阿冬特意给我们煮上一锅米饭，我馋坏了，到三岩几天，是第一顿吃上米饭，可惜没菜，好心的阿冬提茶壶给饭碗里倒上些酥油茶，说实话，用油腻的酥油茶泡饭，是我吃到的最难以下咽、味道最怪的一顿米饭。

6月5日 晴

阿冬带我们去绒巴村，那个村在半山腰上，离区里有半天的马路，这是一条我有生以来走过的最险的路。马道仅能过一匹马，右手一侧紧靠山坡，左手一侧便是令人目眩的陡坡，往下去，坡底便是金沙江，它像一条灰黄的长蛇，徐徐穿行在高山峡谷之间。宽阔的天际，几只鹰在无声滑动。

绕过一段山凹时，不知什么原因我骑的马突然惊了，它猛地停步，接着前蹄高高扬起，我只觉得失去重心和平衡，两手在空中乱抓着从马背上向前跌了出去。也许是我命不该绝或马通人性，我的马同时也摆了摆脖颈，这使我腾空的身子在瞬间改变了方向，头向下直接撞在岩石上。等阿冬拉住了马，我坐起身来，仍心有余悸。

坡下便是悬崖,再下面就是奔流的金沙江,高度恐怕得有几百米,如果掉了下去,真正会尸骨无存。我走了很长一段路,等山道稍宽一点,才敢再骑上马。我庆幸的是,只不过额头碰出一个很大的包。

绒巴村是个只有八年历史的村子,因为这里是金沙江畔东向的坡地,不像其他都是一个帕族聚居的村子。如今三个帕族和睦相处,一起修水渠,还一起到山沟里砍伐木材,用刨空的半圆木连接做引水水槽,村里离水源远,水渠长五公里,从坡上引入村中的木槽达八百多米。

临江的高山上多石少土,植被更少,山沟里倒是树林茂密,有熊、狼、豹子,最可怕的是蛇很多。村长阿多告诉我,协中山距绒巴村约两公里,出村子不远,在陡峭的悬崖上有一处年代无法考证的洞址。我们在村里待了一会儿,立即赶去山崖下,远远望去,崖壁上,七个洞穴像蜂窝一样聚在一起,洞口有泥抹的胸墙,还支着木柱,有的墙已经倒塌,我猜测可能是早期穴居人的洞穴。

下面是57岁的绒巴村村民马多吉讲述的有关协中山鸟人的传说。

很久以前,在协中山洞住着一个鸟人家族,雄性的叫夏雄普,雌性的叫夏雄姆。鸟人长着鹰的脚爪和翅膀,雪鸡头,身子和手却是人的模样。鸟人看见崖下坡地里老百姓除草或收割大麦,就振翅飞下去把麦地踏得稀烂,有时候也抓走放牧在山上的牛羊。有一次,鸟人在洞口看见地里有两个男人在耕地。它想,前面这个人牵着两头牦牛走,一定力大无穷,不要招惹他,后面这个扶犁的人看来很一般,鸟人从空中俯冲下去,抓走了扶犁的人和两头耕地的牦牛。后来江边村子里的老百姓了解到鸟人喜欢模仿人的动作,就想出了一个法子。

一天中午,太阳炎热,村子里的男子汉说说笑笑来到地里,他们带着盛满水的陶罐和抹了白灰土的木刀,在地里劳动了一会儿,这些男人就在地头树荫下席地而坐，捧着罐子尽情喝，然后又跌跌撞撞用木刀相互砍杀，也自己砍自己，鸟人挤在洞口好奇地看着人们的举动。黄昏，人们离开地头的时候，故意把盛满了阿拉白酒的罐子和锋利的腰刀丢弃在树下。

第二天早上，村子里的男人们结伴来到坡上，只见地里横七竖八躺着鸟人的尸体，蓝色的鸟羽晨曦中闪着华丽的光泽，鸟身互相砍得鲜血淋淋，罐子里的酒被喝得精光。鸟人家族只剩一只雏鸟，飞到则达一带就飞不动了，刚一落地，就被当地人打死。

后来，有个叫丹江的喇嘛，带着那巴村的次旦，来到协中山悬崖顶上。他想看看洞中究竟有什么，丹江喇嘛用牛皮绳拴在次旦的腰间，自己爬在山顶，把次旦吊下悬崖。次旦下到洞口，探头往里看，胸墙是用树枝编的，还砌有泥石，上面抹的泥留下一些指印沟，比正常人的指印粗两倍，洞口还有一些腐烂的驮鞍，次旦正要进洞，只见黑森森的洞里闪动着幽蓝的光，吓得他急忙摇动牛皮绳，回到山顶。丹江喇嘛是1959年去世的。

洞口距地面不高，走近目测一下，距地面约有20米，距崖顶也有20米。崖壁峭直，左右无路，要爬上去是不可能的，我拍了些照片，阿多等绒巴村的人敬畏山洞，远远坐在草地上。我仰望高处神秘的洞穴，从能飞行的鸟人，想到非洲人和美洲人有关外空来客的传说。

当然，这则传说也反映了原始时期洞穴人和山地居民交往的历史，人类学家或许能从协中山洞的考察中揭开一个谜，即三岩帕族的祖先，可能就是土生土长的洞穴人，这些洞穴人的生活遗址，也可能为西藏民族形成提供有力的例证。或者，洞穴人是远方迁徙来的居民，如同桃花源里的人一样，选了这个高山大江与世隔绝之地生存，躲避战乱，不知有汉，无论魏晋。最后，三岩帕族的尚武好斗，使生活在洞穴中更为原始的居民最后不得不远走高飞，移居他乡。

我和张云华来到悬崖脚下，在乱石中翻找，我希望能找到些原始时期洞穴人用过的石斧、骨针之类的东西，当然有化石更好。结果还真的找到一块化石模样的石块，锥形，底部有打磨的痕迹，于是我高高兴兴地带在鸭绒衣兜里。那边小张惊呼有蛇，我浑身一紧，忙逃离崖下，用105毫米变焦镜头看去，一条石缝中果然盘着一条粗蛇，隐约可见身上的花白点。

离开绒巴村时，黑瘦的阿多和几个老乡携带酒壶等候在路旁，我眼睛发热，挽缰在手，喝了一大碗阿拉白酒。山风吹乱我的头发，骑马绕过了山嘴，回头望去，那几个人还在路口朝我们招手。

第六章 三岩妇女生儿即为家庭主妇 否则永为奴婢

在前面第三章里写过，我在木协村那哥帕族的家做客时，发现他家有好几个年龄相仿的女人，只有一个女人可以和仁巴一起坐在火塘边待客，其他三个女人依次远远坐在昏暗的房间里。后来索朗贡布告诉我，那几个女人都是仁巴的老婆，因为其中一个生了儿子，身份便是家庭主妇，其他女人便听命于主妇，操劳家务。

三岩，一切都是男性为主，父亲至高无上。三岩的妇女除了操持家务和在田地牧场做活，完全被排斥在帕族的事务之外。同样的太阳和月亮，外边的世界女性独立自主安排自己的命运，没有文化的三岩妇女只知道服从，服从父亲，服从男人。

女孩子都以自已的秀发为骄傲，藏族姑娘也不例外。例外的是三岩的女性，三岩的女孩子从小不留长发，每年要剪一次。在这里15岁是女孩子成熟的标志，在这以前，区别男女孩，除了清秀的面容外，主要是看服饰。女孩子到15岁就算成熟的年龄，那时，就可以留长发了。

我在三岩采访中，特别留意了一下三岩妇女的地位，在这个原始父系社会制度现象残存的地方，妇女又是如何生活的呢？下面是我采访到的两个例子。

个案一：

次仁群宗留了三年的长发，就出嫁给了那哥帕族的阿本。这里要说明一下，在三岩是没有亲家这个概念的。男方娶了配偶，不过是为了延宗继嗣，保持父亲的神圣血缘能够一脉相承。女人嫁到男家以后，就属于男方的人，男方和女方家庭没有任何来往，如同陌路人。

群宗在阿本家早上起来第一件事是到楼底层牲畜圈挤牛奶，然后上楼用两块圆石磨炒熟的青稞；要过好多年以后，三岩妇女才使用上了用三个麝香、两张豹皮换来的手推石磨。三岩的习俗是，家中不储备糌粑，做媳妇的最繁重的活儿就是每天要磨出全家人的糌粑，早上吃的早上磨，中午、晚上吃的就在中午、晚上磨。糌粑放在木槽里吃，用上内地产的瓷碗也是好多年以后的事。一年当中只有半年的日子能吃上炒大麦粒、糌粑，冬春是以圆根、荞麦为主食。阿本家还没有穷得尽喝圆根汤。吃过早饭，当太阳光慢慢溜进阿本家坡上的青稞地，群宗就拿着木锄出门。如果种有荞麦地，就先去荞麦地松土，地里的石块是不扔的,斜坡地一下雨，泥就往下流，那些石块可以压土。如果荞麦地的土昨天已经松过，青稞地里的草昨天已经拔过，那么群宗今早就要赶着牛到那哥帕族的草场去，有马的话，早上还要喂马。阿本家没有马，只有一匹矮小的犍骡，马对于三岩人来说，是最贵重奢侈的家产。到了中午，群宗还得坐在火塘边，炒出一大锅青稞。一把一把丢在锅里，一边炒一边还要用一根缠着破布的树枝沾少许灰碴在热锅里，据说这样可以增加青稞的碱性。晚上，群宗又得赶去草场，把牛赶回家。那条小路全是小卵石，还好，群宗从来都是打赤脚。

就这样一年过去了，群宗必须得生一个孩子了。阿本紧绷的脸上总算有了笑容，平时群宗必须做的活儿现在都可以不做了，到了不能再等的前一天，群宗躺在火塘边，阿本的母亲在一旁接生，终于,那关系着群宗今后命运的小生灵降临人间,做父亲的要在忐忑不安的心境中熬过七无,这七天按风俗是必须等的。好不容易迎来了第七天早晨的太阳,从母亲手里接过那小生命,阿本有点手忙脚乱地掀开包裹婴儿的旧氇氇片,哦,神山保佑,生了个儿子!前来祝贺的同帕族的男子汉们欢呼起来,阿本连喝了三大碗阿拉酒。实际上最高兴的还不是阿本,而是群宗。因为从这天起,群宗在家就取代了原来阿本母亲的主妇地位,家中事务可以自己做主安排一部分了,活儿也少了许多。

个案二:

绕过夏日神山,拐进一条沟去,就是哥麦冲,热琼就住在这里。他是卓约帕族的人。热琼娶了两个老婆,都没有生下儿子,现在他又去普巴帕族娶来了16岁的普珍做了第三个老婆。转眼间,接羊羔的季节到了,可是普珍还是可怜巴巴地坐在火塘侧面的阴影里,山上的麻鸡、松鸡、雪鸡烦人地一声接一声长啼。

好不容易到了宰羊的季节,普珍不再躲躲闪闪热琼焦急的眼光了。这一次热琼请了两个宁玛喇嘛,在家念了一天降生经。第二天普珍在下独木梯跌下来流了产,无可奈何的热琼又眼巴巴地等了一年。到普珍临产的时候,就把她安置在了牛圈的草堆里,这样可以避邪,鬼不再来拉走出生的孩子。

那天晚上,热琼盘腿坐在火塘边,直到牛角鼻烟盒里再也磕不出鼻烟,他听到求楼下普珍撕裂人心的吼叫,整整一个晚上,楼下安静了,伴着牛嚼草的声音,传来婴孩尖厉的啼哭。天刚蒙蒙亮,热琼顾不得必须等七天的规矩,像鱼一样倒着滑下独木梯。普珍的湿发贴在脸上,眼里惊恐,草上是血,热琼粗鲁地把婴儿丢给慌乱伸手的普珍,婴儿大哭,做父亲的看也不再看,像狗熊一样呼哧呼哧爬上楼去。

普珍在第二天就赶牛去了牧场,羊皮袍里兜着一无所知的女儿。热琼没有上山去打猎,直到天黑,装满阿拉酒的牛皮袋喝成了空囊。

在三岩，男子汉没有儿子，就不算真正的父亲，出门都要像狗一样垂头走路。总之，神山神水漠视热琼滔滔不绝的祈求，神灵的慧眼也从未向他张视。热琼到了60岁，娶下的第五个老婆竟连女儿也没生下一个，后来那个女人和普珍出走，离开三岩去岗拖一座山里当了尼姑。

第七章 打开三岩人的心灵之门

离开木协不远的一座山口，有一个小寺，寺是土石修建的，很低矮。我去的那天，一位喇嘛正坐在昏暗处念经，门口坐了几个三岩男人。本来我想进去，但坐在门口听讲经的中年汉子很反感地看我，摆摆手不让进。

寺门前山脊上修有两座白塔，跟在几个妇人身后，我按顺序从左向右转经，并向白塔丢弃了小石片。

三岩寺庙主要是宁玛教派(红教)，也有原始的苯教寺庙。当地有三个大的寺庙，名字分别是察然寺、白日寺、瓦底寺。小的寺庙则无具体数目。和我常去的后藏一带相比，三岩这个地方宗教气氛要淡得多，寺庙也很少。但是，原始的拜物信仰和巫术在此地却相当流行。走在切所村外窄窄的道上，我问索朗贡布："现在的三岩还有巫师码?"

他问我："是要写在文章里吗?"

我说："主要是想了解一下。"

索朗贡布说："三岩有巫师，每个帕族都有，有男的，也有女的。"接着他又说，"不过，现在专门的巫师没有了。和这些种地的农民一样，看在人情份上，巫师还是要去的。当然，当巫师的人平时挺受人尊重的。"

后来，在雄松区后面一个宽敞的坡地土，我采访了正在劳作的甲牙冲的农民次旺晋美。他在谈了他家庭的一些情况后，邀我到他家做客。一边喝着清茶，一边听他讲述当地巫师活动的一些情况。

藏历铁狗年，甲牙冲马洛帕族部落。

这天中午，大门平常总是紧闭的朗杰家，人进人出。喇嘛唱经的声音从屋子里传出。眼看伦珠家的女人快生孩子了，次多家96岁的老父亲病了三年，快咽气了……马洛帕族的男子汉今天相约到朗杰家，商量该不该请个莫玛（巫师），江措喇嘛来念了经，掷骰子的结果，可以请个莫玛来。

对三岩所有帕族的男男女女来说，可能莫玛最令人敬畏，他是人是神。

每家的男人带着必须带的两斤青稞，放在自家的木盘里，盘子里的青稞堆上，插着一支箭，箭羽上挂着哈达。这些摆成一溜的木盘，当然只有自家的男人认得，莫玛是不知道的。木盘放好以后，男人们就盘腿坐在一边，喝自家皮袋里的酒，吸鼻烟，朗杰家盛酒的双耳陶罐，是用一张猞猁皮从江东一个商人手里换来的。莫玛抓起谁家木盘上插的箭，就是给谁家留下预言，同时这木盘里的青稞就算是孝敬莫玛的了。请莫玛的人，谁都希望莫玛拔起自家木盘上箭。

楼下的大狗猛烈地叫起来，一会儿独木梯爬上来恭敬的朗杰，后面紧跟上来的是神情木然的莫玛。男人们低一下头，表示恭敬。

有必要向读者描述一下莫玛的打扮，看上去他五官倒是长得端正，一双小眼睛明亮，脸皮却皱得像是晒干了的牛皮。头上戴着一个奇形怪状的帽子，帽子上竖着高高的五块菱形木饰，上面粗糙地刻有骷髅，正中一片木饰上刻着一尊护法神，木饰上涂有金粉银粉。莫玛的头发梳成无数细辫，披在肩上，发辫上缀着绿松石、玛瑙、猫眼珠，还纠缠有黄缎带，直垂到腰间。

莫玛在火塘煨上一堆香草，直到烟在房间弥漫开来，他就开始抽搐着起舞，尖着嗓子唱歌。朗杰喝完两碗阿拉酒的时候，莫玛已经是双目呆滞，五官扭曲变形，慢慢停舞，直到一个木盘里，抓起一根箭，发辫和黄缎带甩成圈，上面的珠宝叮叮响，嘴里念咒文：

就在中午的时候呀，

太阳落山遍地黑暗呀。

再舞一个圈，箭插回了木盘，端起盘子把青稞倒进了吊在胸前的牛皮口袋，这是伦珠家的木盘，他瞪大眼睛，拇指盖上的鼻烟未送在鼻端忘了吸。莫玛又打量另一个木盘子，那正是朗杰家的。

莫玛又唱又跳，抓起盘上插着的箭：

二牛抬杠在地中间呀，

青冈木的犁断在土里了呀。

过了几天，心情舒畅的朗杰在自家地里收割青稞，他干得格外卖劲，时而向高山峡谷粗犷地吆喝几句歌子。在三岩，农作物产量极低，收成时，成熟的青稞大概只是撒下种子的四倍。这次莫玛预言朗杰家今年收成好，粮仓将盛不下粮食。

可是，不幸的事儿来到了他家。就在第二天，天空晴朗无云，朗杰在屋顶平台上摊晒青稞，妻子用木棍不停抽打，兄弟把青稞粒集中在石板上，用石滚子来回滚动给青稞粒脱壳。

“科热，朗杰!”楼下有人喊，是几个马洛帕族的汉子，他们抬来了朗杰15岁的儿子的尸体，儿子德来从牧场归来，脚踩翻一块石头，跌进了沟谷。

朗杰家一下该忙着办丧事了。

对西藏稍有了解的读者知道，西藏藏族丧葬的方法奇特，死者被天葬师背上山巅，在大石块上把尸体切割成碎块，燃起袅袅白烟，引来鹫群，尸肉被鹫啄食干净，死者的魂灵也就升上了无垠的蓝天。三岩人的丧葬，更是奇特，虽说主要是土葬，但是和内地汉族人披麻戴孝、哭天喊地的悲哀土葬不大一样。

在木协区委书记晋美的木屋里，他谈起三岩人的信仰，尤其是三岩人至今还保留的独特的丧葬方式，令我感到十分新奇。

走过一块麦田，来到较缓的山坡下。晋美指点各个帕族不同的墓地给我看。天空阳光渐弱，雨水即将到来。我想着马洛帕族朗杰家在莫玛预言以后的情景。

三岩各个帕族都有自己的共用墓地，三岩人称之“德滤”。马洛帕族的墓地就叫做“马洛德滤”，跌尔帕族的就叫做“跌尔德滤”，所有的帕族依此类推。德滤还分出两块地，一块地叫“赤度”，专门埋葬吊死、淹死、摔死等非正常死亡的死者；另一块地叫“穷斯”，是专门埋小孩子的墓地。

朗杰蹲在儿子血肉模糊的尸体旁，呆呆看着，用手捶自己的头，哭不出眼泪。阿妈在一边咿咿呜呜地哭。

马洛帕族来了六个男子汉帮忙，还有三个在朗杰家地里。他们帮着笨手笨脚的朗杰给儿子德来脱下羊皮袍，套上粗糙的氆氇袍，然后把尸体手脚相抱，用牛皮绳捆成团。在三岩，死者是不能穿皮制服装的，穿了皮质的衣袍，来世投生就会变成长有毛皮的牛羊狗等牲畜。他请来莫玛，照例念了一些超生之类的咒经，然后去马洛德滤看地。按三岩帕族的习俗，应该是头朝东方埋在“赤度”，15岁了，如果再小一岁就该埋在“穷斯”了。

六个男人在马洛德滤的赤度挖下个四方形的土坑，朗杰从家里楼下的牛圈扛来一根根木柱，沿坑边码好，坑底铺上木板，然后，四个男子把尸体放进去，再用木柱排紧做盖，压上石块，填土。这时候，夕阳映得天边满布诱人的橘红，基地没有一丝风。

三年过去了，到了藏历火牛年。

从附近寺庙请来的江措喇嘛念完经，在地上画了几道，接着掷骰子。卦象表示德来的尸骨该在三天以后挖取出来。

中午，男人们跟着江措喇嘛来到马洛墓地，地边的柳树飞出一群麻雀，墓地几十根木杆指向天空，上面的经幡在风中篷篷作响，从墓里挖出德来尸体,腐烂得只剩一副骨架。几个汉子码上柴堆,火开始燃起,骨架在柴堆里劈啪作响,柴上涂有酥油,等火焰喷着黑烟完全罩住了柴堆,人们就返回甲牙冲。

第二天早晨,柳树叶上的露珠还在滚动,朗杰全家四口人就踩着湿淋淋的草来到墓地,昨天的柴堆已成了一堆没有生命的黑灰。按三岩的习俗,朗杰要察看灰中留下什么印迹没有。如果灰里有牛、羊或马的蹄印,那么死去的人已经投生去做了牛、羊或是马。幸好这次灰烬里,朗杰看见了一个人的脚印,全家人喜形于色。那表明德来在这次大火中又一次再生。全家人遥对东方,向冥冥中的神灵祈福。在这以后,事情就简单了:朗杰和家人把湿灰铲起来,和上坑里的泥,涂抹在墓地边的岩石上,石上刻着经文。大部分的灰泥团就地晒干,码成一堆以后,在上面插上了根挂满经幡的木杆。风中飘荡的经幡既代替死者不时念诵祈祷再生的经文,又警告往来的鬼魂,安息于此的死者受神灵保佑,不得干扰。

三岩人的宗教信仰带有浓重的万物有灵色彩。他们崇拜自然,信奉巫术咒语,敬奉雄壮险峻的高山为神山,清冷的地下泉水为神水。三岩的三个地方都有当地帕族自己信仰的神山神水。罗麦的神山叫夏日夏,有“阿拉曲果”神泉和“沙马堆龙”神泉;雄松的神山叫“日松”,神泉叫“马希曲果”;木协的神山叫“宗拉”,神泉叫“扎通曲果”。西藏的神山九兄弟之中,最小最调皮的是乃布神山,它就在三岩,是三岩四十七个帕族共同信仰的,也是三岩最大的神山。每逢庄重的誓言,像对外打仗,都要去阿拉曲果。它在一条阴暗的山沟里终年见不到阳光。弥漫着寒气的泉水,一年四季冰冷彻骨,使来到泉边的帕族汉子敛容,无不恭敬至极。有祈求就去转神山,祈求神山赐予力量,保佑自己避灾免祸。转山的人要在转山道旁的树枝上,挂经幡或是哈达,白羊毛、黑牛毛也可以,路上撒上一些自家种的青稞粒。

木协的宗拉神山,住着一位好动的山神,在十二生肖年中,山神轮流住在他所管辖的十二座神山上，羊年住在云南的卡瓦嘎波神山，鸡年住在山西的五台山，只有猴年住在宗拉山。现在是藏历水牛年，宗拉神山冷清清的，只有再过六年，到下一个藏历土猴年，木协各个帕族的男女老少，才在自家父亲带领下，去朝拜转宗拉神山。

三岩人把麻风病当做来自地狱的恶病，得了这种病的人要去朝拜神山或是神水。

有这样一个传说。

以前一个叫阿布的孩子，每天去乃布山放羊，那里青草丰美，山上还有一条清亮的溪水。溪水旁绿树成荫，还有一块巨大的圆石，上面可以睡人。这里是阿布放牧嬉耍的乐园，调皮的阿布每天去放牧，路过神泉、神水都要赶羊去喝，他不知道，他得罪了神山神水，已经患上了麻风病。有一天，阿布倦卧在圆石上睡着了，树荫凉爽地盖在他艳若桃花的脸上，阿布的小伙伴次多从村里出来寻他，一直来到乃布山上，当次多蹑手蹑脚走近阿布时，看见一条小红蛇从阿布的鼻孔里钻了出来，小红蛇有手臂长，细得像羊毛线。次多吓呆了，一动也不敢动。小蛇绕过岩石，游过草地，在溪水边喝足水，然后又钻进阿布的鼻孔，次多像被火枪打中的獐子飞快地跑下了山。

就这样一直过了五个月，次多总是躲着阿布，阿布也一天天萎靡不振。后来，次多忍不住把自己的发现告诉了父亲。父亲告诉了次多一个法子。

那一天，当蛇溜到溪边喝水，早就躲在树后的次多一跃而起，摇醒阿布，把羊皮袄盖在苔藓斑斑的圆石上，然后拉着阿布一溜烟跑下了山。七天以后，次多和精精神神的阿布又溜到了乃布山，走到溪边，只见那圆石烂得像个蜂窝，上面到处是小蛇的孔洞。

后来，三岩人不管是打冤家，还是两族结好，都对乃布神山发誓言，内容多半是：如果违背誓言，就让神惩罚染生麻风病。

第八章 世代冤家今日了

夏牙帕族的女儿嫁给了马洛帕族的儿子

在雄松这个地方,马洛帕族和夏牙帕族算得上是两个较大的帕族,打了几十年的冤家。在数年前,三岩还有帕族间打冤家的事,在往前三十多年,此地帕族间的械斗更是家常便饭。不同的帕族一旦打上冤家,加上有了血仇,几乎是没有和好的可能,除非是力量悬殊太大,大的帕族彻底压倒了小帕族,不是消灭对方,就是将其逐出百十里之外。

在三岩采访的日子里,我多次问到如今还有没有帕族间打冤家的事,从听到的情况看,现在的三岩,帕族间不再为了一头牛,一只羊,一片草场或者是其他什么事流血打冤家。我在木协的缺所村一户村民家做客,了解到此户人家的女儿刚做新娘不久。给我当翻译的索朗贡布特意介绍说,这是不同帕族间的通婚。以前,不同的帕族,别说通婚,就是互相来往也不可能。

“他们两家以前打过冤家吗?”我问。

索朗贡布说:“当然,这家属于夏牙帕族,男方是马洛帕族,世代冤家。不过现在是新社会,什么帕族不帕族,都是村民,或者叫同志。”

我笑着问:“女儿嫁过去了,亲家双方还走动吗?”

索朗贡布抽一口烟,“三岩人从不讲亲家,女儿嫁过去就是男家人,以前她是夏牙帕族人,现在世代冤家今日了,夏牙帕族的女儿嫁给了马洛帕族的儿子。”

三岩人结婚一般都是选在冬季,这里的纪年除了从山那边学来藏医的天文历算之外,也有以接生羊羔为始,计算月日,也有以月亮圆缺,也就是我们常说的盈亏来计算月日。在三岩比较普遍的是用春播秋收的季节来计算月日的。冬季一般都闲着，因而操办婚姻的大多选在冬天。春季播种以后，有一段农闲时间，所以也有人在春天操办婚事。一打听，在我来三岩的前一个多月，夏牙帕族和马洛帕族有过一次婚嫁活动，索朗贡布眼睛怪怪地看着我说："你对娶女人感兴趣的话，冬天可再来三岩，那时操办婚事的人多。"我缠着索朗贡布，请他找马洛帕族的人详细讲了上次婚娶的情况。

4月份的一个清晨，天边出现五彩朝霞。十几个身着新氆氇衣的男子骑着马来到甲牙村。夹在马队中间的是新娘次仁拉姆，后面还破例地跟来了新娘的父母。送新娘的队伍由夏牙帕族每户出一名男子组成。

白马多吉身穿从拉萨买来的藏青色咔叽布藏袍，脸上挂着微笑，卷毛大狗也不像往常那样凶狠地跳跃，它温和地匍匐在地，疑惑的眼光注视每一个陌生的客人。

马洛帕族的男子也来到白马多吉家。新郎丹增在客人面前的小碗里倒满上"阿拉扫酒"，酒在几个月前就酿好了，接着又端出面做的甜饼，一直吃喝到太阳西落、鸟雀归巢。男人们醉醺醺地站起来，手拉手在地板中间跳起了圈子舞，烟子和灰尘和在一起。

新娘来到了男方家以后，一直得背靠自家兄弟坐着。新郎丹增和母亲端来酥油茶、牛奶、甜饼、糌粑，当然也有酒，新娘子每样都吃喝一点。

25个夏牙帕族的送亲汉子，又带着夏牙帕族的女儿回到缺所冲，马队驮着男方家送的酒和食品。

回到缺所冲，夏牙帕族的男子汉来到次仁拉姆家做客，吃喝从马洛帕族丹增家带来的食品和酒。

五天以后，这是双方约好的时间，25个汉子又送次仁拉姆去甲牙冲，用马驮上娘家做的食物，比男方送的食物一定要多两驮。在马洛帕族丹增家，马洛帕族的汉子也都来品尝夏牙帕族的食物。

这一次，次仁拉姆要在丹增家住一个月，时间一到，次仁拉姆的兄弟又骑马赶来，把次仁拉姆拉回缺所冲，小住几天，告别夏牙帕族的生活，再回到丹增家。如此，次仁拉姆和丹增才算是鸳鸯会合，同衾共枕，真正成为了夫妻。

三岩人的婚姻都是父亲做主，这一次却是例外，时代不同了，马洛帕族的青年丹增看上了夏牙帕族的女儿次仁拉姆。丹增让自己的父亲白马多吉去求亲，白马多吉到缺所冲时，心里还忐忑不安，毕竟是世代冤家嘛，没想到一提亲，对方就同意了。

第九章 原始的物物交换 虽有了铁器 但还习惯用木犁木锄 出山时 看见公路修进三岩去了

从十四世纪初意大利人奥多里克以圣方济会教士的身份，涉足称之为“荒凉百神奇”的西藏山地，到“二战”时的1944年，德国登山家哈雷写下他从印度到拉萨的《西藏奇遇》，无数的外国传教士、探险家深入西藏高原的腹地。当然，“神秘、惊奇，令人不可思议”，只能对外人而言，不属于生活在峡谷纵横、草原坦荡的山地民族。他们以自己几个世纪不变的生活方式，平淡地生活着，与高原之外的各民族、各色人等，共享大自然绚丽的落日和清新的晨风。

西藏并不是佛教清一色主宰一切的地方，从三岩的木协翻过一座大山就到了芒康县，那里有个叫盐井的地方，现在还有天主教堂，当地居民多信仰天主教。追溯其历史，芒康与云南的迪庆交界，据说当年云南的天主教传教士曾到过芒康的盐井。那里气候炎热，多温泉，且与藏区有高山隔绝，法国的传教士就在那里住下来布教，而且成功了。再一个地方是阿里，几百年前曾有过葡萄牙传教士活动，也曾修建起教堂，发展了一批教徒，但那里佛教势力太大了，最终葡萄牙传教士被赶走，教堂被喇嘛们烧毁。在喜马拉雅山区，珞巴族、门巴族和夏尔巴族虽然也信佛教，但大多数还是原始的拜物信仰，信仰神泉、神树，崇拜巫术。而在西藏腹心的拉萨市，则生活着近万人的穆斯林，现今市里还有着大小两座清真寺。

藏传佛教在西藏其他地方，已成为文化和信仰的主要成分。但三岩至今还多以原始的苯教为其主要宗教信仰，藏传佛教中势力最大的格鲁派在此影响甚微。三岩人使用货币的历史最多不过30年。在六七十年代以前，三岩人的价值交换也还是习惯于刻木结绳记事，原始的物物交换。

说一件1959年的事。木协雍宗帕族的江嘎和雄松热学帕族多吉讲定，五天以后在一座小山头进行交换。江嘎用一头牦牛换多吉的一块四川粗茶。江嘎回家用刀在木柱上刻了五格痕迹，每天晚上太阳落山就削去一格；多吉在家则是用牛皮绳结了五个结，每天早晨太阳升起就解去一个结。绳节解完了，木协的五道痕迹也削平了。江嘎牵上他那头三岁的牦牛，多吉带着粗茶，来到山头，由热那寺一个喇嘛作证，在公道的阳光下做了交换。

列举几项三岩人进行交换的等价物：

3斤重的斧头换6斤酥油，如有一个木把还得再加一斤酥油。

一支英式步枪或三八式步枪换12头牦牛。

一粒五九式步枪子弹换28斤大麦。

一把不丹腰刀换两头牦牛。

贡觉县人民政府根据三岩生产方式落后和生活水平极为低下的状况，在1979年6月把三岩划为实行特殊扶贫政策的特区。把牲畜、耕地全部划分到户。

1981年，自治区人大常委会一名副主任视察了三岩，当即就和县里的官员一起制定了改变三岩贫穷面貌的十条特殊措施。其中三条措施是：拨款修筑通往三岩的公路，给三岩人修建一批房屋，给三岩每家每户赠铁器农具。

我们从拉妥经扎钦峡谷进三岩时,曾住到筑路民工的帐篷里,一条简易公路正在穿过那条大峡谷。仅是雄松区,国家就拨给了160万元修路专款。我想,80年代中国有两个特区,一个是沿海开放的经济特区,一个是少数民族的政策特区。在1980年以前,三岩2320户人家就有600余户无房居住。有的人一年四季住在山上牛毛帐篷或是由帕族的几户人家、几十口人同住一座“康尔”。现在三岩人生活质量虽有所改变,但他们仍喜欢以前习惯的生活方式,比如,政府细致到给每户赠送一把十字镐、一把锄头、一把铁锹和两把镰刀。虽然这样,三岩人仍然喜欢使用坚硬的青冈木砍削成的木犁、木锄。

三岩使我认识到,一个社会的文明形态,显然受到地理环境和人类文明传播速度的影响。无论文明程度如何,人类社会都因各种原因呈现多样性,并以其大千世界的缤纷繁杂而充满魅力。我在三岩短暂的时间中,触摸了跨世纪百年历史的两端,作为当代中国的一个普通记者,不能不说是一种幸运。

多年来,我在西藏做记者,几乎走遍西藏,可以说每到一地都有新的发现,新的激动。或许是西藏特有的高海拔地理环境,使其社会形态和文化形态呈现一种凝固状。西藏东边是中原地区的儒文化,向南越过喜马拉雅山脉,是印度文化和尼泊尔诸国的佛教文化,西北方向则是伊斯兰文化区域。这几种文化因其历史悠久、社会势力强大而备受世人关注。而西藏环状的高山地貌,使生活在这片高地的古老民族首先在地理环境上呈现一种封闭,这种封闭,使得高原居民的生活形态多样化;也因佛教的内容和高原本土原始宗教形式的结合,使西藏文明个性独特,文化的生成相应呈排他性,在佛教、伊斯兰教、儒家三大文化的夹缝中,西藏几乎成为被世人遗忘的角落。当然,这也与西藏曾有过封闭性极强的封建农奴制度有关。在现代文明的冲击下,曾经繁衍过引人注目的三大文化地域日渐变异,而保持一种衡定状的 西藏却被反衬出来,显得别具特色。这对外界而言，好似笼罩了神秘的面纱，用通常的话说就是有一种魅力。这个认识是我1985年从三岩出来以后才有的。

6月9日，当晨曦从远方翻山越岭赶来，我们骑马离开了三岩。就在我们翻过查玉拉山时，山顶的白雪正在阳光中融化，传说有湖马出没的米吉湖，像两块蓝色的镜子，熠熠闪亮，回首三岩那莽莽山谷，灿烂的阳光追随身后，还在固执地为我们送行。大山这一边，从县里过来的一条弯曲的公路，已延伸到了上顶。

县委书记寸心灵告诉我，三岩要致富，必须先修路。今年8月份，三岩的雄松、本协两个区公路通车，明年修通罗麦的公路。看来我们是最后一批骑马进出三岩的外地人，今后有人要去三岩，就该坐汽车进去了。80年代，世界已不同程度地进入信息社会，那些从未出过山的三岩人，面对隆隆开进山的汽车，脸上的表情怎样？他们将怎样面对这跨进现代的新生活？

还有，我以后再到三岩，看到的又该是怎样的三岩人呢？

6. 金沙江两岸——三岩和山岩[1]

马丽华

走过火灾迹地

七十年代初，通向三岩下部木协乡的峡谷里发生了一场罕见的火灾。

这场火灾之所以罕见，并不在于火势大小，受灾面积多少；而在于几乎不见明火，观者甚至意识不到森林正在燃烧，是闷烤；而且延续时间之长，足有差不多两年时间！两年过后，木协沟长达二十五公里、两侧相加约高五公里的原始森林被焚烧殆尽。

最初的火种不知起自哪里，也许天灾，也许人祸。总之是温火在蔓延，或有小小明火和烟雾，更多的是在朽腐了的树心里耐心地烧灼烘焙。夏季里雨浇过了，冬季里雪覆盖了，火焰似乎已经熄灭，山林里连轻烟也不见；随后蛰伏的火种再起，越过谷底小溪，引向对面山坡。阴坡的云杉暗针叶林带、阳坡的松树、青冈（栎树），山半腰以下的阔叶林，无一幸免，灼热蒸烤着整个峡谷。野生动物纷纷逃离家园，岩羊、山鸡、香獐、狗熊……当地百姓们踊跃围猎，每每满载而归，可谓天灾复加人祸。

说来不可思议，出现如此重大灾情，何以无人过问并采取措施，以至于长达两年，以至于万劫不复？回顾起来，至少有两个明显原因。最大原因是当时正值全国“文革”动乱，当权派被打倒，派性斗争激烈处于无序状态，没人管；其次的原因是，当时木协沟还未筑路通车，是人迹罕到之处；潜在的原因是当时全民缺乏生态保护观念；最终的原因是，即使在三十年后的今天，我们面对森林大火仍然措施不力，唯有强调以防为主。好在多年间未再发生类似

---

①节选自马丽华《藏东红山脉·第五章》第67页，中国藏学出版社2007年出版。

灾难，近年间金沙江两岸作为长江上游天然林保护工程（简称“天保”工程）被好生地保护起来。这一次我到达三岩之前不久，昌都接到来自北京的紧急通知，称据卫星遥感监测，三岩一带森林起火。立即组织调查，方才发现是江对岸的山岩，旧时虽有一江之隔但在社会生活方面一脉相承的地区。

那场火灾二十年后，一九九一年冬季我第一次去三岩，从拉妥乡犹如藏北高原的牧场一路行来，翻过四千八百米的巴依拉雪山，一路下坡海拔渐低，眼见灌木丛出现，眼见从灌木迅速过渡到乔木地带，正欣喜间，车到木协沟。此前无人向我提及火灾的事情，当举目望见火灾迹地上的惨状，顿觉惊心动魄：两侧高而陡的山坡上，树干依然笔挺，依然比肩而立，但已无枝无叶，形色如黑炭，犹如满山遍野高举的焦臂，向着苍天悲愤地无声呐喊！那些曾屹立于悬崖的伟岸身躯，随着崩塌的岩石倒下了。在乔木的遗体旁，已可见侏儒的灌木开始生长，从前的原风景永不再现。我一直相信植物是有灵魂的，它以它的方式感知世界并拥有感情。当火势蔓延开来危及自身时，它们在绝望中渴望救助，悲惨赴死时的内在情景一定不亚于濒死之人。

森林不仅是生态风景，森林还是三岩地区的重要资源。三岩人在逼仄的山缝间求生存，可耕地甚少，挂在山坡，水土流失。牧场也难见平阔之地，我走遍了农牧区，第一次在雄松乡听说牲畜非正常死亡中，以摔下山致死者为首位。放牧的牛一脚未能踏稳，便从山上一直跌落江边。三岩这地方从前山深林也密，森林提供着部分生活补充：人们以村落家户为单位，组织起来打猎，打獐子（卖麝香）打岩羊和鸟类（分而食之），行猎方式比较原始，人海战术，大面积围剿，使用木棒石块绳索等简单工具，后来才有了散弹土枪。禁止打猎已有些年头了，三岩人早已告别了这些山珍野味。森林中林下资源也很丰富，松茸、羊肚菌在前些年还可以卖出好价钱。而且森林一直提供着房料和烧柴。但是随着人类的索取和天灾，森林渐渐缩小了面积，只在金沙江畔还保存着大片的原始森林，那里几乎无人居住；凡有人居住的例如雄松乡，现在四五十岁的人还记得，父辈时原始森林还在，小时候他们还常见到粗大树桩，用斧头砍了来做柴烧。而现在雄松乡几乎不见一株乔木了，我们再未看到上一代人遗留的树桩。

距离第一次去三岩的十年之后，二〇〇一年的初夏第二次走向三岩。木协沟火灾迹地仍在，仍觉触目惊心。死不瞑目的树干依然挺立，只是由焦枯变而为苍白；更多的同类倒下了，沿着山洪冲刷的方向齐刷刷作向下流动状，巨大的树根裸露，山岩坡地裸露，一片片的滑坡。先行到达谷底小河的树干堆积，险些壅塞了河道。原生的云杉树种无法在自然状态下生长，后起的灌木丛较之十年前又长得茂盛了许多，一些速生的先锋树种正在发育为大树，谷底河边柳树葱茏。

三岩史话

第一次去三岩是为猎奇，去了解那里特别的社会形态和生活方式；第二次去三岩则是专程前来采访移民搬迁。“天保”工程已在西藏沿金沙江畔的江达、贡觉、芒康三县实施，三岩正在这一范围中。移民搬迁，尤其大规模的移民搬迁是一项重大举措，需要决策者下很大的决心。一九九九年，自治区政府副主席兼昌都地委书记杨松来三岩视察工作，听过汇报又实地踏勘过后，断言三岩是典型的“一方水土养活不了一方人”的地方——搬！

我们不喜欢贫困，所有人都不喜欢，不喜欢饥饿的感觉，衣不蔽体的感觉，除非是自虐狂。贫困不是人类本应拥有的生活状态，贫困导致教育的缺乏，导致愚昧和落后，贫困时常是恶习之源。贫困的三岩人在历史上因“夹坝”抢劫而恶名远扬，时常惊官动府甚至惊动朝廷。三岩地处南北两条川藏大道即茶马古道之间，时常作案于路途，杀人越货，过往马帮商队数百年间无不惊惧。要不是把事情闹大了也不至于皇廷震怒，直到乾隆年间抢了皇帝赐给八世达赖喇嘛的茶包驮队，方才引发第一次进剿三岩之战。中央政府会同地方政府，满、汉、蒙、藏军队大举起兵，处死了匪首，靖绥了地方。第二次大进剿是在光绪末年，赵尔丰派大军攻打了三次方获成功。说成功也很有限，武力总是有限，只要不从根本上解决问题，三岩仍是隐患，难以保有周边社会的长治久安。所谓根本问题正在于“一方水土养活不了一方人”。

旧时广义的三岩地区包括金沙江两岸的今贡觉三岩、今四川白玉县山岩，以及周边四川巴塘、西藏芒康和江达沿江部分乡村。隔了省跨了县的山岩我并没有去过，只见四川出了一本名为《山岩戈巴》的书，在此涉笔“山岩”，无非虚晃一枪。隔江相望的三岩和山岩同属一个特质，连地名也是同音异字。这一地区的社会形态与其他藏族地区全然不同，被学术界定名为“原始父系制残余”，存在得好生奇怪，似无来龙也无去脉。关于这一群体的来源，有人在江对岸的白玉县山岩做过考察，提出“阿里古格后裔”、“吐蕃贵族后裔”、氐羌南下与土著结合……之说等等，以示来路非凡，多有攀龙附凤之嫌。

贡觉三岩人似乎没把自己神话化，只把家谱上溯到六、七百年前，只说来自德格，来自巴塘，来自白玉。木协村的“拉古帕措”声称当年有位白玉喇嘛来到此地，娶了妻生下九个儿子，从而发展成一个部落“帕措”。最大的部落“帕措”在雄松乡，自称祖先是一群德格人，几百年前渡过金沙江占山为王，落草为寇，屠杀了当地黑牙哥部落全部男子，把全部女子掠来为妻，从此鸠占鹊巢。

三岩地处两省多县结合部的深山丛结间，几不管地区。旧时有民歌为证：“这一带是没有官员的村庄啊，百姓不受法律的约束”。说是“无法无官”，实际上他们内部有严密的组织：“帕措”；有自己的法律：族法家规，为维护这一秩序形成了三岩独有的道德行为规范。“帕措”直译为“父系组织”，是以父系血缘为纽带的、近似旧时汉地乡村的宗法体系，只是首领并非世袭或终身制而是经由选举产生,首领并无政治、经济特权,首要条件是能够身先士卒地带领本帕措男子对外打杀拼斗,较之汉地宗法氏族少了封建性,多了原始性。有人将“帕措”制度描绘为民主选举、议会制度,遥与古希腊、古雅典相媲美,显然有误读之嫌。“帕措”远非那么先进和浪漫。在三岩的传统道德观念中最为强烈的,视有仇必报、血亲复仇,这主要针对内部“帕措”之间的世代结怨;能偷善抢者为英雄,以能拼敢斗者为勇士,这主要针对在三岩以外的地区,若在内部作案则为人所不耻。

传统道德观念重家庭而轻妇女,因为家庭即组成“帕措”的重要元素。本帕措内严禁通婚,已婚者原则上不得离异;为保有血缘的纯洁性,已婚男女严禁婚外性关系;婚制倒是多样化:兄弟共妻的一妻多夫制较为普遍,某些乡村则以一夫一妻制为主,一夫多妻家庭仅限于第一位妻子未生育男孩,续娶二妻甚或三妻。因为女子无财产继承权,如若丈夫去世而家中无子,女儿不得招赘,全部家产归帕措集体所有。所以从前的三岩女性地位低下,是最值得同情的一群,既无成为帕措成员的资格,这样的政治权利没有也便罢了;也无经济权利,只是生产和生育工具;更无尊严可言:路上遇见男人要谦恭地弯腰低首避在一旁,在家里只能侧身而坐,吃饭时也不能与男子们围坐一起,生孩子的产房是牛圈。特别是那些拥有多个丈夫的妇女,更是如牛负重:家里的活,地里的活,照料牲口带孩子,全都是分内的事。至于现代人津津乐道的爱情,在她们那里几乎不存在。传统道德观念要求她们泯灭天性情感,不得偏爱其中哪一位丈夫。

第一次去三岩,搜集了一首当地的《强盗歌》,歌词大意为:

天际亮起一颗星斗,外出抢劫正是好时候;

渴望占领那个地方,再平平安安返回家乡。

有些英雄气短,更像是心虚胆怯的祈求。三岩的英雄是可怜的英雄。

三岩人为自己不光彩的历史陋习所作的辩解是，不为发财，只为生存，系生计所迫。同意这说法似乎等于认同寻找和扩大“生存空间”这一法西斯理论，但实际情况是，三岩人普遍贫穷，穷到一家人只有一件衣服，外出的人才可以穿；男女老少终年赤身裸体，只在腰间系一块布，几乎没有鞋子的概念。十多年前中央电视台去拍一部专题，想重现一下从前，请他们扮演一下从前的自己，居然无人肯做，付钱也不肯。后来乡领导下了行政命令，才勉强配合拍了几个镜头。现在的三岩人懂得尊严体面了。

人们感兴趣的长期存在于三岩的父系社会残余的“帕措”组织，初衷也是适应这种贫困生活的自助性组织，相互帮扶着共同面对贫穷。发展到对外打劫、对内打冤家当然就不好了。在讲法制的今天仍然坚持旧传统、干扰行政司法当然就更不好了。

刚刚考察过江达县古泽乡和四川德格印经院，又来到贡觉县三岩并遥望着江对岸的白玉县山岩，起初满心的诧异：从地理位置看，一江之隔，德格与山岩近邻，古泽与三岩相隔也不远，何以前者如此文化，后者则相反？仅用地理环境决定论来解释并不全面，因为地理地貌相似，山川相连。慢慢地想通了，三岩社会来自自然和人为的双重封闭，双重屏蔽。德格与江达的自然阻隔早已被古代道路所凿穿，文化传统沿着古道源远流长地流贯于此；三岩则以内在的秩序固守封闭不思改进，尚武而不崇文。旧时三岩地区几乎没有识字的人，缺乏文化教育传统，导致愚昧。封闭——愚昧——贫穷，恶性循环。三岩人梦想摆脱贫困，可惜选错了方式，何况是一种风险极大、代价很高的方式。一般说来，在生产资料不足的地区，人们通常会选择其他谋生手段，例如嘎玛沟的金银匠、唐卡画师、古泽村的雕刻工艺，藏东地区多有人外出经商，一无所有的人也可投靠商队当马夫——蛮勇尚武的三岩人缺乏农牧业之外的任何技能。

从古而今，三岩人离乡背井的也多。每每成群结队远去墨脱的白玛冈朝圣，往往在林芝米林一带落下脚来，后有逃避仇杀者投奔了去，听说渐就形成了小村落。其苦难耐的生涯，历代经受的仇杀剿灭，加之通行的一妻多夫家庭，三岩在乾隆时代的史籍中有“千几百户”，到上个世纪五十年代解放时仍为“千几百户”。

当地干部说起三岩人，更多的是出于同情爱心的辩解。一说从前陋俗是为生活所迫，再说三岩人如何忠厚，举例就说三岩人对党对政府如何有感情，每有工作组到来，必通宵达旦歌舞以示欢迎，这传统持续五十年不变。三说三岩人渴望新生活，修路修电站全是义务劳动毫无怨言。的确三岩人从无反叛之举，旧时中央政府一再收拾他们，也是“家鸡打得团团转”。新政府不一样，新政府早在五、六十年代就开始为三岩发放新式农具等生产生活用品，修路通电，救济粮食。也组织过几次搬迁，第一次是在一九七七年，把木协村五十多家贫困户集体安置在贡觉县城附近的斯塘村，垦荒种地。那时条件差，栖身于半地穴式的陋室。糟糕的是三岩遗风尚存，有人偷窃村中人家，引发打斗又寡不敌众，刚刚半年时间，尚未站稳脚跟呢，就被人家赶回了三岩。

九十年代中期，县里再次组织搬迁，这一次政府花了大力气，在距县城八公里的公路旁特建“幸福村”，从木协乡十二个行政村中遴选出最贫困的三十二户、一百九十八人，按每户四万元经费进行了安置。所在地莫洛镇也组织了上千农民出动，义务帮助他们开垦荒地，无偿提供口粮、种子和发展养殖业的藏鸡。我去幸福村采访，看三岩人已经安顿下来，新居宽大，公路通达，电灯电视，比三岩故居好到哪里去了。前两年仍有破门而入的事件发生，作案地点在县城卡拉OK厅，县公安不用拍脑袋也会想到何人所为，拔腿就去“幸福村”，果然人赃俱获，随之绳之以法。当然这已是极个别的现象了。

刚到昌都时，打听三岩搬迁事，有人说进展顺利，报名踊跃。心下还很疑惑，传统观念中不分民族一样的“穷家难舍，故土难离”，三岩是例外吗？到了三岩才亲眼看到了，三岩果然例外，人心思走。这一次由杨松拍板，国家支持，下了更大的决心：半数三岩人即七千人可离开，去向则是西藏气候条件最好的林芝地区。交通方便，教育发达，有电灯照明，有电视可看，有已经开发的农田待种，尤其是，每户搬迁费高达七万元！下那么大的决心，既为三岩人的生存发展，也为长江中下游的生态环境。

三岩人时来运转，福星高照。三岩首批搬迁的一百六十六户、八百九十二人已经确定，二〇〇一年十月即可迁进新居。木协乡今年将有六十七户搬迁，他们分别是今春遭了火灾的下罗娘宏达村十二户和宗巴村全部村民的五十五户。那个宗巴村位居深山，不通公路，地少人多，脱贫无望，索性全体迁徙，原址封山造林。性急的宗巴人说，快快搬走，越快越好。

即使不走的另一半人，也会利用搬迁者留下的生存空间，更好地活下去，这道理谁都明白。我在三岩所到之处，所见之人都充满喜气，言必称“搬迁”，口头禅是“千载难逢”。

确定留下来的人开始筹划新生活。新生活的内容加进了“天保”工程，长江上游天然林保护工程。我们在距木协乡政府百米外的泥塘里陷了车，顷刻间便有几十名大汉冲了过来帮忙推车。原来乡里正召开各村村长会议，落实“天保”工程的实施方案——此前乡政府已与县政府签了合同，现在乡政府正在与各村签合同，与各村落实的护林员签合同。

高碉里的人生

木协乡驻地设在木协村，出了乡政府大门就踏进了民间。正值挖虫草季节，全村青壮年男女包括孩子们全都上山了，此后足有两个月时间里住在一天路程以外的山上。村里只剩下很老的老人和很小的小孩，几个奶孩子的妇女。我们在村里高高的碉房之间转来转去，终于在一处高碉前的场院里望见了六位老人，在大太阳下闲坐闲聊。最大年纪的是九十一岁的白玛珍，第二老者是八十岁的布松，最年轻的是布松的儿子，也五六十岁了，因为腿的残疾上不了山。我们也坐在大太阳下，问你们刚才在说些什么。老人们回答，晚辈们都走了，我们在家里负责看守庄稼地，发现有牛进去就去赶开。刚才正说着哪年的虫草好，今年不知怎么样，他们一天可能挖几根，正在说这些，你们就来啦。

我们问，“木协”是什么意思？老人们回答说，是“万种草药”的意思。据说木协一带有一万种草药。前些年有勘探队来过，没找到金矿，但见到了许多药材。可是我们既不识得也未采得。

我们又明知故问，你们三岩的房子为啥要盖那么高呀？——仅说三、五层高很不准确，因为每层的间距高，可高达七米；而且墙体厚，足有一米多厚，几百年风雨难摧；房内设置也是备战备荒的需要：储备丰富的粮草，每家备有铜水缸，直径有两米，深度一米有半，即使被敌方围困，在房内也可旷日持久地固守。

布松老人回答：旧社会怕人来侵犯，所以盖了高房子。侵犯者有外敌，也有帕措之间的仇杀。

那你们有没有侵犯过别人，听说过去三岩人很厉害的。

老人辩解说，旧社会家里穷，缴不起藏政府的税，虫草价钱很低，挖虫草返回的路上，顺便赶了人家的牛回来，有时牛主人来追赶，打斗起来难免伤亡。你们说的会偷会抢的“三岩人”是芒康那边的，不是我们。

我们都笑起来，这位老人很可爱，对过去的事情既认了账，又想文过饰非。从前能偷善抢者被作为英雄崇尚，现在觉得不体面了。不知他年轻力壮时是否参与过打家劫舍，最终也没敢启齿询问。

布松又说，三岩人也不容易，过去出门要一群人结伴而行，生怕遇上仇敌，现在好了，独身一人随便去哪里都不害怕啦。

天下太平了，住的仍是旧房子。我们进了老人的家，一楼是畜圈牛舍，沿着独木梯上二楼。独木梯只是在一根树干上刻出落脚的槽，上一次来三岩我就领教过了，每一回都是心慌腿软，四肢并用爬将上去。一楼的梯子还好，短一些；从二楼上三楼更麻烦：二楼间距最高，加上坡度有近十米的梯长，总需有人在上下接应方才安心。而他们无论老人小孩，上下独木梯如履平地。

二楼是整座碉房的主体，一家人做饭吃饭睡觉等一应活动几乎全部在此，房间高大得像座礼堂，可办舞会了。只是备战的需要窗子格外小，加之常年烟熏火燎，室内暗无天日。墙和地板多用木板做成，白天把卧具收拾起，除了一只醒目的大水缸和简单的灶具，整个房间显得空空荡荡，连茶几座椅都没有。我们的到来惊动了一只鸡，这只鸡在房梁间飞来飞去，想要引起我们的注意。原来三岩人家每家都喂养几只土鸡，与人同居，飞翔在室内，成为三岩一景。

困扰三岩人的一直是个果腹问题，过去是，现在仍然是。整个三岩平均每人一亩瘠薄坡地，平均亩产三百六十一斤，再无荒地可开垦，而且现在“天保”工程要求的是退耕还林还草。只够半年多的口粮，年年靠政府救济一些，乡村自助性质的储粮会作为补充，即每当秋收后每家交出十二斤粮，以备春荒时接济困难户。但问题在于总量不足，要是家家缺粮，一样的无济于事。更何况有些人有借无还，影响了信誉，储粮会名存实亡。最后的办法是向本乡在外经商的富裕人家借。早些年约定俗成的是每借百斤，来年还一两虫草。但虫草价年年看涨，产地价现在也是七、八千元一斤。一两虫草多少钱？高出粮价七、八倍。布松老人说，他家欠商人的粮食两千多斤，全家上山挖虫草，准备到县上卖钱买粮还债。这是很正常的思维，说不上聪明；但听说就是有笨人拿一两虫草去抵百斤粮，或不算太笨只因家中无人去县上卖虫草。

我们听了很感叹，没想到虫草这等价格高昂的奢侈品，在穷山村里竟意味着基本生存。

穷山村里也有偶然发财的时候。森林里的松茸有几年一度热销日本,全村人在虫草季之后,就赶上松茸季,采松茸卖了好价钱,一家可得几千元几万元。可惜好景不长,你能想到吗?东南亚金融危机竟然会连累到遥远的穷乡僻壤,断了苦命人的财路:日本人大概消费不起了,收购松茸的商人消失了。而且奇怪的是,就在去年,森林里的松茸也不见了。今年季节未到,不知情形怎样。

从黑暗中重新回到阳光下,九旬老太的白玛珍正等在那里,颤巍巍上前拉住乡书记晋美旺加的手,因为刚才她回忆起这位新任书记八年前曾在三岩住过好些日子。这位老太太本是贡觉人,二十二岁那年由父母做主嫁到木协村来,有两个儿子一个媳妇,三个孙子,其中两个孙子在拉萨打工,有一个重孙子了。白玛珍和布松两家都不是搬迁户,但他们同样乐意议论这话题。说话时老太太仍然紧握书记双手,絮絮叨叨:听说林芝那边与我们这儿是天壤之别啊。一旁的布松接过话来说,搬迁地如果好的话我都愿意去,要是不好的话想回也回不来啦。

要不是召开村长会,我们连一个青壮年都见不到。在我们与老人们闲谈时,几位村长被张捷他们抓了官差,答问卷。张捷是自治区科协主席,一个最喜欢下乡的科技干部,我们共同的心愿是一起下一次乡,这次特意约好在贡觉会合,一路同行三岩。不过他们不时要在挖光缆沟的、挖虫草的百姓营地上滞留,哪儿有人去哪儿。她率领的工作组来农牧区基层进行两项调查:全区科技工作者基本情况调查、公众科学素养初步调查。尤其后一项的问答煞是热闹。由于设问的题目只有三个固定答案:是,否,不知道,笑话就多多地有了。三十三道设问,一位文盲妇女居然可以答对二十三个,但往往是歪打正着的正确。例如问:“地心是热的吗?”她回答,是。调查人员一高兴,随口多问一句,为什么?那妇女理直气壮:地下若不热,地上怎能长青草?对于“珠穆朗玛是世界最高峰吗?”不少人填写了“否”,他们认为自家门前的山或是某座神山是最高的。张捷在昌都乡下一路走来,只发现了一个奇迹,卡若遗址所在村庄的前任老支书，不仅可正确解释声速和光速的比较，连激光、DNA也略知二三。

此刻村长们答完了问卷迎面走来，热情地邀我们再次爬上楼梯，打来藏白酒非让我们喝。村支书多穷的家正是搬迁户，他介绍说，木协行政村四个自然村，四十四户，确定搬迁的有十五户，大都是家中人多地少的。三十三岁的多穷弟兄三个，起初家境尚好，不想近年来连遭天灾人祸：弟弟买了东风车，结果翻了车死了人赔了钱，再买一车又翻了；家中在乡政府旁开了小商店，不想去年一场泥石流全部冲毁，所以只好换个地方再求发展。

多穷家本也是三兄弟共妻的家庭，但世道变了，这个家庭面临着解体：两个弟弟各自找到了自己的心上人。多穷说等到了“那边”，经济条件一改善，就为弟弟们各盖一房。

木协村的两位副村长斯朗江村和白玛都在场，我们就问本村从前“帕措”的情况。他们笑起来了，原来他们三人从前分属两个帕措。昂培帕措二十户，拉古帕措虽有八十多户，但分散在各自然村中。这两个帕措结过怨，一九一零年那年血战过一场，双方各死四个人。起因是昂培帕措一女子嫁到拉古帕措，后来被夫家赶出了门，大约嫁妆也未退还。昂培帕措觉得受到羞辱，双方就打了起来。大家说着这些陈年的事儿，带点戏谑，像在说与己无关的事。

三岩的保护神是乃保神山，木协乡的保护神是森楚神山。我们问，神山搬不走怎么办？多穷就说，到了“那边”，神山就不存在了。

三岩的村落大都在三千米上下，气候倒是很好，但人畜共居的生活方式很不科学。且不说苍蝇漫天飞舞，跳蚤也多。在乡招待所里惨遭跳蚤袭击，害得我整夜不能入睡。不知是从百姓家带来的还是招待所里土著的，总之张捷帮我搽抹清凉油，整个腰背部共数出七十一个包。与从前的遭遇同样，无论同伴有多少，我都是害虫们率先的甚至是唯一的攻击对象。不知三岩人中是否有如我同样怕叮咬的,如果有,这一辈子可怎么活过。

离开木协乡时,我们的车顺便拐到本乡下罗娘宏达村,这也是个“火灾迹地”:就在今年的三月七日,这个村庄起了大火,二十一个家室付之一炬。起火时间是在上午十一时,全村的成年人下地施肥去了,各家只有老人小孩在,所幸全部逃离,无一伤亡。事故发生后,贡觉县召开捐助受灾群众的动员大会,县上干部职工们捐粮、捐衣、捐款,有关方面也拨出了救济款。我们在县上就听说了这事,县上为我们安排的陪同人员也正是县民政科徐科长。

徒步爬上一个小山坡,就望到了那片只剩下土黄色房框残骸的遗迹了。三岩的高碉民房之间时常距离极近,其功能也是为战事发生时便于相互援手,而这一布局最大的弊端是火灾威胁。更何况柴草都习惯堆放在房前房内,据说以往的仇家就有采取火攻战略的。此番起火的原因一直也没能查清,据分析是常卧在灶塘里的猫带了火种窜进柴草堆,引发了大火。待地里干活的人望见烟火赶回村里,凡能燃烧之物尽皆成灰,大火只烧了一个小时。

玛孔寺土登活佛的家就在本村,他正指挥民工们盖新房,新房共有六大套,已盖好了一层,可以住人了。土登活佛向我们讲述了以上情况,很开通地说,若按旧社会说法,必定会说是仇家施咒引起的火灾,当然现在不存在了。由于灾后恢复工作困难,县里要求索性二十一户全部搬迁到林芝。全村人商量过,确定十二户搬迁,九户留下。准备走的就在山上牧场安顿下来,待到十月份一并搬往林芝。剩下的按亲戚关系组合成六家,现已有了安身处。说起困难,土登活佛黯然神伤:现在受灾群众虽然口粮解决了,但请民工盖房酿制藏白酒,仍需粮;再说盖房的木料运输费也需一笔资金……另有二位孤寡老人,现暂住寺院内。徐科长问明了情况,决定回县就为之办理五保户手续,其余请求则需要向上反映解决。

玛孔寺是个仅有十二个僧人的宁玛派寺庙,我们询问活佛,你的信徒搬到林芝,宗教生活会有什么变化吧?土登活佛依然很开通地回答说，到了“那边”，信徒们愿意信仰什么教派，就由他们自己去选择罢。

经雄松到敏都

重新上路，出木协沟，沿返回县城的路走上一段，又东向拐弯。乡与乡之间的路是当地村人修的，山顶很宽敞的大道，只有新塌方的一处，我们清理了石头，继续赶路，到达雄松。

雄松乡三千米，可算是三岩诸乡中位居最高者。过去称中部雄松，帕措组织也是规模最大的。乡政府就在公路旁，向我们介绍本乡情况的是一位汉族会计，名叫胡跃远，去年毕业于拉萨的自治区财校。近几年来，昌都地区加强了基层工作，应届大中专汉族毕业生多有被充实到乡一级单位，担任文书、会计之类。乡下生活是艰苦的，这位看来瘦弱的小胡就以糌粑为主食，很少吃到青菜。

小胡用湖南话介绍情况，我们听起来也吃力。他讲了许多有关生产、收入方面的数字，总之雄松和木协都是三岩最贫困的乡；讲“天保”工程实施情况，护林员的落实，林业电台也开通了，每天可两次通话。也讲宗教——本乡三座寺院，其中两座尼姑寺，三寺共有僧人九人，尼姑四十八人。与此相关的必然情况是，本乡一妻多夫家庭居多。对于嫁不出去的女性来说，寺庙如果不是唯一的，至少是最好的归宿地。

乡有卫生所，合作医疗在本乡已实施，每人每年上交十二元，国家补贴的更多些；一所公办小学，两个民办小学。本乡还有两个兽防员，一个电影放映员——你能猜想出荒僻乡村在进入二十一世纪的今天，还在放映什么电影吗？十六毫米的片子《地道战》、《地雷战》、《渡江侦察记》！

说到移民搬迁，小胡说，本乡百姓过着贫困而安定的生活，只有十几户算是解决了温饱接近了小康，那显然是经商搞副业的结果，所以本乡人外出打工、经商的思想和行动都很活跃。全乡五百零八户户中已有二百四十户报名搬迁，现正在最后落实中。去年进行就地搬迁的有十六户，效果不佳可想而知；贫困人家最大的心愿是寄厚望于异地搬迁。

在雄松乡沿途的确未见森林，乡政府附近只有手植的几株树。全乡五百亩林地在此刻看不见的金沙江边。离开雄松又走了好远，拐了一个大弯方见别有洞天：凭高远眺，金沙江在谷底一线蜿蜒，江两岸峻岭重叠由近及远由清晰渐迷茫，隐约可见荒凉的山、绿色的山，山褶间有黑森林。近一些的山坡上下，环绕着高碉群的，有绿树，有农田，景致繁密又浑然一体，是三岩之行中最为开阔壮丽的视野。我们停下车来细加观赏，纷纷拍照。这些风光仿佛就为旅游者而设，谁来过谁都会留下深刻印象，并在脑海中构成意境，深藏于内心不时美好地回忆起来。其实许多景物都是为外来人所设，为那些相信“生活是在别处”的浪漫想法而设，即使他走进那些人家，看过了高碉里的日常生活，只要他不住下更遑论永久居住，他所体验的就是田园牧歌精神家园的感觉，从而怀着满足连带遗憾的复杂心情返回他的都市。为此我常想，为何我要在西藏呆那么久，为何不作为旅游者而非要作为参与者，何必要深入到黑暗的底层内部，从而破坏美感自寻烦恼一步步走向最初诗意的反面。就如同过于理性到偏执的人，面对俊男靓女不仅不为美色所惑，还非要看穿与别人并无二致的五脏六腑，还要看到人家弱智的一面，多么煞风景。

说到煞风景，我们的驾驶员此刻正指着坡下一处房舍，告诉我们几年前那儿发生的激烈战事：帕措组织虽已结束了其历史使命，血亲复仇的传统观念虽已淡漠几至于化为乌有，但千百年陋俗的残迹、愚昧野蛮遗风总在个别人那儿时有流露。卓约赤列正是一个可悲可叹愚不可及的典型，我曾在别处描写过这一案件，心情复杂到难以落笔。这一真实故事的梗概是：卓约赤列与本乡人一道在拉萨合伙做生意，因事结仇。对方提出回三岩再说，可以理解为决斗，或只是请乡人主持公道。卓约赤列按照传统心理惯性做出一个愚蠢的决定，按约定时间提前两天赶回三岩，埋伏在必经之路的山口。对方按时返回时在途中被击毙，同时遇难的还有四岁和八岁的两个男孩——此系三岩传统惯例，斩草要除根，防止男孩长大后复仇。血腥屠杀后，卓约赤列还在乡政府烹牛宰羊庆贺了一番，向乡干部声言：我的复仇行为与国家法律无关，我既不反政府，也不伤干部，但你们如果干预的话，休怪我不客气，云云。随后便带了三人携枪上山以打劫为生。此案令上下震动，公安部为此下发通缉令，公安部门曾组织过武装搜山，但高山深谷间不见踪影。一九九一年来三岩时，听到了这件发生不久的惨案；过了大约四五年，在拉萨听说了昌都“112”小分队的事迹，在追捕卓约赤列的战斗中，包括小分队队长在内的几位公安干警牺牲。此刻，了解情况的当地干部正向我叙说最后的场面：小分队得到情报，得知卓约赤列已窜回家中，便星夜赶来，包围了他家。开始只是政治攻势，卓约赤列拒不投降，并向干警开枪，正在喊话的分队长当场倒下。此时碉堡式的建筑发挥了一点作用，反击中三颗手榴弹也没把坚实的门炸开，只好动用了燃烧弹。卓约赤列至死不悟，他最后的呼喊表达了传统心理在现代社会中的茫然：你们与我无冤无仇，为什么要抓我？我不反政府，不反共产党，不逼我我也不会开枪啊！……

下坡的路上有一处烈士陵园，那位分队长烈士的遗骨就葬在此处。过往的三岩人都要经过这里，对三岩来说，这是一个永远的警醒。电视剧《达玛拉誓言》就是以此案为蓝本创作出来的。

横断山脉的低谷盆地向有“干热河谷”之称，不足三千米的三岩办事处兼敏都乡所在地就是既干燥又燠热的谷地。旧时三岩曾当过“独立王国”，晚近时期有过宗县设置，现归贡觉县，仍设一个全地区唯一的副县级办事处，本县人也习惯称呼“贡觉片”、“三岩片”以示有别。因为有了这一设置，位于敏都村的办事处才有了一个三岩地区唯一的三层楼现代建筑，在高墙小窗的碉房群中，显得格外敞亮；招待所也干净清爽，不远处的小学校同样崭新，令人不由得想到“文明”两个字。

我们到达时,办事处副主任索朗罗布正手牵一匹坐骑等在大门口。他正要去不通车的克日乡,刚刚从电台里接到有关我们将要到达的消息。斯朗罗布一九九六年毕业于西藏农牧学院林学系,当年分配在克日乡当文书、当副乡长,然后就地提拔到办事处,热情洋溢的一个大小伙。办事处书记哪里去了?他去了未来搬迁地的林芝了,不仅要做前期工作,主要是监督盖房,搬迁后索性留在那边工作了。随迁干部给了十个名额,像群众一样,本县干部们也争相报名。①

“敏都”在藏语中意谓“水果之乡”,大约古时野生水果遍山野。地貌和气候适合发展经济林木和各类水果,恰是斯朗罗布专业。三岩这两年种植了六千株经济林木、一万三千株果苗,品种为从内地引进的核桃、葡萄、黑梨、李子、板栗、金丝枣,成活率达到八成。就在百姓的地上搞试点,谁种谁收益,办事处统一派技术员负责剪枝和技术指导。

我们听搬迁工作情况介绍,发现也是一项很麻烦的事情:几个阶段都有竞争发生。先是争相报名,因名额限制有些家户被裁汰下来;然后是搬迁地的选择,大家首选林芝、米林两县,然后才是波密县,裁决方法只好用了最民间的“抓阄”;再然后是争第一批搬迁,这就需要做工作,视困难程度而由上级指定了。群众找上门来争,乡村干部也在争。敏都乡原计划首批搬迁只有九户,乡长平措顿珠煞费苦心一举争取到二十七户。——敏都乡政府“搭车”在办

①二〇〇六年夏季,作者在林芝见到了这位前任三岩办事处书记、现任林芝地区农牧局副局长多吉次仁,听他介绍了搬迁过程和移民现状。共有两批五百五十户、三千二百四十八人分别安置在林芝、波密、米林三县。由于个别三岩人表现不佳,后来当地未再接收。就总体而言,三岩人已基本融入了当地生活,有了更多的选择和发展机会。多吉次仁说,留在三岩的人现在都想搬来,让他帮忙联系。作者随访了原上罗娘村的朗中一家,这个十三口之家(夫妻俩、四子四女、一个儿媳,两个孙子)已在八一镇的结布村安居,分摊的三十多亩土地大部出租,有五口人在附近工地打工,两个最小的孩子上了小学。目前朗中最大的心愿是办一个牧场创收,为城镇居民提供鲜牛奶。

事处楼上办公，此刻平措顿珠乡长在场，不免炫耀自己的政绩。本乡二十七户加上木协乡的十二户，“抓阄”抓到波密曲多乡。这位乡长去参观过，离波密县城三十五公里，离川藏公路三十公里。今秋等待敏都乡人的，不仅是充满阳光的房舍，更有当地已开垦好的六百多亩农田；另有两三百亩需日后亲自动手开垦。总之人均耕地至少保证两亩。

敏都乡首批搬迁的二十七户全部为一妻多夫家庭。这个村也是，除非是独生子一妻一夫；传统上就是这样，最多者有弟兄七个娶一妻的。我们笑说林芝那地方可是个很开化很现代的地方，这样的家庭可能会让许多人好奇呵。三岩人回答说，其实传统也在改变，这种大家庭开始分崩离析，一般是弟兄中最年轻的那一个率先叛离。但因分家盖房不容易，都在等待着，移民搬迁实属千载难逢之良机，可以借此分离出去。这也是附着于扶贫搬迁主题之外始料未及的效应，属于移风易俗范围。

斯朗罗布带我们去看一家准备首批搬迁的贫困户。此时已是黄昏时分，主妇阿拥正在二楼大房子里炒青稞和大麦。三岩的灶很简易，在二楼的木地板上用石板砌一方池，以石头打制的“┑”形柱围成的三石灶。阿拥嫁给两弟兄，生了两男三女五个孩子。当年包产分地到户时家中人口少，只分了七亩地；现在家中只有犏牛五头，驴子一头。每年缺粮时间在四个月以上，虫草收入全部用于口粮，两弟兄中的一个兼做小生意补贴家用，是一个勉强糊口的家庭。所居碉房已成危房，眼见四角透射进光线来。自从去年谈论搬迁起，索性就不再修缮了。我们问阿拥，为什么想搬迁，阿拥回答了一个简单的心愿：我们想改善自己的生活，“那边”条件好。阿拥是那类很地道的当地妇女，面容憔悴衰老，乍看之下一个老太婆模样。当我们得知她只有三十八岁时，都感到吃惊。阿拥说她去年就做了绝育手术，不再要孩子了。三岩的计划生育工作进展顺利，人口自然增长率控制在千分之十三以内。按三岩传统观念每家应有两个以上男孩。饱受生活之累的主妇们只要生过两个儿子都不愿再继续生育。去年有医疗队来，在麻醉药品用光的情况下，仍有人情愿忍痛坚持做了手术。

随后我们一群又拥到了布仓布家。张捷他们从拉萨出发时，有同事委托带了东西给敏都的这家亲戚。三十七岁的波穷珍长得很漂亮，是从同属三岩的沙东乡嫁来的。这一家有三弟兄，年龄分别为三十九岁、三十七岁和二十四岁。抱着孩子的波穷珍说自己已生有一男三女，再生一个男孩就结扎。我们问她，你认为是一夫一妻好呢，还是一妻多夫好？波穷珍一点儿都不含糊地回答：当然是几兄弟娶一个妻子好，不然各娶一个就得分家分财产，连房子也没有。波穷珍的回答不仅是传统标准答案，也出自现实的忧虑：上过小学的小弟不愿再过这种生活，已经自作主张找到了一位姑娘，准备利用搬迁之机双双远走高飞。波穷珍说她和两位丈夫兄弟尊重弟弟的选择，准备分他一些财产，土地就无法分了。

说话时天色已暗，波穷珍家的太阳能灯亮起来了，全村的太阳能灯也都亮起来了，高碉群中像有星光闪烁。波穷珍家算是比较富裕的家庭，富裕的标志是在二楼房内立一排铜皮转经筒。波穷珍请张捷带话给拉萨的亲戚，请她的小姑子尽快回家帮忙，她说她既要带四个小孩，还要管牲口管地管家务，实在忙不过来。张捷答应带话回去，但我们同时一致认为，已离开三岩的那女孩不会再回来了。离开三岩的女孩到了拉萨，宁愿打工或给别人当保姆，也不会回来当这样的主妇，过这样的日子。

回到办事处场院，一群姑娘们等候已久。所有的青壮年都上山挖虫草了，能集合起七位姑娘真是难得。与工作组歌舞联欢是三岩的新传统，当地以此方式表达欢迎的热忱。我们两辆丰田打开了大灯，把场院照射得如同白昼，所有的人都上场，手拉手跳起了锅庄圈舞。

在三岩还有一个小插曲，我们的驾驶员罗师傅在敏都村百姓家买了五只鸡,一只公鸡四只母鸡,每只价格三十元。那家主人一再追问,是喂养呢还是宰杀?喂养的话可以,宰杀的话坚决不卖。罗师傅再三保证,方才让五只鸡与我们同车而归。等我若干天后从边坝回昌都,再见到罗师傅时,他喜孜孜地告诉我,几只母鸡已经下蛋了,每天可捡到两三个呢。这种本地的土鸡和鸡蛋非常好吃,地道绿色食品。现在市场上的鸡蛋都是添加剂饲料转化而成的大个鸡蛋,让人几乎忘记鸡蛋原本应有的味道了。

参考书目

专著类

1. 石硕等《青藏高原碉房研究》，中国社会科学出版社2012年出版。

2. 许韶明、何国强《整体稀缺与文化适应：三岩的帕措、红教和民俗》，中山大学出版社2013年出版。

3. 岳小国《生命观视阈中的藏族丧葬文化研究：对金沙江上游三岩地区峡谷的田野调查》，中国出版集团世界图书出版公司2014年出版。

4. 税晓杰、范河川、杨雅兰《发现山岩父系部落》，中国青年出版社2007年出版。

5. 范河川《父系原始文化的活化石：山岩戈巴》，四川大学出版社2000年出版。

6. 钱均华《男人国：川藏边境原始部落漫记》，上海人民出版社2006年出版。

7. 叶远飘《青藏高原东部的丧葬制度研究》，中山大学出版社2013年出版。

8. 坚赞才旦、许韶明《青藏高原的婚姻和土地：引入兄弟共妻制的分析》，中山大学出版社2013年出版。

9. 王晓、高薇茗、魏乐平《滇藏澜沧江谷地的教派冲突》，中山大学出版社2013年出版。

10. 王海兵《康藏地区的纷争与角逐1912~1939》，社会科学文献出版社2013年出版。

11. 黄天华《边疆政制建置与国家整合：以西康建省为考察中心（1906~1949）》，人民出版社2014年出版。

12. 吴彦勤《清末民国时期川藏关系研究》,云南出版集团公司云南人民出版社2007年出版。

13. 格勒《康巴史话》,四川美术出版社2014年出版。

14. 才让《藏传佛教民俗与信仰》,民族出版社1999年出版。

方志类

1. 西藏自治区江达县地方志编纂委员会《江达县志》,四川出版集团巴蜀书社2010年版。

2. 西藏自治区贡觉县地方志编纂委员会《贡觉县志》,四川出版集团巴蜀书社2010年版。

3. 西藏自治区芒康县地方志编纂委员会《芒康县志》,四川出版集团巴蜀书社2008年版。

4. 四川省甘孜藏族自治州白玉县志编纂委员会《白玉县志》,四川大学出版社1996年出版。

5. 四川省巴塘县志编纂委员会《巴塘县志》,四川民族出版社1993年出版。

6. 四川省巴塘县地方志编纂委员会《巴塘县志续编》,方志出版社2001年出版。

7. 四川省德格县志编纂委员会《德格县志》,四川人民出版社1995年出版。

8. 西藏昌都地区地方志编纂委员会《昌都地区志》,方志出版社2005年出版。

9. 甘孜州志编纂委员会《甘孜州志》,四川人民出版社1997年出版。

史籍类

1. 陈家 主编《西藏地方志资料集成》(三),中国藏学出版社2001年出版。

2. 四川省民族研究所《清末川滇边务档案史料》(上、下册)，中华书局1989年5月版。

3. 张其勤原稿，吴丰培增辑《清代藏事辑要》，西藏人民出版社1983年10月出版。

4. 吴丰培《赵尔丰川边奏牍》，四川民族出版社1984年出版。

5. 赵心愚、秦和平《康区藏族社会历史调查资料辑要》，四川出版集团四川民族出版社2004年出版。

6. 赵心愚、秦和平、王川《康区藏族社会珍稀资料辑要》，四川出版集团巴蜀书社2006年出版。

7. 四川省编辑组《四川省甘孜州藏族社会历史调查》，四川省社会科学院出版社1985年出版。

6. 任乃强《康藏史地大纲》，西藏古籍出版社2000年出版。

7. 土观·罗桑却季尼玛著，刘立千译注《土观宗派源流》，民族出版社2000年出版。

8. 顾祖成等《清实录藏族史料》，西藏人民出版社1982年出版。

后 记

这本小册子的出版纯属偶然。

2017年国庆节期间，西藏自治区党委书记吴英杰同志深入三岩地区就深度贫困地区脱贫攻坚问题调查研究，在听取当地广大农牧民群众和市县干部意见的基础上，提出通过对三岩地区贫困群众实施整体搬迁，从根本上解决一方水土不能养活一方人的问题，为三岩地区百姓彻底摆脱贫困带来了福音。

正好手头有一份10多年前我就三岩地区调研形成的文稿，便从旧纸堆里翻找出来，打印了几本供相关领导参阅。后来与学界的朋友谈及，大家劝我还是将其印出，也算是为后人留一份关于三岩的历史资料。因为一旦三岩的百姓从这一区域整体迁出，其特有的文化遗存便将随之消匿。再想了解这一地区曾经存在的独特文化现象，只有循迹于文献故籍。所基于此，便遍寻故时积累，尽量增删有度，对文稿进行充实完善，力求体系和框架完整，交付出版社印行。

需要说明的是，本人不是人类学或社会学方面的专家，专业知识有限，因此这部书稿也就只能是以述为主，尽量给读者呈现一幅三岩百姓真实的生活画卷，而少有学术上的考究和理论层面的定论。也正出此所虑，特意在附录部分辑录了刘伟、马丽华两位老师关于三岩的两篇行记，也是藉光自亮。至于涉及人类学、社会学或其他学科学术层面的研究，还是寄予学界其他方家为之。

最后，衷心感谢西藏人民出版社领导及编辑同志老师给予本书出版的大力帮助和支持。

马菁林

2020年8月于拉萨寓所